发展视野下的大学生综合素养培育

唐祥云　黄　静　著

天津出版传媒集团

天津人民出版社

图书在版编目（CIP）数据

发展视野下的大学生综合素养培育 / 唐祥云, 黄静
著. -- 天津 : 天津人民出版社, 2021.8（2025.1 重印）
ISBN 978-7-201-17623-9

Ⅰ.①发… Ⅱ.①唐… ②黄… Ⅲ.①大学生－素质
教育 Ⅳ.①G640

中国版本图书馆 CIP 数据核字(2021)第 181526 号

发展视野下的大学生综合素养培育
FAZHAN SHIYE XIA DE DAXUESHENG ZONGHE SUZHI PEIYU

出　　版	天津人民出版社
出 版 人	刘　庆
地　　址	天津市和平区西康路35号康岳大厦
邮政编码	300051
邮购电话	(022)23332469
电子邮箱	reader@tjrmcbs.com

责任编辑	孙　瑛
封面设计	吴志宇
内文制作	牧野春晖(010-82176128)

印　　刷	北京市兴怀印刷厂	
经　　销	新华书店	
开　　本	710毫米×1000毫米	1/16
印　　张	14.5	
字　　数	238千字	
版次印次	2022年1月第1版	2025年1月第2次印刷
定　　价	79.00元	

前　言

综合素养是指一个人的知识水平、道德修养以及各种能力等方面的综合素养.人的综合素质的全面提高是社会发展的一般要求和趋势,尤其是当前人类即将迈入知识经济社会,提高人的综合素质尤为迫切。为了满足这一教育需求,2016 年 9 月《中国学生发展核心素养》正式公布, 构建了"三大方面, 六种素养、十八个基本点"的核心素养体系,强调学生应具备的适应终身发展和社会发展需要的必备品格和关键能力。2019 年,素质教育新政策不断,如《关于深化教育教学改革全面提高义务教育质量的意见》《关于规范校外线上培训的实施意见》《关于引导规范教育移动互联网应用有序健康发展的意见》,学生综合素养提升工作稳步推进。

综合素养与素质教育密不可分,素质教育是促进人的素质全面发展的教育,是我国教育教学改革的旗帜。素质教育的提出主要源于人们对于人的素质与应试教育现象的思考。提出素质教育,与其说是针对应试教育而言, 不如说是对现代化建设提出的素质要求作出的积极回应,是对提高人的素质修养这一现代性课题进行的自觉探求。这才是确立素质教育理念的根本所在、实质所在。由对知识的关注转而在看重知识的同时更看重能力的过程,表明人们已自觉不自觉地部分放弃了带有科学主义色彩的培根命题——知识就是力量。再由关注知识和能力的同时转而更看重人的综合素质的过程,表明人们更为自觉地意识到大学的终极关怀还应落实在由智慧和理性提升的人格精神和内在素质上,这是在更自觉地放弃带有工具主义色彩的种种观念的过程中大大提升了人的地位。从着重关注知识、关注能力深入到关注素质的过程,这是一个教育观念发展、进步的过程,是一个走向更深切地关心人本身的过程,是一个走向更深邃地关心人的心灵世界和精神素质的过程。高等教育的一切社会价值目标都应建立在追求人的素质完善和优质发展这一更为根本的目的之上。

本书在写作的过程中,从多角度论述了综合素养的提升,主要从人文素养培育、道德素养培育、职业素养培育、心理素养培育和创新素养培育,这几个方面着手来论述大学的综合素养提升。本书在内容上的主要的特色有三点：第一，完善了大学生素质的结构，通过其详细的介绍，更加方便对其大学生素质进行教育了；第二，构建了一个完整的大学生素质教育体系；第三，对其大学生的拓展能力进行了多方面的论述，通过对其总结，使大学生拓展运动可以更好的服务于大学生的素质教育工作。

在本书的写作过程中，引用借鉴了一些学者的理论思想，在这里对这些学者提出衷心的感谢。由于水平有限，在撰写的过程中难免出现不足的地方，希望各位读者能不吝赐教，提出宝贵的意见，以便在今后的学习写作中加以改进。

著　者

目 录

第一章 素质与素质教育...1

　　第一节 素质...1
　　第二节 素质教育...11
　　第三节 当代大学生素质教育的历史及比较...21

第二章 当代大学生素质教育现状与提升...35

　　第一节 当代大学生素质教育现状...35
　　第二节 提升大学生综合素质的理论探讨...40
　　第三节 提升大学生综合素质的途径...49

第三章 大学生道德素养培育...66

　　第一节 大学生道德素养的基本内容...66
　　第二节 大学生道德素养的基本要求...69
　　第三节 大学生道德素养培育的主要内容...75
　　第四节 思想道德素养教育的新观念...89

第四章 大学生人文素养培育...99

　　第一节 人文素养教育概述...99
　　第二节 大学生人文素养培育的主要内容...108
　　第四节 大学生人文素养培育的路径...123

第五章 大学生职业素养培育...129

　　第一节 职业素质构成及职业素质要求...129
　　第二节 大学生职业素质培养的意义和途径...149
　　第三节 大学生职业意识的训练...153

第六章 大学生心理素养培育 168

    第一节 大学生心理健康的标准 168

    第二节 当代大学生心理素养现状 180

    第三节 当代大学生心理素养教育的方法和途径 190

第七章 大学生创新素养培育 201

    第一节 创新素养内涵和构成 201

    第二节 大学生创新能力开发 212

    第三节 创新素养教育 218

参考文献 225

第一章　素质与素质教育

大学生学习的根本目的就是要促进自身的健康发展，不断提高自身素质，把自己培养成为一个适应社会需要的高素质人才。那么究竟什么是人的素质呢？怎样才能更好、更快地提高自身素质呢？什么是素质教育呢？怎样进行素质教育呢？对这些问题，人们虽然都有一定的认识，但并没有真正弄清楚，还存在一些认识上的误区。从根本上弄清楚这些问题，对于启发、引导大学生们更加自觉、主动地进行素质教育，更加有效地提高自身素质，更好、更快把大学生培养成才有着重要意义。

第一节　素　　质

一、素质的内涵和外延

（一）素质教育的内涵

世界是永恒发展的，反映客观现实的思维形式也是永恒发展的。人们对特定事物本质的认识并不是单一的、无条件的，而是多方面的、有条件的；概念不应被当作孤立的、隔离的、空洞抽象的规定，而应看作富有具体内容的、有不同规定的、多样性的统一。美国当代一位很有影响的哲学家、逻辑学家奎因提出的"意义理论"认为，在理解意义和指称概念时，必须认识到我们用以表述这些概念的手段，是相对于某个语言参考框架而言的，正如我们利用坐标系规定物体的位置和运动那样，他把这种观点称为"概念的相对性"或"本体论的相对性"。这一观点对我们规范素质概念提供了方法论依据：规范素质概念，首先要正确地约定素质概念的使用范围。

在最一般的意义上，"素质"泛指一切事物本来的性质。从构词方式看，"素质"是由"素"和"质"两个单纯词构成的偏正结构的合成词。其中，"质"，指事物的性质、品质、质量；"素"，是"本来的""原来的""从来如此"的意思。"素质"，就是指事物一向的、向来的、原有的性质、特点。

在第二个层次上，"素质"专门用来指称人的素质，可以兼指先天和后天的。例如，历史唯物主义认为，人既是劳动的前提，也是劳动的结果；

就主要方面看，人的素质是劳动的产物，历史的产物；即使是先天的生理素质，也无不受到后天劳动的影响，通过劳动而得到改善，就是说，人的素质包括人后天劳动实践所形成的内容。

以人为直接研究对象的学科很多，例如医学、遗传学、生理学、心理学、伦理学、社会学、民族学、人类学、教育学、人口学，等等。在这个庞大的学科群中，各门学科中的"素质"含义与古义多少都有相承之处，同时又因不同学科的不同特点和要求，其界定也各有特色和侧重。例如，生理学的素质主要指有机体与生俱来的解剖生理特征，其中包括遗传的和胎儿在胎内环境变化中所形成的特性。心理学中的素质则指有机体天生的某些生理解剖特性，主要指大脑、神经系统和感觉运动系统等的特性。教育学领域内的素质与上述概念既有联系，又有一定的区别。

在语义学中，汉语词义具有概括性和具体性双重特点。概括性的词义具有较为概括的指称范围，义域较广，词义稳定，相对静止，处于词义的储存状态，多以字典、辞典的释义形式出现。具体的词义义域较窄，有特定的指示对象，处于词义的使用状态，多出现于具体的语言环境中。词义的概括性保证其稳定的交际作用，词义的具体性则体现了语言使用者的风格和创造性，蕴藏着语言本身的生机和活力。教育领域的"素质"也具有概括性和具体性。其概括性是指人的整体素质，包括人的先天遗传和后天形成的能力，包括人的理想、信仰、兴趣、爱好、习惯、修养，等等，包括人的生理素质、心理素质、社会文化素质，一句话：几乎包括了人自身所拥有的一切，因而这种概括也就具有一定的模糊性。其具体性则专指人的某一方面的素质，例如，在体育教员那里可能是专指运动员的生理素质，在心理咨询人员那里多指人的心理素质，而在政工人员那里则可能专指人的思想道德素质，等等，这就需要联系具体的语言环境才能准确理解。

基于此，我们认为人的素质内涵可界定为：以个体先天遗传的禀赋为基础，在后天环境的影响、教育的作用下，通过个体社会实践与学习内化而形成和发展起来的相对稳定的基本品质结构与质量水平。

素质不仅是一种事实存在，也是一种价值存在，就是说，对于社会的发展进步而言，素质有好坏之分，有真善美利与假恶丑害之别。通常情况下，素质是指有利于社会发展进步的素质。为了更清晰地理解素质概念，似乎有必要将其与相关概念做一番简要的比较和辨析。

1. 素质与素养

《辞海》对"素养"一词的解释是：经常修习涵养。《汉书·李寻记》：

"马不伏历（枥），不可以趋道；士不素养，不可以重国。"也指平日的修养。从这个意义上说，一个人的素养是指其面对问题时的视野和底蕴，反映了素养对认识过程、思考过程、决策过程的主导作用。我们可以这样理解，"素质"与"素养"是一对内涵基本趋同的同义词，两者都具有基本趋同的要素，但"素养"更侧重于强调一个人的知识力量和文化底蕴，而"素质"更侧重于强调一个人的人格力量和道德底蕴。例如，一个政治学专业人士，其政治素养很高，但不等于其政治素质很高；一个文化程度不高但德高望重的人，其道德素质很高，但不等于其道德素养很高。当然，政治素质和政治素养都很高的人，道德素质和道德素养都很高的人，在社会生活中还是普遍存在的。全面建设小康社会、实现中华民族伟大复兴，需要广大国民努力成为"素质"和"素养"双高的中国特色社会主义事业建设者。

2. 素质与人的本质

本质是哲学的一个范畴，是相对于现象、相对于非本质的东西、相对于本质的表现而言的概念，是某种假定普遍存在于事物之中的抽象的属性，来源于自柏拉图始至笛卡尔集大成的二元认识论。按这种认识论的思维方式，人们日常看到的东西只是事物的现象或表象，一定要通过深入的分析才能够获得对事物表象下面的"本质"的了解。事物的本质应该是这种事物之所以为这种事物、区别于其他事物的根据或根本属性，其他属性则是该本质的表现。人的本质就是人区别于其他动物的特质、最根本的属性。

与人的本质不同，人的素质不是抽象思维的结果，而是直接感知的对象，是一种可以直接地、实际地使用的力量。当然，两者又是有联系的：人的本质是对人的素质的抽象；而抽象的结果，即对人的本质的正确认识，能够帮助人们更全面、更深刻地反观素质自身，能够为研究人的素质与素质发展以及素质教育提供正确的理论指导。

人性或人的本性是与人的本质紧密相关的另一个概念，"性"和"质"在一定的语言环境中可以通用，人的本性也就是人的本质。关于人的本质的论述一般称为"人性论"，是哲学的重要分支。人对自身本质的认识和争论经历了漫长的历史。中国有人性善与恶的争论，西方则有人性自私与利他的争论，近代以来西方先后出现过"经济人""社会人""自我实现人""复杂人"等人性假设，各种观点各执一端，都可以在社会生活中找到支持或否定的论据。这一事实本身表明，各种观点都从某一侧面触及到了真理，都有一定的合理因素，但终究是片面的，因而是不完整、不科学的，或许只有把各种观点有机结合起来才是正确的。因而，应当克服静态化、表面化、绝对化倾向，从把握人的本性的双重性（动物性与文化性）人手，历史地、深入地、辩证地考察人的本性。从总体上看，人性是自然属性、社会属性的统一体。具体而言，第一，人起源于动物，人性源于动物性；就动物本身讲，无所谓善或恶；人具有动物性和文化性双重人性，因而同时兼备原始的动物性的自私和人的文化性、社会性、利他性。第二，人是自然实体和社会实体的统一，人性是人的自然属性和社会属性的统一，但人的社会属性更能体现人的本质，因而，人的本性、本质主要是指人的社会属性；而最能体现人的社会属性的，则是人在社会实践、社会生活中结成的社会关系，诸如生产关系、政治关系、经济关系、阶级关系、血缘关系、业缘关系、地缘关系以及人与人之间的心理关系，人的本性正是在这些社会关系的影响、制约下形成、发展、变化的，因而可以说人的本质是一切社会关系的总和。第三，世界上并不存在固有的绝对的人性，人性既有先天因素，也受到后天环境的重大影响，是可以塑造和改变的，不同的时代不可避免地打上时代、阶级、民族的烙印。人性的两重性在具体人身上有不同的表现，而且也不是固定不变的。第四，整个历史也无非是人类本性的不断改变而已。从人的发展进化的总趋势看，随着社会的发展进步，人的文化性、社会性将逐步增强，人性中的原始自私性将逐步转变为利他性，并以利他性为最后归宿。[①]此外，人的本质还可进一步分为类本质、群体本质和个体本质。类本质的主要规定性是社会性，个体本质的主要规定性是主体性。群体是类与个体的中间层次，群体本质体现了人的本质的一般性。人的本质是类本质、群体本质、个体本质三者的统一，三者相互渗透、互相联系、不可分割。

3. 素质与个性

个性的含义非常复杂，是多门学科研究的对象。将素质与个性相比较，需要明确个性的所属学科。

哲学上的个性是与共性相对的概念，指矛盾的特殊性。个性与共性，即个别与一般。哲学上的个性理论为其他学科研究个性提供了指导。从哲学观点看，人的素质是人的个性的上位概念，因为人的素质包括人的共性和人的个性。个体素质尽管是以个体获得的遗传为基础，在与他人不尽相同的环境和教育影响下发展起来的，具有与他人不尽相同的素质特征，但其发展历程毕竟是人类发展进化历程的一个缩影，不可能不带有人类素质

[①] 韩民青. 当代哲学人类学[M]. 南宁：广西人民出版社，1998.

的共同特征。就是说，素质包括个性与共性（"群性"和"类性"）。显而易见，个性是素质的下位概念，它只是素质的一个方面的属性，不是素质的全部属性。

心理学界为个性概念所下的定义多种多样，但并没有为所有心理学工作者共同接受的明确定义。新近出版的《教育大辞典》（增订合编本）的解释是，个性"指个人的精神面貌或心理面貌"。"广义的个性与人格是同义词，二者均指个人的一些意识倾向和各种稳定而独特的心理特征的总和。狭义的个性通常指个人心理面貌中与共性相对的个别性，即个人独具的心理特征。"①可见，心理学上的个性不仅不是素质的全部，甚至也不是心理素质的全部，只是心理素质的某些特征。

马克思主义关于人的发展学说中的个性，比心理学中的个性概念广泛，相当于个体素质的含义。例如，"个性全面发展"既包含心理特征方面的发展，又包含道德意识的发展，也包含身体素质方面的发展。②在此情况下，个性的含义与个体、个体素质相同，个性全面发展也就是个体或个体素质全面发展。这样，个性差异也就是个体素质的差异，这些差异不仅仅指心理特征方面的，而表现为三个方面或三个层次：生理差异，包括性别、年龄、体貌、体质等，也称自然差异；心理差异，包括气质、性格、能力、兴趣等，这是在一定生理基础上受社会生活条件影响而形成的行为特征，它是个性的精神属性；观念差异，包括理想、信念、态度、价值观和世界观及道德品质等，是个人对自己赖以存在的社会大环境和个体小环境的反映和"内化"，它是个性的社会属性。这里的个性相当于素质中的个体素质，也不是素质的全部。

（二）素质的外延

在明确素质概念内涵的同时，还应进一步明确其外延。在逻辑学上，外延是一个概念所确指的对象的范围。素质外延的确立实际上就是对素质外延进行划分，划分需要依据一定的标准，标准不同所做的划分也就不同。对人的素质的划分离不开对人的存在形式的划分。人以个体、群体和人类整体的形式存在着。个体和人类是人的存在形式的两极，群体则为两极之中介。群体指复数的人，其规模有下限。

在发生学意义上，原始人类、原始群体、原始个体是原始人存在的

---

① 顾明远. 教育大辞典增订合编本（上）[M]. 上海：上海教育出版社，1998.
② 高玉祥. 个性心理学[M]. 北京：北京师范大学出版社，1989.

基本层次和基本形式。在进化论意义上，人类是以整体的力量战胜生存威胁，在物种竞争中以一个新的物种整体地形成和发展起来的，任何个体都不可能独自生活在这个世界上，而只能作为人类这个族类的成员并与整个族类同舟共济；与此同时，离开了无数个体就不会有群体，也就不会有人类；个体、群体和人类在人的历史发展历程中既相互制约又相互促进。从未来归宿看，没有全人类的全面发展，就不可能有任何个人的真正的全面发展；反之，没有每个个体的全面发展，也不可能有整个人类的全面发展。据此，人的素质也可以相应地划分为个体素质、群体素质和人类素质。人的素质的这三种层次同步发生、同时形成、同步演进，三者内在相关，互为条件，互相渗透，互促互动。环顾当代世界，人类面临着严重的全球问题、人类问题、民族问题、个人问题等，构成了一个复杂的问题网，既妨碍着人类的生存和发展，也妨碍着个人的自由全面发展。因此，研究人的素质既不能孤立地研究个体，也不能孤立地研究人类，而应从上述三个层次展开。

1. 人类素质

人类是个体、群体在生存中结成的，体现着人的整体性。人类素质是相对于人类最近的祖先猿的特性而言的。人类作为一种高级的物质形态和复杂的运动形式，既是自然界长期发展演化的结果，更是人本身劳动实践的产物。劳动使人类逐步具备区别于最近祖先猿的种种特征，形成了人类最初的素质结构及其特征。

第一，在生理上，劳动使人形成了区别于猿的重要特征：身体垂直，用两条后肢行走，扩大了眼界；人手具备了做精细动作的生理基础，能触摸并改造更多的东西；人头骨的颅腔容积达到 $1\,200\sim1\,600\text{cm}^3$，人借助于语言并在大脑的生理基础上形成了人所特有的第二信号系统，它使人脑具有接受特种声音即语言刺激的能力，这是人进行抽象思维的生理基础。

第二，在生理基础上人逐渐形成抽象思维的能力，这是人区别于其他动物的最重要的心理学特征。思维是人脑对客观现实的间接的概括的反映形式；凭借思维认识自然规律，是人类改造和支配自然的必要前提。

第三，人在劳动中结成的一定的社会关系，使人逐渐成为社会性动物。古猿活动的群体性是自发形成的，而人类生产劳动的社会性则是自觉的；在生产劳动中，人与人之间结成了社会生产关系；在生产劳动和生产关系的基础上，人们还从事其他社会活动，形成其他社会关系。因而可以说，人的本质是以生产关系为核心的一切社会关系的总和。

2. 群体素质

群体是类与个体的中间层次，又称社会群体，泛指一切通过持续的社会互动或社会关系结合起来进行共同活动，并具有共同利益的人类集合体，对群体素质的分析可从一般和个别两个层次进行。

在一般层次上，群体素质主要表现在三个方面。

一是群体成员的生理特征。较为显著的是不同种族成员之间存在着生理素质的差异，不仅体现在体形、身高、肢长、肤色、眼色、毛发、头形、面部轮廓、鼻型等外观上，而且表现在血型、味觉、对某些疾病的敏感性等生物化学因素上。衡量某一国家或某一地区居民的生理素质，一般以居民的平均身高、体重、胸围、发病率、婴儿死亡率、残疾人口占总人口的比例、平均寿命等作为重要指标。不同群体间在生理素质上存在着差异。就业缘群体而言，知识分子阶层的生理素质一般较差，以致一些人才英年早逝。从地缘关系看，由于自然资源和生态环境的影响，地区之间居民的生理素质差异也很大，既有人们心驰神往的"长寿村"，也有人们避而远之的"傻子村"。

二是群体成员的科学文化素质。主要包括群体成员的文化知识水平（一般以平均受教育年限衡量）、科学技术水平、生产经验和劳动技能等，这是影响群体素质整体水平的重要因素。

三是群体心理气氛或群体精神。这是群体中比较稳定并占主导地位的对人、对工作和对周围事件的态度、情绪和情感的综合表现。影响群体心理气氛的因素有：群体的目标、任务及其在群体成员中的认同程度；群体领导者的作风；群体中的人际关系；社会情绪、社会舆论、社会传统等。群体心理气氛或群体精神集中表现为群体的凝聚力（内聚力）。群体凝聚力指群体吸引其成员，把成员聚集于群体中并整合为一体的力量，以价值观为核心的群体文化则是维系群体成员的精神纽带。以民族为例，它是通过文化认同，即民族成员在共同的图腾崇拜、共同的历史文明、共同的语言文字和共同的生活方式等基础上产生对生活规范和价值准则的一致信奉，形成相对稳定的文化心理，凝结为信仰、道德、民俗等思维和行为定势，是民族意识中的重要成分，是民族整合、凝聚的重要力量，它深深地融进民族的血管里，陶铸着民族的心灵。

在个别层次上，群体素质主要表现为一个具体的阶级、民族、政党、行业等大型群体的成员的特殊素质。以中国共产党为例，作为一个政党，与其他政党一样，有自己的纲领、章程，每个党员都必须服从党的纲领、遵守党的章程，这是最基本的"党性"要求。中国共产党不同于其他政党的特殊之处，毛泽东曾经总结出"三大标志"，还有人赞誉中国共产党党员是"特殊材料"做成的，这是其他政党成员难以甚至无法具备的素质。又如，所谓"政治家的眼光""艺术家的敏感""军人气质""学者风度"等，都是指某一行业成员所具有的带本行业特点的素质。此外，群体素质还指某一群体在同类群体中表现出来的与众不同的鲜明风格和特色。人们所熟知的"杨家将""岳家军""好八连""雷锋班""大庆人"等，这些群体的成员不仅具备一般意义上的优良素质，而且具有该群体长期积累的区别于其他同类群体的某种特殊品质，这是一种能够使群体成员引以为荣且使其他群体成员景仰、羡慕的品质。

3. 个体素质

个体是指单个的人，是组成群体和人类的基本单位。但这里的个体不是专指某一个特殊的实际的个体，例如张三、李四，而是群体中的个体，是各个个体共性的概括和抽象从个体素质与群体素质和人类素质的关系上可以归纳出个体素质的主要特征。

一是社会性。人类素质、群体素质总是要在个体身上得到确定和体现，而任何个体又无不隶属于某个特定的社会、国家、民族、阶级或阶层，个体的素质也都与他所属的社会、国家、民族、阶级或阶层的整体素质有不可分割的联系，就是说，个体素质会带有无法抹杀的国民性、民族性，在阶级社会中的阶级性，在政党中的党性，等等。

二是独立性。人类和人群是由一个个现实的个体组成，个人是最现实、最具体、最基本的人，是人的最具体并具有综合性的单位。每个现实的个体不但作为整个人类或群体素质的载体，而且具有自身的若干特点。作为主体，每个人都具有独立性、能动性，都有一个独一无二的内心世界、素质结构。每个人都有独自进行生命活动的躯体。躯体的结构是独立的，它在同环境的交往中实现着物质、能量和信息的交换。人脑也是一个独立的系统，每个人的意识活动都在其中发生，独立思考是意识活动的重要特点。个体既是社会关系的总和，同时具有相对独立性；即使在协作的大生产中，也仍然是以分工为前提的，分工就包含了个体间的区别与独立。群体可以解体，而个体却能作为整体存在着，加入新的群体。

三是差异性。个体的独立性决定了个体素质的差异性。每个个体都具有自身的特点，从而把自身与其他个体相区别，这不只是生理、心理上的差异，即不仅是体力、智力、能力、个性等方面的差异，更主要的是不同社会关系中的个人在社会地位、生活水准、活动方式、思想观念等方面的巨大差异，这些差异在社会发展的不同阶段，表现出不同的内容、性质、形式、特点。

人的素质是个体素质、群体素质和人类素质三者的统一，三者是相互渗透、相互联系、不可分割的。群体和类的素质积淀、渗透并存在于每个现实的个体素质之中；现实性的个体素质则具体地反映、制约着群体和类的素质，个人的创造活动和创造结果通过社会关系历史地积累起来，成为人类历史长河中的一个水滴，活生生的丰富多彩的个性构成了群性和共性的源泉。而群体素质、人类素质又不是个体素质的简单相加，其发展状况既受制于个体素质，更取决于个体间的社会关系，取决于个体素质是否与民族共同体的准则利益、历史使命相符合。片面地、孤立地强调某一层面都会导致人的素质的下降，只有全面正确地认识和处理三者关系，才能促进整，个人类素质的健康发展。

二、素质的特点和对教育的启示

（一）素质的遗传性与习得性

人的先天素质主要通过遗传获得，故具有遗传性。这种先天素质成为后天素质提高的条件与基础，但就总体而言，作为人的素质主要不是由先天素质提供的，而是在环境和教育的影响下，通过自身后天的努力而习得的。孔子早就说过："性相近也，习相远也。"也就是说，人们之间的先天素质相差不大，后天素质表现之所以相差甚远，取决于环境与教育的影响及个体主观努力的程度。

启示：素质的这一特性，要求教育工作者充分认识到先天素质在学生发展中的前提作用，把握学生先天禀赋的差异性，注意因材施教，最大限度地发挥其潜能；与此同时，应特别重视环境和教育及个体主观努力在学生发展中的重大作用，注重育人环境的优化和育人方法的改善，尤其要在学生主观能动性的发挥上狠下功夫。

（二）素质的相对稳定性与可塑性

人的素质是个体以某种机能系统或结构形式固定下来的东西，在各种活动中经常而稳定地表现出来。一般说，只有那些经常而稳定地表现出来的品质，才能构成素质；而那些不稳定的、只在某种特定的条件下才会偶有表现的品质，不能称为素质。但这并非意味着素质本身是恒定不变的。

素质的稳定性只是相对的，人的素质可通过环境和教育的影响，尤其是通过个体的努力而加以改变。随着环境与教育影响力的增强和个体主观努力程度的提高，其素质水平必然会相应地得到提高。

启示：素质的这一特点，要求教育工作者努力培养学生稳定的知识技能、良好的行为习惯、健全的身心素质、积极的个性品质及审美情趣，并利用环境和教育的影响力，调动学生的积极主动性，促使学生的现有素质不断得到提高。

（三）素质的潜在性与整体效应性

人的素质是个体内化了的具有深层意蕴的品质特征，是蕴藏在人自身的尚需开发出来的身心潜能，并可通过人的言行举止得到外在的表现。正是从这个意义上说，人的素质具有潜在性。与此同时，素质具有整体效应性，也就是说，人的素质水平的外现是一种综合效应。任何优良素质的外现，都是人的德行、智能等多方面相互作用的结果。仅仅凭某一方面的素质，往往很难有所作为。

启示：基于素质的这一特点，教育工作者既应善于开发素质的潜在功能，又应善于发挥素质的整体效应。为了实现整体效应，教育工作者应致力于学生的全面和谐的发展，从根本上改变诸如重智轻德之类的做法。

（四）素质的个体性与群体性

素质具有个体性，每个人都有自身独特的素质结构。然而，素质不仅表现为个体性，而且表现为群体性，即表现为各类群体中全体成员所具有的某些共同的基本素质。个体素质与群体素质是密切联系在一起的。个体素质是群体素质的"细胞"，若没有高素质的个体，就不可能有高素质的群体；群体素质是个体素质提高的"土壤"，个体素质的提高，会受到群体素质的积极影响。

启示：基于素质的这一特点，教育工作者应立足于学生个体素质的全面提高，为形成高素质的群体打下基础；对学生既提出明确的共同的目标要求，又应有所侧重，不可强求一律；与此同时，应重视学生群体素质对个体素质的积极影响，使个体素质与群体素质的提高相得益彰。

（五）素质的时代性与前瞻性

人的素质是整个人类进化、社会文化进步的产物。正如《中共中央关于社会主义精神文明建设指导方针的决议》中所指出的那样，"人的素质是历史的产物，又给历史以巨大的影响"。由于人总是生活在一定的社会背景之中，环境和教育的影响及人自身的实践，无不具有时代的特征。因而，人的素质总是有着鲜明的时代烙印，受历史发展水平的限制。同时，人的素质的发展又具有明显的前瞻性，必须面向未来，以适应未来社会发展对人的素质的基本要求。

启示：基于素质的这一特点，教育应根据不同时代对人的素质提出不同的要求，为人的素质的提高提供最大可能性，为人的素质的发展提供应有的条件；同时应预测并满足未来社会发展对人才素质的要求，促进社会历史的进步。

从上述对素质内涵、特征的讨论中可以看出，人的素质主要是精神层面的，但也有物质层面的。就个体而言，可能某些方面的素质高一些，某些方面的素质低一些，尽管我们习惯于要求提高综合素质，个体也希望自己成为完人，但现实中纯粹的完人是没有的。所谓综合素质高，是指那些与日常生活、学习和工作紧密相关的精神层面的素质达到了较高的层次。如果不加限定，在平常口语中所说的素质，往往仅指道德和人格。

第二节　素质教育

一、素质教育的时代背景

（一）国民素质已成为综合国力的核心

综合国力是一个主权国家在一定时期内生存和发展的总体实力，是一个完整有序的系统。有学者认为综合国力的要素包括资源力（含人力资源和自然资源）、政治力、经济力、科技力、国防力、教育力、文化力、外交力等，其中，资源力是前提，政治力是核心，经济力是基础，科技力是关键，国防力是保障，教育力是根本。上述诸多因素，除了自然条件（国土、资源等）外，其余都与国民素质密切相关。

20世纪90年代，世界战略格局发生了转换，国际竞争的重点不仅表现在军事领域，而且表现在经济和科技领域。高科技不仅使人类的知识总量迅速增加，而且使人类获取知识、应用知识的能力大大提高，世界经济开始向知识经济转变。国际综合国力的竞争越来越多地表现为科学技术的整体水平的竞争，表现为创新型人才和劳动力整体素质的竞争，这表明综合国力的竞争进入了以科技和教育为基础的新阶段。这一发展态势进一步肯定了教育在整个社会经济发展全局中的战略地位和基础地位。为此，各发达国家无不抓紧制定面向互联网时代的教育发展战略，以牢牢掌握知识经济的主动权。

改革开放以来，我国经济虽然取得了举世瞩目的发展，但总体上仍属于粗放型、外延型经济，经济的发展是建立在大量投入人力、物力、财力，大量消耗能源和原材料的基础上的。各方面可比较的事实无可辩驳地证明，相对于物力资源而言，智力资源是一种具有内在能动性和无限活力的资源，所释放的能量是物力资源无法比拟的，是一切资源中最宝贵、最重要的、第一位的资源。而智力资源是以人为载体的，人的素质已成了当代世界综合国力的核心。实施科教兴国战略是我国经济发展战略的必然选择。如果我们不能迎头赶上知识经济的潮流，将会再一次拉大与发达国家的差距，这种差距就像农业经济与工业经济的差距一样，不只是量的差距，更是质的差距。因而，实施科教兴国战略，极大地提高我国国民素质，已成为决定我们国家前途和命运的战略任务。

（二）全球性发展困境呼唤"人的革命"

一个多世纪以来，科学技术的发展促进了生产力极大的提高，动力文明、工业文明使人类创造了前所未有的丰富的物质财富，促进了社会的文明进步，开创了人类社会的崭新辉煌；但与此同时，地球上人口剧增、资源濒临枯竭、环境污染、物种灭绝、生态破坏、厄尔尼诺现象频频侵袭，一系列全球性的问题严重地威胁着人类的生存与发展。

（1）环境资源危机。全球性资源衰减，食物储备下降，土壤被侵蚀，肥力退化，陆地干旱面积扩大，耕地面积锐减，森林大量毁坏，各种能源遭到严重消耗与浪费。工业革命带来的环境污染，使空气中有毒物质增加，水质中的毒素扩散，大气圈中二氧化碳含量增大，游离氧减少导致了紫外线对生命界的摧残。各种寄生物对人类食用植物和家畜带来种种伤害，导致食物中的毒性扩散。各种自然灾害、瘟疫以及世界范围内蔓延的艾滋病、疯牛病、二恶英等各种奇怪的疾病随时都可能造成对人类的威胁。核泄漏、空难、海难等各种不可预测的、防不胜防的灾难更是此起彼伏，严重危害着人们的生命安全和身心健康。

（2）人口素质危机。20世纪两次世界大战给人类造成前所未有的痛苦和灾难，战争中、出现了种种非人道的暴行；现代科技革命的发展在促进人类进步的同时又引发了全球性问题，人类陷入了空前的生存困境。一是人口数量激增带来的生存危机。据统计，1650 年全世界人口为 5 亿，300 多年后的 1987 年达到 50 亿，2020 年世界人口总量达到 72 亿。根据目前世界上粮食生产状况，将有三分之二的人口处于半饥饿状态。二是精神危机。在贫穷落后、人口拥挤的国家，抢劫、凶杀、吸毒、破坏自然生态等现象几乎到处可见，居民处于饥饿和极其恶劣的生活条件下，他们目不识丁，没有工作，营养不良，疾病缠身，阻碍了与生俱来的潜在能力的实现，甚至伤害了人的尊严。在经济发达的国家，激烈的生存竞争导致大多数人心理不平衡，过于紧张的节奏使许多竞争者的神经近于崩溃，甚至出现"过劳死"；而另一些以寄生方式存活着的人们，则由于终日无所事事而精神空虚。三是智力退化。这主要是由智能的反选择造成的。根据英国人类学家的调查，最高的生育率出现在低于平均智能的阶层中，甚至越是不发达的国家和地区，出生率越是居高不下，这就使得人类平均智能呈逐渐下降趋势。四是遗传性污染导致遗传病的扩散。物理、化学和放射性污染日益严重，人们为了战胜疾病延长寿命，越来越多地依赖药物，运动员为了夺得名次不惜违规服用激素，这些因素加速了有损于人体素质的突变，导致人类遗传性状的退化。

　　人的持续发展所面临的困境，引起了国际社会和众多有识之士的警觉。罗马俱乐部在出版《增长的极限》《人类处于转折点》之后，该俱乐部主席佩西又于 1977 年出版《人的素质》（一译为《人类的素质》）一书，揭示出人类危机的本质所在——人类素质。作者认为，解决人类危机不能完全依靠科学技术，"如果人有机会发展和调动其最佳素质，那么人类的多数弊病都将逐渐消失。"相反，如果人类不改变自己的价值观、道德观和行为准则，如果没有在文化上与自己所创造的、变化了的现实保持同步和完全适应，人类就不可能得到拯救。"这就是关于人的素质和怎样提高人的素质的问题。只有在世界范围内充分发展人的素质和能力，我们的物质文明才能得到转化，其巨大潜力才能有效地被利用。这是一场人的革命，如果我们打算操纵我们这一时代的其他变革，如果我们想使人类走向有希望的未来，那么这场人的革命就比其他事情更紧迫。""从现在起，人类面临着的最重要的任务是提高人的素质和能力……毫无疑问，决定人类命运的最重要的因素是人的素质，不仅是精英人物的素质，而且是几十亿普通的地球居民的平均素质。"①可以说，从注视外部自然的"改造"到关注自身的"革命"，

---

① 奥雷利奥·佩西. 人的素质[M]. 邵晓光，译. 沈阳：辽宁人民出版社，1988.

把自身视为地球上最具开发潜力的最后一个自然资源而加以重视，这是人类观念的一场深刻转变。

与观念更新的同时，一些社会学家则着手关于人的素质与国家现代化关系的实证研究。从 1962 年到 1964 年，美国社会学家英格尔斯和他的同事们选择了六个发展中国家进行大规模的调查研究，调查前确定了两个指导思想，其中之一是："要重新调整以往研究国家发展的重点，把人作为注意的中心，特别是普通人，而不是那些杰出人物。"①这一研究宗旨与此前一些研究相比，极具远见卓识。这次研究的结果发表后在国际社会引起强烈反响。我国改革开放以后，有识之士将这一研究成果编译出版，一本起初不怎么起眼的小册子从此不胫而走，其中一些精彩片段甚至使人们耳熟能详："在整个国家向现代化发展的进程中，人是一个基本的因素。一个国家，只有当它的人民是现代人，它的国民从心理和行为上都转变为现代的人格，它的现代政治、经济和文化管理机构中的工作人员都获得了某种与现代化发展相适应的现代性，这样的国家才可真正称之为现代化的国家。""人的现代化是国家现代化必不可少的因素。它并不是现代化过程结束后的副产品，而是现代化制度与经济赖以长期发展并取得成功的先决条件。""发展最终所要求的是人在素质方面的改变，这种改变是获得更大发展的先决条件和方式，同时也是发展过程自身的伟大目标之一。"②这些主要针对发展中国家的精辟见解在中国获得了理解与共鸣，对正全力以赴迈向现代化目标的中国人，具有十分现实的借鉴意义。在此前后，我国哲学界也开始出现"人学"研究热潮，这既反映了国际上"人的革命"的影响，也是我国思想理论界拨乱反正的必然。我国 20 世纪 50 年代后期开始出现的一些重大失误和挫折，造成了人与自然、人与人关系的失常和错位，给人自身带来物质和精神上的痛苦和伤害。特别是"文革"使这些失误和挫折得以强化和恶性发展，对人性的压抑和扭曲更为突出。当人们开始总结、反思这段历史教训时，对"人"的问题的关注自然就成为一个焦点。关于人性、人的本质、人的存在、人的发展、人的需要、人的自由、人的权利、人的价值等理论问题，关于人的素质、人的个性、人格塑造、市场经济中人的问题等现实问题，都成了理论界难以冷却的热点。

（三）社会各界对素质教育的期待

当国际社会倡导"人的革命"之际，国际教育界对与人的素质息息相

---

① 殷陆君. 人的现代化[M]. 成都：四川人民出版社，1985.
② 殷陆君. 人的现代化[M]. 成都：四川人民出版社，1985.

关的教育提出了尖锐的批评。据说国外有关专家在调查人们对"学习"一词的联想时，10 个概念集中被突出出来：枯燥、考试、家庭作业、浪费时间、惩罚、毫不相干、令人厌恶、放学晚、憎恨、恐惧。最具权威性的《学会生存——教育世界的今天和明天》则指出："学校教育的许多方面也要求彻底重新予以评价和进行改造"；教育体系必须重新加以考虑，而且我们对于这种教育体系所抱有的见解本身也必须重新加以评议。许多教育实践失灵，使教育革新成为必须进行之事。传统教育的弊端不但引起尖锐的批评，而且引发许多国家的全国性教育改革。日本文部省特别科学委员会进一步强调在培养目标中突出健康的个性和独立能力，是出于几个意外事件反映出日本人缺乏应急和独立能力的现实；美国从布什到克林顿两届政府重申的《2000 年教育目标》，是针对美国教育中存在的严重危机提出来的；俄罗斯在新时期培养目标中强调培养学生的创造性和应变能力，原因之一是由于过去的教育体系"生产"了大量没有主动性的社会个体。现在即使是那些受过良好专业训练的人都感到困难，因为许多职业岗位几乎不再存在了。

国际教育界对现实教育的批评和改革的信息，使中国人很自然地把视线集中到国内教育的现状上。

新中国成立 70 年来，党和政府成功地改造了旧教育，收回了教育主权，建立起社会主义教育体制。社会主义教育事业取得了举世瞩目的成就，从根本上改变了旧中国教育事业极为落后的状况。特别是改革以来，国民经济的迅速恢复和发展，促进了各级各类教育事业的长足进步，广大教育工作者教书育人，成果卓著，对提高整个中华民族的素质，促进经济建设、科技进步和社会发展做出了重大贡献。

二、素质教育的内涵

在认识素质教育的问题上，以下几个要义不可忽视。

（一）在教育目标上，素质教育强调促进人的全面发展

素质教育不仅仅是一种教育模式，更是一种教育思想、教育理念。这种教育思想和观念有着自身的理论基石。

子曰："性相近，习相远也。"（《论语·阳货》）意思是说，人生来所具有的本性是差不多的，只是因为后天的习染不同，便渐渐地相差很远了。孔子说的"性"，就是包括生理、心理特征在内的先天素质，"习"就是后天的环境和教育对一个人品质的影响。人如果没有天然具有的本性，就失去了为人的可能性，但是如果后天不加以"习"，则天性不能发扬光大，"性"

与"习"是内在统一的。孔子对"习"的强调正是对教育作用的认可和重视，与我们素质教育的目的是不谋而合的。素质教育者认为，素质固然与人的先天禀赋密切相关，比如要把聋哑人培养成歌唱家是很难的。但是对于大多数人来说，先天禀赋差异并不太大，人们素质的高低，主要是在后天的社会环境影响和教育训练中形成的。

素质教育真正的理论依据是马克思的关于"人的全面发展"学说。马克思早在《1844 年经济学——哲学手稿》中就深刻地分析和批判了剥削制度下的社会分工所造成的人的片面发展，以及人的片面发展所导致的本质异化，并将"人的全面发展"作为一种理想提了出来。马克思的人的全面发展观包含以下几个方面：首先，人的全面发展是人的体力和智力的充分发展。由于旧式分工的消灭，体力劳动与脑力劳动的差别被消除，社会每个个体成员的体力和智力均得到充分、自由地发挥，在劳动过程中获得统一。其次，人的全面发展是个体的情感和道德的充分发展。在理想社会里，一切社会成员得到彻底解放，人们品格高尚，情感丰富，身心活泼，兴趣广泛，感情境界和道德境界都获得了提升。再次，人的全面发展还表现为美感的充分发展。随着个性的自由发展，美的情操也得到了解放，人人都拥有自己对自然美、社会美、艺术美的感受力、鉴赏力和创造力。可见，马克思的人的全面发展观认为，人的全面发展的本质是充分、自由、全面地占有人类物质和精神文化的成果，是人在体力、智力、情感和审美情趣诸方面协调和谐的发展。它的真正含义在于，每个社会成员都在人类物质和精神文化的全部成果中，自由地选择它们、占有它们，在最符合个体本身兴趣、爱好的各种社会活动中，最大限度地发挥自己的聪明才智和能力，以使自己的个性得到自由、全面的发展。

把"素质"作为教育的核心和目标提出来，既是对以往专业性、职业性、定向性的教育失误的一种反思，也是对新时代发展需要的一种积极呼应。素质教育贯穿于人才培养的全过程，它是为人的一生如何做人、做事奠定基础的教育，是一个包括思维、能力、人格等等全方位的教育。

（二）在教育内容上，素质教育强调教育的全面性

我们习惯把素质教育之前的旧教育理念称为"应试教育"，素质教育是直接针对"应试教育"提出来的。应试教育重在传授知识，其目的是让学生简单地记忆现成的东西，以应付各种工作和生活。素质教育虽然也以知识教育为基础，但更侧重通过现有的知识的启蒙，使学生从原有的自然状

态提升到理性的存在状态，形成合理的知识结构和自学的习惯，并在此基础上形成一种自觉的创新能力。素质教育观认为，随着科学和社会的飞速发展，任何给定的知识都注定是不完备的，因此只有把知识内化为素质，才能取之不竭，用之不尽，以不变应万变。因而，素质教育是弥补了应试教育不足性的一种相对全面、和谐的教育理念。它集中体现了科学与人文的统一，知识、能力与人格素养的统一，做人与做事的统一，它弥补了物质与精神、灵魂与肉体、理性与情感等之间的分裂，整合了历史上理性主义与工具主义之冲突、个人本位与社会本位的对立，它是大学目的理想的新飞跃，是指导当代我国大学教育改革的新理念。

素质教育和应试教育的区别还在于，应试教育重在选拔精英，素质教育重在普及国民。中国拥有庞大的人口，如果没有很好的素质，会是一个沉重的包袱，反之则是一个巨大的人力资源宝库。通过素质教育全面提高公民素质、民族素质，进而提升综合国力，这是中国教育界开展素质教育的初衷。随着中国经济的发展和社会文明程度的提高，受教育的人群大幅增加，普及教育成为可能。素质教育以促进学生身心发展为目的，以提高国民的思想道德、科学文化、劳动技术、身体素质为宗旨，素质教育的这种本质特征决定了它必须面向全体学生，面向学生的每一个方面，培养其在社会生存发展的能力，发展其个性，使其成为最好的自己。

（三）在教育方式上，素质教育强调让学生主动发展

素质教育不是在知识教育之外添加一点新内容，而在于改革知识教育本身，在于从根本上改革现有的教学观念、教学内容、教学方法、教学管理模式、专业设置原则、学制设置原则等。

新中国成立后的几十年来，与整个社会"大气候"相适应，高等教育长期片面强调集体主义，轻视和排斥人的个性。它所关注的是教材、教师、课堂，而不是学生极其个性化的发展；鼓励的是对现有知识、结论、方法的机械认同，而不是独立、求异、发散的思维；追求的是学生知识与能力结构的标准化，而不是必要基础上的个体特色与优势。这种教育思想和教学方法培养出来的人才，缺乏创造性和进取精神，只习惯于接受而不习惯于思考，更不习惯于怀疑和考证，是一种"追随型"人才。模式化教育把本来具有无限发展可能性的人才标准化，造成大学人才输出规模单一化、结构简单化，借用前国家图书馆馆长任继愈先生的比喻，现在培养人才的模式叫"蒸包子"，"一笼一笼的"；培养出来的专家是"竹竿型的，很细很

细"。这样培养出来的人即使被称为"人才"和"专家"，能力也肯定很有限，高分低能型的传统"人才"就是应试教育的模式铸就的。正如爱因斯坦在回忆他的学生生活时曾经感叹的那样："现代的教学方法，竟然还没有把研究问题的好奇心完全扼杀掉，真可以说是一个奇迹；因为这株脆弱的幼苗除了需要鼓励以外，主要需要自由，要是没有自由，它不可避免地会夭折。认为用强制和责任感就能增进观察和探索的乐趣，那是一种严重的错误。"

素质教育强调要充分认识学生的"主体性"和主体地位。人的"主体性"是人与自然、人与社会、人与自我关系中所具有的主体地位和作用的哲学概括，是指人在与客体的相互作用中得到发展的人的自觉能动性，包括自觉认识、自主选择和自由创造。在教育实践活动中，教育者和受教育者具有主体和客体的双重属性，都是主客体的统一。因此，现代教育主张"双主体论"，即教师是教育主体，学生是受教育主体。素质教育的要义是让学生主动发展，只有让学生主动发展，人才规格才有多样性。为了让学生主动发展，需要我们的教育给学生"松绑"，要改变传统教育课程"以教师为中心，以教材为中心，以课堂为中心"的"旧三中心"，建构"以学生为中心，以活动为中心，以实践为中心"的"新三中心"，发挥学生在认识自我、改造自我、发展自我过程中的自觉性、自主性和能动性。只有对学生个性及其发展的尊重和关注，才谈得到创造性的发挥。教育理论家顾明远认为："所谓的素质教育，不过是教人们如何将内在的潜能激发出来，运用在社会上，表现出不凡的思想和能力。"只有主动发展，才能培养学生的创造性，只有学生有创造性，培养的人才的多样化，将来才能形成百花齐放、生动活泼的局面，国民才拥有健康有活力的整体素质，国家才是强大和有无限前景的。

（四）在教育时间上，素质教育强调终身性

赋予素质教育以终身性特征，是基于对素质发展的新认识。永恒发展是物质世界的本质，也是人生命的本质。生理学研究表明，人是生理的早产儿，大自然总是把尚未完成的人放到世界之中，它没有对人做出最后的限定，而是给人留下了相当程度的未确定性，留下了巨大的生理发展余地，从这个意义说，人永远不会变成一个成人，他的生存是一个无止境的完善过程和学习过程。生理心理学研究表明，人脑的发展成熟速度缓慢，时间跨度甚至延续至 60 岁以后。人的心理发展具有丰富的潜能。社会个体化研究结果则表明，人到成年并不意味着社会化的结束，往往是继续社会化的

新起点。而且，人不是像动物那样消极地存在于自然界，人有意识、有意志，总是在生存中积极表现自己，展示自己的全部创造才华。人在发展过程中也会暴露和发现自己某些不足和继续努力的方向，每个发展阶段都会面临一些新问题需要解决，人的一生必须在社会认知、社会实践和社会关系中不断学习、成长，从而更自觉、更有针对性地提高，发展自身素质。

素质教育的终身性特征，意味着作为终身教育体系基础的学校教育，特别是中小学教育，不仅要传授知识，更要为每个学生的终身发展奠定基础，首先要让学生乐于并善于终身学习。"未来的文盲不是不能阅读的人，而是没有学会怎样学习的人。"为此，应注重激发学生的学习志趣，加强"自我导向学习"的指导。所谓自我导向学习，是指在学习者的独立性、自主性和批判性思维的主导下，自觉确立学习目标、科学拟定学习计划、主动寻找学习资源、积极从事学习活动、客观评价学习结果的过程。为此，现行的学校教育应出现若干结构性转变，例如，在课程结构与内容方面，应适当减少知识的直接传递而增加对知识的主动获取，增加各种学习方法、学习技能技巧的训练，加强课程内部及与外部的统整，打破学术教育与休闲教育、博雅教育与职业教育等界限；在教材方面，应增加生活化而减少记忆性，增加个别化而减少统一性，并引进更多的社区教育资源作为学习材料；在提供学习机会方面，应增加非正规学习机会、个别化学习机会、校外学习机会，以减少未来终身学习机会障碍；在学习方法上，向学习个别化方向发展，增强自我导向的学习能力；在学生评价方面，应着重考查学生是否有继续研究的动机，对于变化及新生事物能否保持一种积极的态度，能否针对复杂的问题运用各种学习工具；等等。

素质教育的终身性并非指各级各类教育的简单叠加，它冲破了传统的教育观念，包含了教育时间的终身性、教育空间的社会性、教育过程的发展性等丰富内涵。它把人们关于素质教育的观念、视野从狭隘的学校教育拓展开来，使其外延大大拓宽，学前教育、学校教育、继续教育、老年教育将获得贯通，正规教育、非正规教育、非正式教育之间的森严壁垒将被打破，学历教育与非学历教育将受到同样的重视。为此，学校应主动承担起协调所在社区内各种教育资源以发挥教育整体效益方面的责任，打破自身的封闭性，为社区内业已离开学校的人们提供继续学习的机会，促进所在社区居民素质的全面发展。而且，教育不再仅仅是教育部门的事，几乎所有政府部门乃至社区组织、社会团体都负有促进公民学习、提高公民素质的责任。素质教育的实施尤其应当是各级党委和政府的重要职责。各级政府应当整合社会所有形式的教育因素，科学地调配教育资源，使各级各类教育按照各自的作用和承担的任务有机结合，相互沟通和渗透，相互补充，相互结合，整合统筹，形成协调发展的大教育体系，以使所有年龄层次的人有充分的自由去选择合适的教育方法和手段，获得最佳可能的发展。

三、素质教育的理论依据

实施素质教育以适应青少年身心全面发展的需要是建立在马克思主义关于人的全面发展理论的基础之上的。马克思主义关于人的身心的全面发展同社会发展的辩证统一，是实施素质教育的重要理论依据。马克思主义认为，人是世界上最宝贵的资源，是生产力发展水平的决定力量，社会的全面进步依赖于人的全面发展。人的全面发展与社会的发展是辩证统一的关系。社会的发展包含人的全面发展且制约人的全面发展，人的全面发展又为社会的发展提供积极的主体条件，促进社会的发展。人的全面发展是指社会的每一个成员都能完全自由地发展和发挥他的全部才能和力量，只有在一种完全新型的社会——共产主义社会中，才能实现以"每个人的全面而自由的发展为基本原则的社会形式"，即"自由人的联合体"。在前共产主义社会，人们谈不上自由而全面的发展，人的发展受到种种束缚，人的发展是不自由的、片面的，甚至是畸形的。但人也在不断地发展，人类社会也在不断地发展。

人的全面发展不仅是教育方针的根本精神，而且是人类发展的一种趋势，是共产主义社会的特征之一。素质教育思想是人的全面发展思想在教育中的体现，是人的全面发展思想的重要组成部分。素质教育正是继承了传统教育中的合理因素、以马克思主义为指导而提出来的促进人的全面发展、使学生成为社会主义建设人才的教育。

在社会主义初级阶段，人的发展当然有很大的局限性，但也在努力贯彻发展的全面性。共产主义社会是一个理想社会，在那里，每个人的自由全面发展是一切人自由全面发展的条件。今天我国处在社会主义初级阶段，当然还达不到这个水平，但也应该以它作为教育人、培养人的目标。人的全面发展是一个长期、艰苦的过程，这个过程是历史的、具体的。人的全面发展的程度及如何发展，主要取决于一定历史阶段社会实践的需要及其社会所能够提供的条件。比如，大学谁都想上，但能上的毕竟是少数，那么，没上大学的是否就不能全面发展了？青少年不一定都能上大学，但都有全面发展的机会，党和政府都在努力提供一定程度的促进青少年全面发展的条件。

中国特色社会主义理论中包含了这方面的丰富内容。党和国家领导人多年来已经注意到这个问题并提出了若干相关理论和观点，并采取了相应的措施。邓小平倡导的对全国人民和干部进行的"有理想、有道德、有文化、有纪律"的教育及近年来党中央和我国教育界倡导的素质教育都是促进人的素质全面发展的教育。

人的全面发展是有条件的，不同的历史阶段有不同的内容和要求。我国目前最突出的问题是人口包袱沉重，国民素质偏低，创新能力不足。因而，我国现阶段促进人的全面发展的真正内涵就在于不断提高人的综合素质和创新能力。

在教育语境下，人的全面发展首先是人的综合素质的全面发展。人的综合素质是人的各种能力发展的基础，人的综合素质任何一个方面的短缺都将成为人才成长过程中的"短板"（根据经济学中的"木桶"理论）。其次是人的才能的全面发展，才能是指人们认识世界和改造世界的能力，这不是说人人都是通才，没有专家，而只是说人人都是在通才基础上的专家，而不是才能狭窄的片面专家。当前，人才的专门化程度提高了，但这绝不意味着人才的能力从全面发展转变为单向发展，正确的理解是，人才能力的全面发展是人才专门化的基础。第三是人所从事的专业由于基础教育宽广而易于随着本人的愿望和社会需要发生转换。

当然，人的全面发展永远都是一定程度的全面，不可能是绝对的全面。即使在共产主义社会，人的素质、能力及各种社会关系的发展仍然还会存在差距或问题。应当说，无论从个体还是群体而言，人的全面发展均为动态的永远追求的过程；同时，全面发展与个性发展并不矛盾，全面发展是个性发展的基础，个性发展则是全面发展的体现与展开。教育的任务就包括发现、尊重、爱护和发扬学生的个性。因此，不能用全面发展来否认个性发展，当然也不能用个性发展来代替全面发展。素质教育的目标就是要使每个学生都能达到全面发展、个性发展和终身发展相统一。

第三节 当代大学生素质教育的历史及比较

一、我国素质教育的历史

（一）古代素质教育思想

在我国，素质教育理念于先秦时代即开始萌芽。孔子、孟子、荀子这三位儒家大师，是素质教育理想的主要奠基者。管子《霸言第二十三》最早明确提出人本思想，他说："夫霸王之所始也，以人为本。本理则国固，本乱则国危。"孔子、孟子、荀子等都曾讲到人本问题。孟子曰："桀纣之失天下也，失其民也。"[①] "民为贵，社稷次之。"[②] 而且，孔孟等人在素质教育思想和教学方法均有可贵的人本实践，如师生关系、隐性课程等。这一些，即在世界范围而言都是极为宝贵的精神财富。此后，宋代书院教育、清末王国维的"全人教育"等，都是值得我们人真研究的素质教育成果。

1. 孔子的素质教育思想

《论语》是孔子朴素而丰富的素质教育思想的结晶。主要内容有以下方面：

（一）有教无类，教育面向全体

孔子主张"有教无类"，故而他的学生来自社会的各个阶层，既有鲁国贵族孟懿子、大夫澹台灭明；也有下层平民如"敝衣而耕于鲁"的曾子；还有家庭贫困的，"一箪食、一瓢饮，在陋巷"如颜渊等。从而，改变了"学在官府"的旧局面，表现出具有全体性这一素质教育的基本要求。

（二）强调"做人"，主张培养"君子"的完美人格的教育目标

这一主张与素质教育的宗旨联系紧密。《论语》中有关"君子"的论述有 82 处，另还多次提到"士"，而"士"的标准就是"君子"。"君子"的内涵有二：一指有道德有才能；二指已修养成人的社会上层人物。孔子认为"君子"须有"仁"的品质，"君子去仁，恶乎成名？君子无终食之间违仁，造次必如是，颠沛必如是"[③]，"仁"的核心就是"爱人"。"君子"的基本特征就是仁（德）智的统一，孔子是我国第一个探讨德育与智育关系的人。

（三）学思结合，知行统一的教学原则

学，首先是学之重要；其次要好学善学。孔子说："学而不思则罔，思而不学则殆。"[④] 他又认为自己之"文，莫吾犹人也。躬行君子，则吾未之

---

① 孟子·离娄上
② 孟子·尽心下
③ 论语·为政
④ 论语·为政

有得"①。这是说学习与思考、理论与实践之关系紧密。

（四）教育内容为"文行忠信，六艺六经"

《论语·述而》说："子以四教：文、行、忠、信。"即孔子以文化知识、实践活动、忠诚仁爱和恪守信用教育学生；"六艺"指教学科目：礼、乐、射、御、书、数；"六经"指孔子编订的教材：《诗》《书》《礼》《易》《乐》《春秋》，内容丰富全面，与现代素质教育的精神基本吻合。

总的来说，孔子的素质教育思想是朴素的，从主观而言却有很多不彻底处。孔孟教育思想由于强调文化知识的传授和掌握，重视道德行为的践履和养成，突出经世致用和满足社会需要，因此，这是一种侧重文化的社会本位教学目的观。但尽管如此，孔子在如何使人"成人"方面确有不少建树，其素质教育的客观效果是突出的。

2. 宋代书院制

（1）书院的兴起与发展。"书院"一名，始见于唐玄宗前期的"丽正殿书院"。这是一个校书机构，没有学生，由"学士"将朝廷藏书分经、史、子、集四部整理，又称"四库"，号为"丽正书"。与这里所说的书院并不一致。

书院建立之初，就以民办为主，是一种鲜明的民间办学形式。私人讲学的历史源远流长。孔子聚徒传道授业，开风气之先，成为万世师祖；一部《论语》，就是教学活动的记录。隋唐以来，"书院"之名称始见史书记载，至五代，书院开始聚徒讲学，如当时的"太室书院"、"梧桐书院"，虽为数不多，却开启了宋代书院讲学之先声。

宋代书院的兴旺与发展，大致有如下几个原因。首先，由于五代战乱的影响，地方官学几乎没有，中央官学因袭隋唐旧制，以学生的门第出身作为入学的资格依据。如此严格的限制，使学生来源甚少，官学极其不景气。一朝之兴，急需大量人才。为此，朝廷在兴建官学的同时，对书院采取了扶持政策，一些有识之士先后发起兴学运动。如范仲淹的"庆历兴学"、王安石的"荆公新学"以及蔡京的"崇宁兴学"等，成为书院发展的坚实基础。其次，宋代学术的繁荣也是书院发展的重要条件。由于朝廷对儒、佛、道三教并重，三教文化得到空前的繁荣，特别是在儒学研究中，涌现了程颐、朱熹、张栻、吕祖谦、陆九渊等一大批我国历史上著名的学者，

---

① 论语·述而

他们的学说各成体系，影响很大，并需要一定的场所得以传播，书院正是这样的学术交流中心。时有"四大书院"之说，即白鹿洞书院、岳麓书院、睢阳书院（又名"应天府"）和嵩阳书院。

书院是一种高等教育，对社会的影响很大，尽管宋政府后来通过赐书、赐匾额、赐学田等手段逐渐加强了对书院的控制，但在教育方针和教学方法上，书院仍有较为充分的独立性，使人的教育得以较好地发展，保留着私学教育相对自由的鲜明特点，而这正是书院生命力之所在。有学者指出："书院教育本着对个体德行的深切关照乃至对生命的终极关怀，体现了以人为本'、'人文化成'的精神实质和价值选择，具有深厚的人文底蕴。不管是游离于科举之外以道德涵养为核心的教育目的，还是体现在教育过程中对人的自由自主的关照，都值得我们对其进行最新解读，也必然引发我们一系列的追问：教育的前提和本质是什么教育到底是材的教育还是人的教育，教育应提供给学生什么样的知识。"[1]这里的问题，也正是我们研究素质教育应当关注的。

（2）书院与《白鹿洞书院揭示》。据史家考证研究，书院的真正兴盛是在宋朝，而且，宋朝书院的一些理念至今仍有可资借鉴的地方。朱熹是宋朝书院快速发展的重要人物，他的书院教育思想，比较集中地体现在《白鹿洞书院揭示》中。

《白鹿洞书院揭示》正文79字、附注98字、朱熹跋260字。全文如下：

父子有亲，君臣有义，夫妇有别，长幼有序，朋友有信。

右五教之目。尧舜使契为司徒，敬敷五教，即此是也。学者学此而已。而其所以学之序，亦有五焉，其别如左：

博学之，审问之，谨思之，明辨之，笃行之。

右为学之序。学、问、思、辨四者所以穷理也。若夫笃行之事，则自修身以至于处事、接物，亦各有要。其别如左：

言忠信，行笃敬。惩忿窒欲，迁善改过。

右修身之要。

正其义不谋其利。明其道不计其功。

右处事之要。

己所不欲，勿施于人。行有不得，反求诸己。

右接物之要。

熹窃观古昔圣贤所以教人为学之意，莫非使之讲明义理以修其身，然

---

[1] 张传燧. 古代书院传统及其现代大学借鉴. 湖南师范大学教育科学学报. 2006（1）.

后推以及人，非徒欲其务记览、为词章，以钓声名、取利禄而已也。今人之为学者则既反是矣。然圣贤所以教人之法具存于《经》，有志之士固当熟读、深思而问、辨之，苟知其理之当然，而责其身以必然，则夫规矩禁防之具，岂待他人设之，而后有所持循哉! 近世于学有规，其待学者为已浅矣；而其为法，又未必古人之意也，故今不复以施于此堂；而特取凡圣贤所以教人为学之大端，条列如右，而揭之楣间。诸君其相与讲明、遵守而责之于身焉，则夫思、虑、云、为之际，其所以戒谨而恐惧者，必有严于彼者矣。其有不然，而或出于此言之所弃，则彼所谓规者，必将取之，固不得而略也。诸君其亦念之哉! [1]

　　这里，《揭示》正文的"五教""五序""三要"，可谓是我国第一次比较全面地揭不了人之为人所应具有的人文品格或修养；再联系朱熹"跋"观之，又明确指出"今人之为学者则既反是矣"，表明朱熹对近世学规不合古意的反抗。或者说，学校教育自古就有两种管理与教学方式。一种是，假定学生是可能的圣贤君子，教学生懂得并实行《揭示》的"五教""五序""三要"，内心自我管理；若有不然，则绳之以"学规"。一种是，假定学生是现实的利禄小人，实行利禄刺激，在教学的各个环节设立"规矩禁防之具"，总称"学规"，这是外部行为管理，可以使学生循规蹈矩，而在内心逼着学生成为利禄小人。前一种是书院管理，后一种是学校科举管理。

　　《白鹿洞书院揭示》是朱熹对中国高等教育的重要贡献。为挽救中国人文精神，为使教育成为人的教育，他找到书院这个形式向学校科举系统挑战。我们知道，科举系统的任务是"取士"，简称"仕"，属于政治领域；作为学校。主要任务是"养士"，简称"学"，属于教育领域。两者关系是"仕而优则学，学而优则仕"，前者求学术，后者求利禄。这里，虽有学校和科举两条线，然而自隋唐开始就逐渐指向利禄，以致学校考试模拟科举考试，进而学校教育成为应试教育，极大地影响了学生的健康成长。正如朱熹所说："今日学校科举之教，其害将有不可胜言者! 不可以是为适然，而莫之救也!" [2] 面对科举的入侵，禄利的污染，朱熹等总算找到"书院"这座城池、这片净土。他们实际的口号是：科举离开书院! 利禄离开书院! 可以说，书院是与"今日学校科举"对立的，书院的"教"正是在"救"今日学校科举之"害"。

　　（3）岳麓书院及其影响。白鹿洞书院虽列宋四大书院之首，但在此之

---

① 朱子大全·文集卷第七十四
② 朱子大全·文集卷第七十四

前已有岳麓书院（长沙岳麓山）。朱大中祥符八年（1015），真宗赐名"岳麓书院"，其时此院已办 41 年。白鹿洞书院则迟至淳熙八年（1181）朱熹面奏孝宗后才正式挂牌。比较而言，岳麓书院的历史连续性最强，而且至今仍保留为湖南大学的一个独特的学院，"岳麓书院"名称未变。1994 年 5 月在岳麓书院举行"文化选择与大学教育理想"国际学术讨论会，一些西方学者的论文羡称岳麓书院是世界上现存的最早的高等学府。

岳麓书院的兴旺发展有两位领袖人物，先是张栻（敬夫，南轩），后是朱熹（晦翁）。

张栻（1133－1180），著名抗战将相张浚之子。张栻主持岳麓书院，于乾道二年（1166）作《潭州重修岳麓书院记》，他在本记中谈到了书院教育的目标："岂将使子群居逸谈，但为决科利禄计乎？抑岂使子习为言语文词之工而已乎？盖欲成就人才，以传斯道而济斯民也。惟民之生厥有常性，而不能以自达，故有赖于圣贤者出而开之。"可见，办书院不是为了学生求利禄、习文闻，而是为了出人才以传道济民，与办学校为科举的方针明显不同。

在院传道，出院济民。"传"什么？张栻在那篇《记》中只说一个"仁"字，与 15 年后陆九渊在《白鹿讲义》中只说一个"义"字，两者遥相辉映；而张栻作《记》13 年后，还有朱赢的《白鹿洞忙院揭示》，正史却说了 79 字。相形之下，张、陆可谓易简，朱熹好像繁复，但用意却彼此相通。"仁"与"义"可谓互藏其宅，人通过集义，养成浩然之气，充塞天地，也就是与天地合德。义的最高境界，就是仁的最高境界。仁、义及其最高境界，也都是朱熹所主张的。

朱熹两次到岳麓书院。第一次在乾道三年（1167），与张栻讨论"中和"问题，逗留两月。第二次在绍熙五年（1194），"妥"潭州湖南安抚"，更建岳麓书院，以《揭示》为学规，世称《朱子书院教条》，白天办公，夜晚讲学，时年六十有五矣，此次在岳麓书院活动 5 个月，影响深远。

3. 王国维"全人教育"

尽管日本学者小原国芳的"全人教育"在现代很有影响，但最早对"全人教育"的教学内容与目标做出比较明确阐释的却要数我国清末学者王国维。他 1906 年（清光绪三十二年）在《论教育之宗旨》一文中说：

教育之宗旨何在？在使人为完全之人物而已。何谓完全之人物？谓人之能力无不发达且调和是也。人之能力分为内外二者：一曰身体之能力：一曰精神之能力。发达其身体而萎缩其精神，或发达其精神而罢敝其身体，皆非所谓完全者也。完全之人物，精神与身体必不可不为调和之发达。而精神之中又分为三部：知力、感情及意志是也。对此三者而有真、美、善之理想：真者知力之理想；美者感情之理想；善者意志之理想也。完全之人物，不可不备真、美、善之三德。欲达此理想，于教育之事起。教育之事亦分为三部："智育、德育（即意志）、美育（即情育）是也……"

然人心之知、情、意三者，非各自独立，而互相交错者。如人为一事时，知其当为者知也，欲为之者意也；而当其为之前又有苦乐之情伴之，此三者不可分离而论之也。故教育之时，亦不能加以区别。有一科而兼德育、智育者，有一科而兼美育、德育者，又有一科而兼此三者。三者并行而得渐达真、善、美之理想，又加以身体之训练，斯得为完全之人物，而教育之能事毕矣。[①]

王国维最早看到了人是知情意的综合体，因而教育便是一种建设这种综合体的事业，进而，培养"完全之人物"的"完全之教育"，就必须由智力培养的"智育"、意志培养的"德育"、情感培养的"美育"和身体训练的"体育"所组成，而且只有智、德、美"三者并行"协调，再"加以身体之训练"，才能培养"完全之人物"。从而，在中国教育史上第一次明确提出培养完全人格的体、智、德、美四育的"全人教育"主张，特别是对美育的重视更具原创性。

（二）近代素质教育思想

1. 蔡元培的素质教育理论与实践

蔡元培（1868－1940）于1912年开始任民国教育总长；1917年始任北京大学校长，长达十年之久。蔡元培在北大期间，所着力推行的即是素质教育改革，他因其远见卓识和成功实践被史论家誉为"当代中国最伟大的教育家"。

蔡元培的素质教育理论与实践主要包括如下四个方面：

第一，培养学生"完全人格"是他推行素质教育的理论基础。他在《教育独立议》中说："教育是帮助被教育的人……完成他的人格……不足把被教育的人，造成一种特别器具，给抱有它种目的的人去应用的。"[②]他的做法一方面是尊重大学生的主体地位，力倡"尚自然、展个性"，并与"守成法、求划一"的旧式教育区别开来。另一方面是1918年开始在北大率先废

---

① 王国维. 哲学美学论文辑佚[M]. 上海：华东师范大学出版社，第251-253页.
② 蔡元培. 教育独立议[J]. 新青年. 1992（3）.

除年级制，实行选课制，并划出总学分的一半为学生自由选修，因材施教。

第二，重视素质教育隐性课程建设。蔡元培到北大主事后，感到学生课外放荡冶游、行为不端，便积极提倡组织社团，创办刊物，丰富学生的课余生活。1918 年，他还亲自组织进德会，以培养学生高尚的道德素质，师生参与踊跃。

第三，主张以美育代宗教，"与德育相辅而行，以图德育之完成者也"。[①]明确提出："所谓健全的人格，内分四育，即：①体育；②智育；③德育；④美育"[②]。

第四，主张"思想自由、兼容并包"，为师生素质之拓展创设了良好的氛围。他大胆启用了当时中外不少有影响而观点不同的学者来北大讲学，令学生有自由选择的余地。

2. 梅贻琦的通识教育

梅贻琦于 1931－1948 年任清华大学校长。他的教育思想与实践集中在推行"通识教育"，对我国现代大学教育产生了深远影响，并创出了清华校史的"黄金时代"。他于抗战时期所作《大学一解》，是梅贻琦通识教育思想的理论概括。他认为："通识，一般生活之准备也。专识，特种事业之准备也。通识之用，不止润身而已，亦所以自通于人也，信如此论，则通识为本，专识为末。社会所需要者，通才为大，而专才次之。"这样，当时清华大学第一年不分科系，所有学生一律实施通识教育，第二年起进入专业领域，各学科分为必修和选修两种。通识课程，规定各系学生第一年必修国文和英文各 6 学分，选修自然科学 1 门（物理、化学、生物）8 学分及社会科学 1 门（政治、经济、社会、历史、现代文化）6～8 学分。另有体育每周 2 小时，每年 2 学分，大学 4 年，每年均修。

梅贻琦率先从美国将"通识教育"引入，与我国现行素质教育联系紧密，西欧国家包括港台地区大学现在一般仍使用"通识教育（General Education, Liberal Education）"概念。通识教育也算是一种集中的素质教育，侧重在对素质教育内容的宏观把握，毕竟与"素质教育"最在教育思想、教育方法不同。不过，美国本科教育重在通识教育，并不强调本科生必须接受专才教育（Professional Education）或专业教育，这与我国将大学本科定位在专业教育显然有别。因此，梅贻琦所说"通才为大，而专才次之"

---

① 蔡元培. 蔡元培教育论集[M]. 长沙：湖南教育出版社，1987，第 490 页.
② 蔡元培. 蔡元培教育论集[M]. 长沙：湖南教育出版社，1987，第 303 页.

的观点值得商榷；但"通识为本，专识为末"思想在当今信息时代更为发人深省。

（三）新中国的素质教育发展历程

新中国的质教育探索是从 20 世纪 80 年代开始的，这是中国在改革开放的大背景下，教育从封闭走向开放，逐步与世界接轨的标志；是对"培养德、智、体等方面全面发展的社会主义事业的建设者和接班人"的教育方针思想的具体实施。

1. 中国素质教育的提出

中国大陆对教育与素质的关系的理解是一个不断探索和深化的过程。

早在 1980 年，邓小平就提出"要努力使我们的青少年成为有理想、有道德、有知识、有体力的人"。1982 年，他又将这种对青少年的要求上升和扩及我国的全体公民，提出要使各族人民都成为有理想、有道德、有文化、守纪律的人，以提高国民的综合素质。这一思想发展了马克思关于"人的全面发展"的学说和毛泽东的教育思想，为我国实现从应试教育向素质教育的转变指明了方向，提供了理论依据。

素质包括心想道德素质和科学文化素质，推进素质教育就是要推进思想道德素质和科学文化素质的教育。从综合同力的高度认识思想政治教育的重要性，综合国力包括经济实力、国防实力和民族凝聚力。思想政治教育在任何时候都不能放松和削弱。思想政治素质是最重要的素质，不断增强学生的爱国主义、集体主义、社会主义思想是素质教育的灵魂。

1992 年，党的十四大召开以后，随着我国的改革开放事业深入发展，我国高教的改革与发展进入了一个新的历史时期。高等教育界对我国的高等教育体系进行深入的思考认识到：原高教教育与社会主义市场经济体制的建立不相适应，与时代发展不相适应，集中表现在"专业口径较窄、人文教育薄弱、培养模式单一、教学内容陈旧、教学方法过死"等五方面弊端，所有这些都直接影响着人才培养质量的全面提高。要改变这种不适内的状况，就必须以教育思想观念改革为先导，不断深化人才培养模式、教学内容和课程体系、教学方法和教学手段的改革。

2. 中国大学素质教育的阶段

传统的高等教育认为，大学生的教育主要是一种专业教育，即使在 20 世纪八九十年代素质教育越来越被教育界关注以来，绝大部分的研究成果也主要集中在基础教育阶段，对大学生素质教育的系统理论和实践研究并不多。其实，素质教育对高等教育同样重要，特别是在高等教育大众化的趋势下，把大学生培养成全面和谐发展的"人"而不是拥有专门技能的"工具"更是当务之急。21 世纪以来，倡导素质教育已经成为当代大学教育人才观的基调。

（1）酝酿尝试阶段（1995 年 9 月以前）。这一阶段的特点是素质教育思想逐渐在大学教育中得到重视，部分大学自发地结合教学改革和人才培养模式的探索来实施素质教育，教学内容和教学方式各校不一，主要是在理工科专业中加强人文教育，在人文专业中加强科学教育，开设选修课、举办各种讲座、规定必读书目、开展第二课堂等等。这一阶段的素质教育注重加强人文知识的传授，未对如何内化、提升为素质进行探索，以致有人提出"增设几门人文课程是否就是素质教育"的疑问。值得注意的是，较早开展素质教育的是两类重点大学：一是办学历史长、具有良好的人文氛围及人文精神积淀的大学；二是以科技教育为主、人文教育相对薄弱的理工类大学。它们在我国大学素质教育实施中起到了带头和促进作用。

（2）试点探索阶段（1995 年 9 月至 1998 年 4 月）。1995 年起，一场以加强素质教育、增强质量意识为核心内容的教育观念大讲座在高等教育界迅速展开，讲座的焦点是培养什么样的人才和怎样培养人才。经过教育思想、教育观念大讨论，素质教育思想在大学教育中得到了充分肯定。同年，原国家教委在全国 52 所大学开展加强大学生文化素质教育的试点工作，对全国高校素质教育的实施起到有力的示范和推动作用。学校发生可喜变化，更加浓厚的文化氛围逐步形成，学生精神面貌发生变化。试点工作所取得的经验得到全国高校的广泛关注和高度重视。

1997 年，原国家教委着手对《普通高等学校本科专业目录》进行了新修订。此次修订努力把素质教育思想贯彻在人才培养计划中，从社会对高校人才的需求出发，进一步拓宽专业口径，增强适应性，减少专业种数，使素质教育的实施更具有科学性、整体性和可操作性。这一时期的大学在人才培养目标上强调知识、能力、素质（非智力因素）相结合；在教学内容上进一步加强人文教育，注重人文教育与科学教育相融合。强调通过专业教育来提高学生对真善美的认识；探索出显性课程、隐蔽课程、活动课程相结合，知识传授与个体内化相结合的有效途径。

教育部召开了第一次全国普通高等学校教学工作会议，其突出议题是"加强素质教育，增强质量意识"，还制定了《关于加强大学生文化素质教育的若干意见》，并指出将加强大学生文化素质教育作为高等学校教育教学改革的一项重要内容确定下来；还成立了高等学校文化素质教育指导委员会，对高校开展加强大学生文化素质教育工作进行研究、咨询和指导；建立 32 个"国家大学生文化素质教育基地"。

（3）全面实施阶段（1998 年 4 月至今）。1998 年，我国大学新专业目录的颁布为大学全面实施素质教育提供了良好的契机，各大学根据新专业目录重新调整专业结构，面向 21 世纪制订或修订教学计划，使得素质教育思想在人才培养中得以进一步落实。

1999 年，中央做出了《关于深化教育改革全面推进素质教育的决定》。决定中指出："实施素质教育，就是全面贯彻党的教育方针，以提高国民素质为根本宗旨，以培养学生的创新精神和实践能力为重点，造就'有理想、有道德、有文化、有纪律'的、德智体美等全面发展的社会主义事业建设者和接班人。"这标志着高等学校的加强素质教育、深化教学改革进入了一个新的阶段。

2010 年素质教育大会指出，文化素质教育理念的提出，对于促进高等教育观念的转变起到了重要作用，促使高校从更深层面上思考教育观、人才观和质量观。文化素质教育活动的开展，推动了高校教育教学改革，引起了人才培养模式、专业设置、课程体系、教材建设、教学内容以及教学方法等方面的一系列新变化。文化素质教育理论和实践问题的研究，对于推动高等教育战线把思想、认识和行动统一到中央关于全面实施素质教育的决策、部署和要求上来，切实推进高校科学发展、提高人才培养质量等方面发挥了重要作用。

2018 年全国教育大会上，习近平总书记首次将劳动教育与德育、智育、体育、美育并列，指出"要努力构建德智体美劳全面培养的教育体系，形成更高水平的人才培养体系"。

经过探索，虽然我国大陆高等学校的素质教育取得了一定的成效，但客观地说，大学素质教育仅仅是开始，我们的素质教育处于初级阶段，无论是在思想素质教育、文化素质教育抑或是身心素质教育，都还没有形成统一的规范，要全面实现素质教育还有很长的路要走。

二、国外大学素质教育研究与实践

通观高等教育的发展历史，一般认为主要经历了这样四个阶段，即从古希腊时期的自由教育，到中世纪传统大学发轫，经历科学教育阶段，走向当今的素质教育时代。素质教育是人类追求"类主体形态"、实现人的和谐与协调发展所揭示的最高理想。

（一）素质教育萌芽：古希腊时期自由教育

在古希腊伯里克利当政时期（公元前 461－前 429），他即提出"人是第一重要的，其他的一切都是人的劳动成果"[①]的主张。于是，当时的许多思想家开始关注人的教育问题。苏格拉底主张人们应该"在企图解释宇宙之前先了解你自己"。亚里士多德的人本主义思想在教育上表现为一种自然主义的教育观，他认为："只因人本自由，为自己的生存而生存……所以我们认取哲学为唯一的自由学术而深加探索。"[②]当时所谓的哲学即是理性智慧的代名词，诸如算术、几何、修辞等都可称为哲学。再联系到古希腊的"七艺"，即奠定了古代人本教育的基础。

（二）中世纪后期大学素质教育精神

在欧洲历史上，中世纪被后人称作"千年黑暗时代"，但却产生了被史家誉为人类中古史上最耀眼的文明花朵——中世纪大学。中世纪大学继承了古希腊对受教育者相对民主平等的好的传统，但它却有着非常浓厚的宗教色彩，它基本上是教会的侍女和附庸。"大学虽然不是教会，但大学却继承和保留了教会的特点"[③]。

中世纪后期，欧洲大学日趋保守，由神学和经院哲学把持大学课堂，大学严重滞后于时代发展的要求。14 世纪初叶，文艺复兴运动兴起，在人文主义思想的冲击下，各国大学先后发生了相应的变革。这种变革，主要表现有：一是大学课程的变化，具体标志是引入了人文主义的"新知识"。人文主义新学科冲破了经院主义神学和哲学独霸大学讲堂的局面。二是大学教育的世俗化。在文艺复兴时期，中世纪的宗教文化已经衰落，大学教育不再是具有浓厚宗教色彩的神学教育，大学教育的世俗化倾向越来越明显，以至成为一种占主导地位的特性。三是"抑神扬人"，大学把培养"新人"置于首要位置。这与文艺复兴后"人"的凸现有着密切关系。布鲁贝克就这一变革评价说："新的教育目的，一部分是希腊罗马自由教育的复活，另一部分是追求不朽灵魂的宗教教育目的的翻版，还有一部分是继承世俗

---

① 修昔底德. 伯罗奔尼撒战争[M]. 北京：商务印书馆，1960.
② 亚里士多德. 形而上学[M]. 杭州：浙江教育出版社，1998.
③ 布鲁贝克. 高等教育哲学[M]. 杭州：浙江教育出版社，1998.

的骑士教育的目的。"[1]一句话，都在思考教育与"新人"的问题。这一点，也使得文艺复兴之后的大学不仅仅是像早期中世纪大学那样把学术研究和知识传播作为首要任务；从而，对人的重视成为大学史上大学职能第一次变化的显著标志。

（三）韩国和新加坡的素质教育

1. 韩国的素质教育

韩国从 1910 年起就处于日本的殖民统治之下，后又遭到战争破坏，在 20 世纪前半叶的经济一直相当落后。但从 20 世纪 60 年代以来，韩国经济却发生了奇迹般的变化，年平均增长速度一直保持在 9% 左右，至今已发展成为世界发达国家之一。韩国的成功，其经验也许是多方面的，但与他们在教育发展战略中体现出对教育全面功能的实现和适应新时代人的全面素质的提高的重视紧密相关。韩国教育改革委员会认为国家过去忽视人的素质教育，导致了由于应试为主的教育而不重视道德教育。在此一背景下，他们大力推进素质教育战略，培养新型人才：一是共同生活的人，即人与人、人与自然能够和谐发展的人；二是智慧的人，即在共同生活的环境中懂得运用智慧创造美满生活的具有创造性的人；三是开放的人，即是能够超越地域并能推动国际化、具有进取精神的堂堂正正的韩国人；四是实干的人，即视工作为最重要并能出色地完成自己担负的工作的人。韩国的做法，值得我们研究。

2. 新加坡的素质教育

新加坡是东南亚地区的一个海岛型城市国家，多种族（有华人、马来人、印度人等）、多宗教（有佛教、伊斯兰教、印度教、基督教等），是东西方文化的交会点，曾长期遭受殖民统治，加上人多地少，资源匮乏，所有这些客观的历史文化背景都决定了新加坡唯一可以发掘的就是人力资源。因此，新加坡政府自治以来始终把提高人的素质作为国家发展战略的一个重要组成部分。特别是，新加坡政府重视国家道德教育建设是比较成功的。

首先，是注意确定各个不同时期的建设重点。如在自治时期着重伦理教育，并结合新加坡华人较多的特点，在华文学校开设伦理课，进行儒家伦理教育，以陶冶学生的个性，培养个人良好的品德素质。随着 1965 年新加坡完全独立而成为一个主权国家，国家意志对学校道德教育的影响也逐

---

[1] 布鲁贝克. 高等教育哲学[M]. 杭州：浙江教育出版社，1998.

渐加强，主要体现在强调培植学生的国家意识，即如何使得学生认同这个国家及其利益，培养足以发展适应性、创造性、社会责任与效忠本共和国的习性与态度，还要努力培养国家经济建设所需要的各种能力。从而自觉地去维护国家利益，增强社会责任感，对国家对社会尽一个公民应尽的义务，做一个合格的公民。据此，政府首先在 20 世纪 60 年代颁布学校道德教育与公民训练综合大纲，强调发展学生的社会观和公民职责观念，并设立一个专门委员会负责编写。

其次，新加坡虽然经过 20 世纪六七十年代的发展，人民生活水平有了较大的提高，但伴随着国家工业化的进程，西方一些颓废的文化糟粕大量渗入，造成了许多社会问题，诸如个人主义、势利、享乐主义等思潮泛滥，接踵而来的是人情淡薄，不理国家、社会、他人等的"冷漠症"。于是这就出现了一个发人深省的"道德教育论"：六七十年代道德教育一直致力于实现的目标（树立国家意识和社会责任感），却因忽视个人品德教育以致个人道德水准下降而难以遂愿。社会对此不满的呼声日见强烈。1979 年新加坡政府委派当时的代文化部长王鼎昌为首，组成一个委员会全面调查研究新加坡道德教育，于 1979 年 5 月提交了《王鼎昌道德教育报告书》，该报告提出了一系列改革新加坡道德教育的措施。一是检讨了六七十年代道德教育上的失误；二是针对个人主义思潮泛滥，人的道德水准下降的状况，要求所有学校的小学一年级到中学四年级都应设有正式的道德教育课，并将它列为德智体群美五育之首的主课，要求由经过特别挑选和受过训练的德育教师担任授课教师。原来小学的生活教育科和中学的公民科，从 1980 年起都改为道德教育科，而且它还作为教师培训的必修课程。在教育内容上，则包括个人行为、社会责任和效忠国家三个主要方面。

再次，经过 20 世纪 80 年代卓有成效的道德教育工作，新加坡道德教育开始走出 70 年代低谷，社会风气和人的道德水准出现了明显好转。但是离设立的道德目标，特别是 60 年代建国初期的道德水平的"黄金时期"还有相当一段距离。对此，新加坡政府以及教育部门有一个清醒的认识，除一再强调要坚持不懈地抓道德教育外，80 年代末又开始着手对道德教育教材进行重新修订和编写，在强调灌输东方道德价值观的同时，剔除其中一些过时的不符合国情的东西，并对一些传统的内容赋予新时代的内涵，以求使之更切合新加坡的国情，更易为人们所接受，更富有时代气息。

第二章　当代大学生素质教育现状与提升

目前，大学生的综合素质总体来说是良好的、积极的、健康的，多数大学生能关心国内外大事，正确定位个人的人生目标，做到刻苦学习、积极进取。然而，随着市场经济的不断发展，各种现实问题和考验增多，大学生在综合素质方面也表现出带有倾向性的问题。全面提升大学生的综合素质是高等教育教学工作的重中之重。

第一节　当代大学生素质教育现状

一、大学生综合素质的主流

当前，大学生综合素质的主流是积极向上、不断进取的。主要表现在以下几个方面：

第一，社会认同感增强。改革开放多年来我国取得了举世瞩目的巨大成就，政治稳定，经济发达，人民生活得到改善，这些事实激发了大学生爱党、爱国、爱社会主义的热情，坚决拥护党的路线方针政策，对坚持走中国特色社会主义道路充满信心。

第二，要求进步成为大学生的主流。大学生思想道德整体稳定健康，学理论、学知识的积极性和主动性比前几年都有了很大提高。

第三，社会责任感增强。多数大学生积极踊跃地参加学校组织的各项社会实践活动。如青年志愿者活动、社会调查活动、帮助困难学生捐款捐物、义务献血活动等。

第四，成才意识逐步提高。积极进取，学习自觉性进一步增强，求知、求新、求综合素质的提高已蔚然成风。

二、当前大学生的综合素质教育存在的问题

（一）大学生思想道德素质发展失衡

目前，我国社会正处在从传统社会向现代社会的转变过程中。在社会

经济转型时期，信息急剧膨胀，多元文化交融碰撞，人们的价值观念趋于多元化，这就造成人们社会行为的多样化和不确定性。处于人生观、世界观和价值观形成时期的当代大学生，思维敏捷、思想活跃，其对主体价值目标尤其是生命价值的关切和思考，使他们在心理上经历了一切价值矛盾和价值冲突的洗礼。他们看到社会上出现的拜金主义、享乐主义、极端个人主义倾向等消极现象，使部分大学生出现了思想信念的迷茫和失落，道德观念发生了很大的转变。主要表现在以下几个方面：

第一，是非观念淡薄，社会责任感缺乏，正义感、诚信度下降等。此外，当代大学生中独生子女居多，他们以自我为中心的意识较强，团结协作能力较弱，自私自利的价值取向日渐明显。

第二，过分追求物质利益，忽视个人的品行修养。由于受到市场经济重利原则的影响，我国诸多的传统美德受到了严重的冲击，一些大学生开始对物质利益产生狂热的追求，而对提倡节约一滴水、一度电、一粒粮嗤之以"小农意识"，对吃苦耐劳和艰苦朴素的做法认为是"不懂生活质量"的表现。

第三，诚信观念严重缺失。在大学校园里，上课迟到、旷课和考试作弊等现象屡禁不止；不少高校毕业生在自我推荐表上涂改成绩、虚构经历，诚信的优良品质遭到了严重歪曲。

（二）大学生的人文素质匮乏，能力素质存在实用主义的倾向

据媒体反映，现在不少大学生外语好、数理化好、经济头脑好，但不了解长城、黄河，不了解文天祥、史可法，不了解《大学》《中庸》《论语》，等等。部分大学生过分重视外语、计算机、公关社交等实用知识的学习，忽视了基础知识、基础理论的学习，以至于出现了什么都学，什么都没学好，没有一技之长。这与现在的就业单位过多强调的是计算机、外语等级证书等有直接关系。部分大学生缺乏开拓创新精神，因循守旧，没有创新思维，缺乏独特见解。教、学双方过分关注考试成绩，忽视了实际操作能力和创新能力的培养，从而导致了"高分低能"现象的普遍出现。在现在这个科学技术高速发展的时代，专业知识快速更新，那种"上一次大学，管用一辈子"的做法已经过时。在这样的势态下，大学生若不注重发展自己的能力而只关心那些即将过时的专业知识，必将被激烈的竞争淘汰掉。

1. 高校普遍缺乏对学校人文环境建构的重视

高校是教育的三大主体之一，作为培养人才的主要基地，应该具备浓郁的人文气息，但是由于我国高等教育长期处于重理工、轻人文，重专业、轻基础，重书本、轻实践的体制下，相当一部分高校并不注重学校人文环境的建构和学生人文素质的培养。虽然很多高校已经意识到了加强学生人文素质教育的必要性，并增加了相应的人文社会科学的课程，开设了一些人文讲座，组织了各种校园文化活动，也取得了一些成绩，但是在长期的专才教育的体制下，学校对专业的重视远远大于对学生人文素质的教育的重视，并且由于对学生人文素质教育认识不清、定位不准，往往以为开设一定的人文课程和给学生规定一些必读书籍，就认为是对学生的人文素质教育，简单地把知识学习当作素质教育，将人文素质教育和人文社会科学的学习简单的等同起来，因而对学生的人文素质教育的培养很难取得良好的效果。

2. 大学生普遍缺乏对人文素质教育的认识

我国高校自 1999 年开始大面积扩招，到 2003 年开始每年都有大量的高校毕业生需要就业，由于新冠疫情的影响，经济发展速度放缓，导致大学生的就业形势严峻。同时，受改革开放和市场经济的冲击，实用主义、功利主义思想也影响着当代的大学生。因此，很大一部分学生在学业规划、专业的选择、知识的学习等方面，只看到眼前的利益，忽视长远的发展，存在着明显的急功近利的倾向。认识上，只看重专业技能的学习，忽略人文科学的学习，不注重自己人文素质的提高，综合素质低下；学习中，把考取技能证书作为学习的主要任务，通过考取资格证书来提高自身的就业竞争力，于是参加公务员、外语等级、计算机水平、司法考试等各类考试成了他们大学生活的主要内容，综合素质能力的培养不被重视，缺少诚信意识，考试作弊毫不感到羞愧；思想上，以自我为中心，不会感恩，甚至不愿感恩，认为自己学习优秀，获得奖学金、助学金等是理所当然，缺少远大的目标，丧失对理想信念的追求。

（三）大学生的知识文化素质和艺术素质发展不平衡

艺术素质是大学生综合素质的重要组成部分，是指具备艺术范畴内的内在知识水平和外在表现相协调统一的一种综合水平和能力。一个人的素质包含自然素质、心理素质和社会素质三个层面，或进一步划分为政治素质、思想素质、道德素质、业务素质、审美素质、劳技素质、身体素质以及心理素质。艺术素质一般可认为包含在审美素质当中。在当代高校对大学生的教育当中，尽管一直都强调要重视综合素质的培养，但总体来看，长期偏重劳动技能素质、业务素质以及政治素质的培养。

对于大学生来说，艺术素质的培养是不可或缺的。艺术素质在学生成长的过程中，始终发挥着独特的作用，甚至对其他方面素质的养成也起到了促进的作用。现在的大学生比较重视智力的开发，智育被强化了，知识文化素质提高了，但艺术素质的培养情况不容乐观。目前，大部分高校通过开设选修课或讲座等形式让学生获得艺术知识，希望以此来提高大学生的艺术素质，然而这对于培养学生的艺术素质来说还是远远不够的，在课程和学时的安排上都难以使大学生得到较为系统的艺术熏陶，因而大学生的艺术素质并没有得到普遍提高。

（四）大学生的心理生理素质存在下降的趋势

心理素质对于人的思想道德、智力开发、身体发育和个人发展是一种基础性的因素。当代大学生是跨世纪的一代青年，在时代变动、社会转型的宏观背景下，由于所面临的社会竞争压力、学业压力和就业压力等各方面压力增大，他们的心理承受能力比较弱，在挫折面前应变能力较低。部分学生生活在压抑、苦恼、空虚、烦躁、焦虑的环境下，不同程度地存在着心理问题与心理障碍。有的学生因自我否定、自我拒绝而几乎失去从事一切行动的信心；有的因考试失败或恋爱受挫而产生轻生念头或自毁行为；有的因现实不理想而玩世不恭或万念俱灰；有的因个性孤独而逃避群体自我封闭。据有关调查显示，全国大学生中因精神疾病而退学的人数占退学总人数的54%，有28%的大学生具有不同程度的心理问题，其中有近10%的学生存在着中等程度以上的心理问题。

正处青春期的大学生，由于人际交往不适产生的困惑心理，就业压力造成过分担心的焦虑心理，缺乏自信的紧张心理，贫困生的自卑心理，恋爱、情感问题引发的不健康心理等诸多事实充分表明，大学生已成为心理弱势群体。如何使他们避免或消除由上述种种心理压力而造成的心理应激、心理危机或心理障碍，从而增进他们的身心健康，已经成为各高校迫切需要解决的问题。

（五）大学生的科学素质、创新能力欠缺

当代大学生创新能力具有浓厚的时代特色和个性特征，同时也存在着许多令人担忧的情况。表现在创新意识淡薄、创新思维混乱、创新技能生

疏，而务实主义、实用主义和功利主义等倾向则显得高过前辈。比如，有的大学生出于某些个人目的，对考研、考公务员、入党、自主创业等方面的努力程度和创新思维显得十分积极，但却忽视自身全面能力的提升。不少大学生对于公共课的兴趣不高，甚至对专业课程也有不低的缺课率。在这些同学看来，对自己有利的事情可以努力争取，而认为对自己没有实际效果的课程，就干脆选择不去上课。

当代大学生欠缺对科学知识学习的主动性，获取知识的渠道相对单一，大部分学生的知识获取量仅仅来源于课堂内容，知识获取面有待拓宽；部分学生以"60分万岁"为学习目标，缺乏学术钻研精神；部分学生欠缺理论联系实际的能力，只是"只读书、读死书"的学习方式。由于学生缺乏求真务实的科研精神和创新精神，导致进入研究生阶段也难以在学术上有所突破和发展，在社会工作中，不能攻关技术难点。

从心理意识角度来看，大学生充满着积极追求幸福生活的强烈愿望，尤其是在经济利益面前，往往表现出勇于实践的创新意识。例如，大学生在校期间从事外出打工、做家教、创办餐厅等各种实务远超过以往的大学生。这固然值得肯定，但同时也还存在着另外一些不可忽视的情形，如对大学生毕业及就业问题感到迷茫，对社会公平问题、生活待遇问题等一味地发牢骚，甚至产生悲观失落的情绪。当代大学生所普遍存在的这种心理，极易导致大学生心理压力增大。从这一点上来说，当代大学生与20世纪80年代的大学生相比存在着相当程度的差距。

（六）大学生创新意识淡薄也表现在日常学习当中

有相当一部分大学生认为对自己所追求的目标有实际利用价值的课程就废寝忘食地学习，这从考研究生上线率和公务员考试中都能得到体现；而对于有的课程，比如公共课、甚至是部分专业课却可以冒逃课的风险。在课堂上，有的大学生的思考意识、参与意识也很淡薄，不愿在课堂就教师提出的问题进行思考及发表观点，即使是自己曾经有过思考或者是感兴趣的问题也是如此。学生中的这种实用主义思想，也在一定程度上会对大学教学改革产生影响，因为学生认为没有用处的课程或者问题并非完全是需要改革的内容。

大学生在观察和处理实际问题时，往往洞察力不足，只看到事物的表面现象，不能深入分析其中的规律性，不能抓住事物的本质，致使他们经常得出一些片面的结论和主观论断，难以真正地解决问题。教学实践中可以发现，大学生在学习专业知识时，依然习惯于停留在寻求或者记忆固定的标准答案上，而不是进行发散式思维，继而从不同的角度去思考问题。他们依然习惯于听从教师的讲解，难以脱离教师的思维而进行独立的思考。

第二节　提升大学生综合素质的理论探讨

大学生是中国青年中的优秀群体，是社会主义事业的建设者和接班人，是未来社会发展的生力军，是国家和民族兴旺发达的希望所在。大学生的素质不仅直接影响和决定着中国现代化建设的进程和参与国际竞争的能力，也直接影响和决定着大学生历史使命的完成和成才目标的实现，更是在新形势下衡量我国高等学校办学水平和办学效益的重要尺度。因此，重视和加强大学生的素质建设，全面提升大学生的综合素质，理应成为高等教育教学工作的重中之重。

当代大学生的素质主要包括思想政治素质、道德素质、科学文化素质和身心素质四个方面。其中思想政治素质主导，道德素质是核心，科学文化素质是主体，身心素质是关键。大学生素质的高低，就是对这四个方面综合水平的衡量。

一、提升大学生思想政治素质是主导

思想政治素质是最重要的素质。不断增强学生和群众的爱国主义、集体主义、社会主义思想，是素质教育的灵魂。思想政治素质的灵魂地位，决定了我们必须要把思想政治教育工作始终放在第一位。从总体上看，我国大学生的思想政治状况的主流是好的，对坚持走中国特色社会主义道路，实现全面建设小康社会的宏伟蓝图是充满信心的。但我们也需要清楚地看到，随着改革开放的不断扩大，社会主义市场经济的深入发展，经济成分的多元性必将导致人们思想的多元性，西方社会思潮的冲击和封建残余意识的影响，都会使大学生的价值观念呈现出日益多样化和复杂化的趋势。因此，我们要坚决摒弃"高校思想政治教育理论课可有可无"的错误认识。高校的思想政治教育理论课是对大学生进行思想政治教育的主渠道，是帮助大学生树立正确世界观、人生观和价值观的重要途径，也是社会主义高等教育的本质特征。学习和掌握马克思主义科学理论，对于大学生的健康成长至关重要。

此外，我们也应当客观地看到，在高校的思想政治教育理论课教学中，也的确存在着课堂气氛沉闷、授课形式单一、教学内容枯燥等问题，从而造成学生在内心不认可高校的思想政治理论课。为避免使高校的思想政治教育工作流于形式，高校应针对学生的不同层次、不同需求，大力推进教学方法的改革，转变更新教学观念，增强教学的实效性，在教学方法和教学艺术方面多下功夫。思想政治教育理论课教师牢固树立"以学生为本"的理念，不能仅仅将书面的理论说教和社会要求作为教学的全部内容。因为"在大学生的思想政治教育的内容体系中，不仅应该有社会要求的价值体系，不仅应该有社会的规范体系，而且也应该有大学生的需要体系和大学生的问题体系"。在懂得大学生的思想状况、专业特点的基础上，让思想政治教育能够融入大学生的学习生活空间，真正地贴近生活、贴近实际、贴近心灵，使之成为大学生活中富有人性意蕴的工作。并充分发挥教师教学的主导地位，善用启发式、参与式、案例式、研究式教学，在调动学生学习兴趣的同时，力求讲课内容生动活泼，做到以情动人、以理服人。只有通过对这些行之有效的教学方法的不断探索和改进，才能提升高校思想政治教育教学的针对性、实效性和吸引力、感染力，才能确保用科学的理论武装人，以正确的舆论引导人，将大学生的思想政治教育工作落到实处，使大学生具备过硬的思想政治素质，真正做到理论科学、思想端正、头脑清醒、立场坚定、旗帜鲜明和行动自觉。

二、提升大学生的道德素质是核心

道德素质是一个人所具有的品德的统称。道德素质的核心问题是个人与他人、社会、集体的关系问题，道德素质是大学生成才的内驱力和催化剂。由于大学生是文明程度较高的社会群体，其文明程度、道德水平的高低，自然就成为社会关注的焦点。不可否认，当今的高校大学生确实存在着道德滑坡的现象。说脏话、随地吐痰、考试作弊、诚信缺失等现象屡见不鲜，大学生的文明水准低和社会责任感差已经成为学校教师和用人单位的共识。因此，提升大学生的道德素质不仅是推进素质教育所面临的首要问题，也是在新形势下高等教育所面临的一个时代课题。

各级教育部门和学校在认真贯彻党的教育方针、积极探讨新形势下思想道德教育的新形式、新方法基础上，为学生提供一个良好的健康向上的外部环境，对提升大学生的道德素质尤为重要。

（一）要加强高校思想道德修养课的建设，改进教学环节

针对德育工作的"润物细无声"的特点，要"寓思想道德教育于各学科教学之中，做到教书育人，使学生在接受科学文化教育的同时，受到正确的思想道德文化的陶冶"，德育工作者不仅要进行言语式的道德说教，还要注重实践活动的切身体会，将道德认识和道德实践紧密结合起来，把学生道德素质和社会责任感的不断提升作为高校德育工作的出发点和落脚点。

（二）加强师德建设是推进高校思想道德建设的重要内容和基础

教师的思想素质、价值取向、人格品质和精神风貌，不仅直接影响着学生的求知创新能力，更直接影响着学生人生观和价值观的形成和道德品质的定型。高校教师不仅要具备"传道，授业，解惑"的"经师"角色，更要牢记"身正为范"的"人师"角色，做到既教书又育人。教师的学术道德、做人准则、治学态度，会对学生产生潜移默化的影响，教师在现实生活中的表率作用、人格魅力是大学生道德素质提升的典范来源。辅导员在管理学生的日常生活学习的工作中，尤其在学生干部选拔、奖学金分配、入党考察等各个环节，务必做到公平公正，避免金钱、情感、功利因素的渗入，建立透明健全的管理体系和健康的激励机制，对于改变更新大学生道德认识也是至关重要的。实践表明，大学生一般比较注重管理者的学术水平和道德人格，对仅靠职务、权力进行管理的人，尤其是道德和人格较差的人，大多数采取敬而远之或不接受的态度。

（三）要坚持贯彻学生日常行为规范，加强校风建设，营造良好的校园文化氛围

认真贯彻日常行为规范，就会形成良好的生活习惯，进而养成良好的行为方式，将外在的行为方式内化为良好的道德品质。通过对校风校纪的自觉遵守来带动和形成良好的学风，进而营造出健康向上、格调高雅的校园文化氛围，使学生的思想在良好的校园文化氛围中受到熏陶和感染，并以此强化大学生的自律意识，摒除自身存在的道德缺失现象，真正为大学生的道德素质提升提供外在的约束感化机制。

（四）要引导大学生积极开展道德实践活动，发挥青年学生在公民道德建设中的主体作用和带动作用

通过积极参与讲文明、树新风创建活动、学习先进道德楷模活动及重要节日和纪念活动，特别是通过开展必要的礼仪、礼节、礼貌活动，告别

不文明的言行活动，提升自身的道德修养，自觉摒弃市场经济道德无用论的认知偏差，在道德实践中真正历练提升自身的道德素质。

三、提升大学生理论素质是基础

（一）大学生的理论素质

所谓理论素质乃是理论与素质的集合体，是个体占有理论，并使理论成为个体内在品质的结果。其中，理论是对实践的认识，是行动的指南，没有科学的理论，没有对社会发展规律的认识和把握，就不会有远大的目标、坚定的信念。素质是人内在的综合性品质，是人形成性格和能力的基础。

理论素质是人的素质的一个重要方面，这种素质在知识分子阶层来说显得更为重要，它体现了人对真理的认识能力，是人的最基本的素质，是人社会存在的自我定位和自我意识，构成了个体所持有的社会价值观念的基础。就知识分子而言，具备坚实深厚的理论素养，具备丰富扎实的理论素质是其理应具备的内在素质。

所谓大学生的理论素质，是指大学生不仅对于自己所学专业具有良好的理论素养，而且对马克思主义哲学、人文传统、科学文化等都具有良好的知识积淀以及深厚的理论蕴藏。大学生理论素质的提出是马克思人的全面发展理论一个内涵的引出，是全面提升大学生素质的一个重要方面。大学生理论素质的提出就是为了克服当前大学生教育中只注重专业教育而忽视人文教育，只注重现代教育而忽视传统教育，只注重技能教育而忽视马克思主义基本理论的深化教育等问题而提出来的。大学生理论素质是一个综合体，主要体现在科学素质、人文素质和思想政治素质方面。其中，科学素质是适应现代社会所必需的素质，作为大学生尤其是理工科的大学生，理应了解自然科学，对于自然科学的历史、当前的主要发展趋势及自然辩证法都应有一个全面的了解；人文素质是大学生理论素质培养的重点，需要增强大学生对历史、社会和传统的认识和理解，培养大学生的人文素养，使大学生在丰富自身内涵的同时能对所在社会有一个更加深刻全面的了解；思想政治素质是大学生理论素质的重要方面，作为未来社会主义事业的接班人，需要具备良好的马克思主义理论素质。

（二）提升大学生理论素质的必要性

1. 提升大学生理论素质是由大学生自身所肩负的历史使命所决定的

在当代中国，知识分子已经成为工人阶级先锋队的一部分，大学生则是未来知识分子队伍的重要组成部分。大学生担负着迎接来自未来国际挑战的艰巨使命，担负着社会主义先进文化传播的重要使命，担负着科学文化、人文文化传承的重要任务。当前，大学生群体越来越成为人们关注的对象，这是由大学生自身所具有的先进性决定的。

21 世纪的国际竞争，将是人才的竞争。当前世界发达国家都开始把竞争的焦点放到高科技及人才的培养与争夺上来。大学生作为高等教育的接受者，直接秉承的是先进的专业教育及人文素质教育。将来步入工作岗位的大学毕业生将在未来社会发挥骨干作用，他们自身的素质如何，直接决定着未来国家的国际竞争力。

2. 提升大学生理论素质是由大学生群体在社会中的影响力所决定的

自 1999 年中国高校扩招以来，大学生群体的总人数不断上升，大学生群体越来越受到社会各个方面的关注，这反映了我国高等教育事业的大发展，同时也使得大学生群体对于社会的影响力不断增加。当前，大学生群体的总人数不断增长，网络媒体上关于大学生的问题也不断涌现。这其中既有家庭因素、大学生个体因素、社会因素，也有高校本身的因素。

当前，全社会都将大学生作为关注的重要对象，如何使大学生成为中国特色社会主义事业的合格建设者和可靠接班人，已经成为一个迫切需要解决的重大问题。以往中国的大学教育，往往过分注重专业教育，过分注重外语的学习，过分注重证书的考取，在这个过程中忽视了大学生的全面发展，忽视了大学生理论素质提升的重要性。所以，培养和提升大学生的理论素质已成为高等教育提到议程上来并亟须解决的重要课题。

3. 提升大学生理论素质是由大学生所处的教育背景、社会时代背景所决定的

回顾 20 世纪中国教育发展史，处于一个以人文教育为主的传统教育模式向以专业技术教育为主的现代教育模式的转变。这一转变虽有其历史合理性，但在这一进程中，传统的以文、史、哲为核心的人文学科逐渐受到冷落。对科学技术的片面追求以及大学教育结构中人文教育和科技教育的失衡，使得大学生整体的人文素质出现了退步。如价值观念上的混乱，生活信念的迷失，道德观念的淡漠，以及对西方文化的盲目崇拜和对本民族传统文化的无知、妄自菲薄，等等。尤其是理工科大学生一味地沉溺于外部自然的探索，往往容易忽视对于社会人生的认识，以及对内在精神世界的充实和完善，从而造成知识结构的缺陷和精神世界的失衡。就社会时代背景而言，市场经济体制与经济全球化已经深刻地影响着中国社会；社会流动加快与偶然事件频发，使得刚刚步入青年的大学生将简单的社会现象复杂化；网络媒体、电子媒体以异常丰富的方式影响着大学生群体；多元文化冲击、多元价值观的冲击深刻地影响着大学生的思想形成。在这种情况下，亟须加强大学生的理论素质，通过提升大学生自身的理论素质，让大学生形成经过自身努力解决现实问题的能力。

4. 提升大学生理论素质是由大学生自身的特点所决定的

大学生正处于世界观、人生观、价值观逐渐形成，心理逐渐成熟的关键时期，在这一阶段其所形成的思想、行为、习惯将会影响到今后的身心健康和发展。在这一关键期，他们模仿性强，易走向模仿的反面，价值观混乱、扭曲，易出现观念偏差，在这种情况下就更需要切实加强大学生理论素质提升的教育。对此，我们应掌握学生个体心理行为发展的一般规律和特点，抓住学生成长的各个阶段的有利时机，以先进的理论提升大学生的思想认同，从而促进大学生自身理论素质的提升。

总之，切实提升大学生的理论素质有其重要性与迫切性。理论素质是大学生素质的有机组成部分，理论具有涵盖于全局、升华于高端、引领于前沿等特征，更为重要的是，为实践活动指明前进方向是理论的天然优势和重要使命。提升大学生的理论素质是提升大学生思想政治素质的关键，只有提升大学生的理论素质，才能使他们对一个社会的基本政治制度、基本经济制度等重要问题有更为深刻的认识。

四、提升大学生的科学与人文素质是主体

科学教育是指以利用自然和改造自然、促进物质财富增长和社会发展为目的，向人们传授自然科学技术知识，启迪人的思维，开发人的智力的教育，它主要体现以社会发展为标准的教育观。人文教育是以培育人文精神为目的，将世界各国的优秀文化成果通过知识的传播、环境熏陶等方式，使其内化为受教育者做人的基本品质和基本态度，它主要体现为以个人发展需要为标准的教育价值观。科学教育与人文教育本应该成为大学生素质教育并行不悖的两个方面，但由于我国封建社会长时期缺乏科学精神的教育弊端，近代以来中国因自然科学知识的落后而造成的积贫积弱，使我们在现代教育上出现了片面追求自然科学技术知识的趋势，加上人文知识的非实用特点和现代社会的实用主义和功利取向影响，使我国的高等教育一

直存在着"重理工轻人文，重专业轻基础，重功利轻素质"的倾向。人文教育的相对漠视，人文精神的相对匮乏，使大学生知识面狭窄、知识结构单一的问题较为突出，这种"知识型"而非"智能型"的人才无法满足21世纪经济全球化背景下对人才素质的要求，更无法满足人的全面发展的客观需求。爱因斯坦早就指出："用专业知识教育人是不够的，通过专业教育，他可以成为一种有用的武器，但是不能成为和谐发展的人。"

1995年，国家教委提出了加强大学生人文素质教育的主张，要求各类高校通过各种形式的课内外活动，加强对大学生进行人文社会科学有关理论知识的教育，提升大学生的文化品位和素养，使大学生综合素质得到全面发展。加强人文教育，培育人文精神，使之与科学教育同步发展，已经成为有识之士的共识。

将科学教育与人文教育二者并重，需要我们进一步深化高校教育改革，在教改思路上摒弃原有的把学科专业划分过窄、知识分割过细的观念，改变长期以来以专业为中心、以行业为目标的片面教育。注重整体性和综合性的素质教育，改变课程结构，可以通过开设选修课等方式，适当增加人文课程的比重，确立人文课程在整个课程体系中的基础性地位，尤其是那些科学性、系统性和实践性都较强的人文课程，将人文素质教育贯穿于大学教育的全过程，进而实现教育整体的最优化，以适应学科间相互交叉渗透、高度分解综合的发展趋势。教师在讲授人文课程的过程中，不要仅仅注重人文知识的传授，而是要将其与社会实际和生活现实结合起来，培养学生的思考能力，培育人文学科的思维方式，激发学生的学习兴趣，引导学生学会学习和思考，授之以渔而不是授之以鱼。

此外，要充分发挥第二课堂在大学教育中的补充作用。各学院可以积极开展人文教育的讲座，多召开文理之间的师生交流会。各社团可组织学生举办有针对性和互动性的诸如读书报告会、演讲、辩论、摄制、艺术节等活动，组织大学生参加公益活动和社会实践活动，并鼓励不同高校、不同校区、不同学科间的互动交流。通过这些行之有效的课外活动，营造出活跃、健康、交流的文化氛围，在校园形成浓厚的人文气氛，从而开拓大学生的思维空间，培育大学生的人文精神，提升大学生的适应能力，培养出涉猎多学科、多领域和博采众长的通才大学生。只有这样，大学生才能在具备坚实的基础科学知识的前提下，拥有深厚的人文知识功底，才能真正学有所用，形成与社会发展相适应的知识结构，兼具科学精神和人文精神，集较强的研究能力、独立的自学能力、良好的语言表达能力、敏捷的思维能力、独到的识别能力于一身。

五、提升大学生的身心素质是关键

健康的身心是大学生适应新环境、承担历史使命，实现成才目标的关键条件。大学生身心健康就是指大学生个体在校园内外各种主客观环境中，能够保持良好而持续的身体状态和心理过程，并充分发挥身心潜能的状况。心理健康的标准包含智力正常、情绪稳定、意志健全、自我意识明确、人格完整统一、人际关系和谐、适应能力强、心理行为符合相应的年龄特征八个方面。健康心理不仅是大学生良好品德素质的重要组成部分和开发智力的内在要求，也是大学生全面发展的必备条件。心理素质指的是一个人是否具有健康心理和健全的人格，它是人在先天的生理基础上，通过环境影响和教育训练所获得的相对稳定的适应生活的基本心理品质结构。

由此可见，拥有健康的心理状态是大学生具备良好心理素质的前提。但是，随着社会政治经济形势的发展变化而产生的竞争加剧、生活节奏加快、物质生活的差距及就业形势的严峻，给大学生心理带来了巨大压力；东西方文化的碰撞、利益格局的调整、社会生活与经济生活不协调等又造成了大学生的心理不平衡感；学校生活中的学习困惑、人际交往的无所适从、对自己的重新评价等问题，也容易使大学生产生心理障碍；个人的家庭背景、阅历、爱情抉择，也会对大学生的心理产生重大影响，这就使得大学时期成为各种心理问题最容易出现的高发期。因此，关注大学生心理健康、提升大学生心理素质极具紧迫性和现实性。

（一）切实贯彻以人为本的教育理念

用换位思考的方式，站在学生的角度去体验他们的感受，及时发现并了解大学生的关注焦点、思想动态和心理诉求，因时因事因人做好心理疏导工作，把心理健康教育渗透到学校教育的全过程。其实，心理问题的产生都是根源于现实生活，大学生最为关注的无外乎社会、人生、学习、情感和就业等方面。这就需要教育者对大学生的心理健康教育做到预防为主、未雨绸缪，在各个环节上都要耐心而细致地工作。首先，做好入学教育工作，引导并帮助大学新生尽快熟悉并适应大学的生活方式、学习方式和交往方式，完成角色的转变。充分发挥大学生的主体作用，通过不断地调适自己，尽快成为大学生活的主人，避免因入学之初、进入新环境而常出现的失落、盲目和无所适从的心理现象。其次，要将思想政治教育工作落到实处，有了科学的理论做指导，大学生就能尽快树立新的人生目标和正确的世界观、人生观和价值观。确立了新的人生目标，就会激发学习动力和学习热情，树立正确的学习观。有了正确的"三观"作指导，就能客观冷静地面对社会的风云变幻和人生的种种境遇，从而锻造出良好的心理品质，增强自己的"免疫"能力。

（二）要及时帮助大学生确立现代的就业理念，更新就业观念

目前，就业是大学生最关心、最敏感的问题。通过细致的理性分析和价值引导，让大学生克服"毕业就失业"或"上大学就为了找工作"的认知偏差，客观评价自我，坦然接受自我，做好自己的"定位"工作，不会因过高或过低地评价自我而产生过度焦虑等心理问题。这就相当于为大学生躁动的心态注入了镇静剂，种种学习压力、竞争压力就会得到缓解。

（三）要注意引导大学生树立正确的交往观

引导大学生克服"自我中心"的封闭心理，自觉扩大个人的生活范围和知识领域，广交良师益友，主动参与各种社会活动，懂得去品味和体会大学生活，给心理以缓冲和调适。如果说上述几项措施是为了防患未然。那么高校还应当防患已然，即多设立大学生心理咨询机构，经常性地开展大学生心理健康教育讲座，在普及心理健康教育知识的同时，使有心理疾病的学生能够得到及时的关心和治疗，帮助他们解决心理上的疑难问题，使其心理上的苦恼与困惑得以解脱。对校园中的弱势群体也需给予充分的关注和重视，不仅在物质上给予特困生以帮助，还要在精神上使之具备自立、自尊、自强的品质，用乐观积极的心态去完成学业。对于有人格障碍的学生，需要具体问题具体分析，对症下药，在耐心开导的同时，动员他们主动融入集体生活，在潜移默化中去弥补自身的缺陷。只有通过这种心贴心的互动机制，才能让每位学生在心理上认同、信赖教育者，在"朋友型"的师生关系中，在融洽和谐和富有人性的环境中心情舒畅地度过大学生活。

国家的未来在于人才，人才的关键在于素质。当代大学生的综合素质能否得到全面提升，是关乎中华民族伟大复兴的头等大事。我们要把握提升大学生综合素质的理论内涵，关注大学生的政治思想素质、道德素质、科学文化素质和心理素质这四个层面，才能为大学生综合素质的提升搭建有效的实践平台，才能为国家、民族培养出高素质的创新型人才。

第三节　提升大学生综合素质的途径

一、提升大学生综合素质的主要措施

首先，应坚持三个结合，即课内与课外相结合；第一课堂和第二课堂相结合；理论与实践相结合。其次，抓好三个统一，即德育素质与专业素质的统一；科学素质与人文素质的统一；创新精神与实践能力的统一。这样才能不断推进学生综合素质教育的深入开展。

（一）加强和改进德育教育，切实提升德育课效果

发挥课堂主渠道作用，进一步重视思想政治理论课教学，采用多种形式的教学方法，提升教学质量；专业课教师要结合本学科的教学开展德育工作，教书育人；加强专职辅导员队伍建设，高度重视课外管理；加强对思想政治工作的理论研究，不断从理论和实践中改进德育工作的方式方法。加强日常教育工作，认真抓好各类主题教育和特色教育工作，努力提升德育工作针对性和实效性。

（二）建设高素质教师队伍，为全面实施素质教育提供师资保障

要重视和加强教师队伍的职业道德教育工作，不断提升教师政治素质和业务素质，使教师建立起高度的社会责任感，用教师的言行去感染学生、引导学生、教育学生。

（三）加强教学改革，拓宽素质教育平台

要以全面发展学生综合素质为目标，深化教学内容、教学方法、教学手段改革，合理设计综合素质课程体系。文科院校学生要选修部分自然科学，理工科院校学生要选修部分人文科学，以提升学生综合素质。加强实验和实践教学，提升学生动手能力。加强和完善校内外实习、实践教学基地建设。开展各种技能大赛，将综合素质教育与专业建设紧密结合起来，拓宽素质教育平台。

（四）大力开展科技文化活动。培育学生创新精神

按照提升学生综合素质的要求，大胆创新科技文化活动的形式和内容，

精心设计和开展形式新颖、吸引力强的科技文化活动，定期举办"校园艺术节""科技文化节""社团活动节"等综合性大学生素质拓展活动，把开展科技文化活动，作为提升学生综合素质的重要途径。

（五）切实强化社会实践，努力提升实践能力

牢固树立实践育人的思想，把社会实践活动作为提升学生综合素质的重要途径。组织学生深入开展社会实践调查、志愿服务和社会公益活动，引导大学生学会做人、学会做事。

（六）完善考核评价体系，实施综合素质测评制度

科学的测评系统有助于评价学生全面发展、进步，从而对教与学双方活动起着重要的控制、调节和促进等作用。应完善考核评价体系，实施综合素质测评制度。

二、课堂是提升大学生综合素质的主场

大学生在校四年中，绝大部分的学习都是在课堂上进行的。提升大学生综合素质，课堂教学不可或缺。所以，需要改变现有的大学人才培养方式，给学生更大的选择和自由发展的空间。这就要优化大学教育管理流程，改组课程体系和课程内容，实现大学教育的整体性、灵活性、可选择性，促使大学生素质全面和谐地发展。

（一）目前大学课程设置中存在的问题

1. 课程理论研究不够

主要表现在：对高校课程问题重视不够，参与教学改革意识不强，研究成果理论脱离实际，直接影响了课程理论研究；借鉴引进多，吸收转化少，缺乏适应我国特色的理论思想和观点；缺乏将实践上升到理论的思想准备，缺乏必要的理论环境以及教师教育理论素养不够，影响了实践经验的总结和新理论的形成。

2. 选修课不足，必修课偏多，比例不平衡

综合大学选修课比重较大，工科院校较低，外语学院最低。限选课多，任选课少，严格规定了限选课与任选课的比例。许多列于修读计划的公共选修课，因师资等问题，根本就无法开课，即使开课也大多局限在专业范围内，跨学科、跨专业、跨年级的很少。必修课过多，不利于复合型人才

的培养。

3. 忽视人文社会科学课程，实践课程严重不足

随着科技发展的高度综合化，课程的综合化日益受到重视，特别是文理学科的渗透与综合备受关注。我国除统一开设的政治、外语课外，文理科基本处于隔离状态。我国理工院校培养的学生，人文教育和社会科学方面的知识不足，学生组织领导能力比较欠缺，语言、文字表达能力都较差。如我国机械院校课程多数没有人文学科，只有 4 门社会科学。而日本同类院校却设有 25 门人文社会科学课程。为了发展学生的实践动手能力，国外把实验教学、毕业论文（毕业设计）、课堂教学视为高校教学的"三鼎足"。在德国的应用型大学中，实践性课程占了总学时的 50%以上。而我国大学生入学后，从事实验技能学习的时间尚不足 1/4，导致大学生理论知识掌握较好，但动手能力、创造能力较差。

（二）素质提升需求下的课程设置原则

1. 课程设置与社会需求和科技发展相适应的原则

以争创本科教学优秀学校为目标，深化教学改革，提高教学质量，为国家培养更多更好的、具有创新精神和实践能力的高素质人才。

2. 课程设置多样化和综合化的原则

在确保共同必修的核心领域的同时，通过选修和多样化的教学要求，适应每个学生的能力倾向。实现课程的综合化，从恪守学科界域编制课程向拆除学科界域、以科技性的观点改造课程转变。总趋势是，低年级以综合课为主，高年级多设单独科目，能力较强的学习分科课程，能力较弱的多学习综合课程；加强学习的多为单独科目，文理交叉的多为综合课程。

3. 课程设置中知识型课程与智能型课程并重的原则

全面改造学校的教育及其课程内容，将知识传递、知识复制型的课程体系转变为知识操作和知识创造型的课程体系。知识型课程与智能型课程并重，强调面广的普通教育与专深的学科探究相结合，把培养全面发展的人才作为课程设置总目标。开设一些智能型课程，力求使学生通过此类课程与知识型课程的学习掌握学术性、职业性、事业性及开拓能力。

设置课程体系必须坚持以下准则：一是质量上要"精"，要尽量使每门课程都能浓缩本学科的精华；二是数量上要避免简单的增或减，而是要减少专业基础课中必修课数量，适当增加人文课程，并且要增加专业选修课

和任选课的容量，使学生能根据个性发展需要、兴趣以及社会要求自主选课；三是在整体上做到"有所为，有所不为"，即在课程改革过程中，要特别注意课程体系和课程结构的整合和系统化。

（三）素质提升，公共选修课任重道远

高校公共选修课（简称公选课或任选课）是面向全校学生开设的跨专业课程。它具有灵活性、适用性和时代性的特点，旨在拓宽学生知识面、培养学生实践能力和创新能力，是高校全面提升大学生素质的重要方面。重庆市近几年来在公共选修课程建设上做了很大的努力。在公共选修课的设置上形成了艺术欣赏与通识教育类、计算机类、外语类、人文与自然科学类四大系列。在公共选修课的管理上也有一些明确的规章制度，取得了一定的成绩。

尽管如此，就现状来看，公选课课程建设还有很多不尽如人意的地方。首先是师资力量的宏观调整配置不足，课程开设门类、数量有限，学生不能从容选课，这反映了大学开设的公选课在门类、数量上还不能满足学生的需求。其次，课程开设制度执行不规范，课程质量难以得到保证。有些学校在开设选修课时还缺乏深层次的、统一的、科学的思考，因而不可避免地出现了开出的课程与学生的期望相矛盾的现象。再次，学校缺乏教学质量监控，课堂教学未能取得良好效果。对于公选课，教师往往不够重视，备课不认真、授课内容随意性大的情况时常发生；而学生修读公选课的动机也值得推敲，部分学生受"为学分而读书"的功利主义思想左右。这些问题严重影响着当前公选课的教学效果和质量，一定程度上也影响学生综合素质的提升。为此，有必要从以下方面加强公选课的教学管理。

1. 深入贯彻人本主义教育观，了解学生所需，拓宽选修渠道

人本主义教育就是注重发展学生的态度、情感和独立学习的一种教育哲学。而公共选修课最能体现以人为本、以学生为本的现代先进的教育思想。因为它的特点体现在一个"选"字上，让学生自己做出选择。而且课程内容广泛，学生选择空间大。因此，学校在设置公选课之前，可以通过调查。了解学生所需，然后有的放矢。根据学校实际情况，制订课程开设计划。做到"你选我开，你不选我不开"，只有这样才是真正的以学生为本。

2. 实行激励措施与优胜劣汰制度并存，点燃教师教学热情

在日常教学中，教师对公选课的授课热情不高，往往是因为学校本身

不重视公选课。要调动教师的上课热情，学校要采取一些措施，提高公选课在课程建设中的地位。在高校教学管理工作中，可以采取激励措施，有效激发广大教师热爱教育事业、提高工作质量的内驱力，以及他们投身于教育事业的自主性和创新精神，由此使教师的能力得以充分发挥，创造出最佳的工作绩效。同时引入优胜劣汰制度。建议每门课程每一学年都要接受审查。审查由教学指导委员会的专家和选择课程的学生来执行。专家主要衡量学科水平标准，学生选择的依据主要是适应性和现实需求。审查通过的课程，可以继续开出；通不过，则当年暂不开设。通过以上两种方法结合，鼓励教师开设出更多品位高、质量好的选修课程。

3．完善并严格执行选修课管理制度

学校要建立起完善的选修课管理制度，对公共选修课进行统一科学的管理。首先，学校要合理布局公选课的开设，保证人文社科课程与自然科学课程设置均衡；其次，在选课前，要及时发布有关课程信息，如课程简介、教学大纲、教学计划、授课教师、排课时间、选课条件等，供学生参考，指引学生正确选课；再次，要求教师上课时如实记录学生的出勤情况，严格把关，不允许缺课累计超过课程教学时数 1 / 3 的学生参加课程考核。此外，公选课也应像必修课那样，把教师的教学资料纳入到日常规范管理中来，建立起详细的档案体系。

在完善选修课管理制度的同时，还要严格执行。否则，即使再好的制度也成了一纸空文，没有任何意义。严格执行选修课管理制度，就是要求各教学单位以及学校教务部门严格认真地把好程序关，避免走"形式主义"道路。另外，大力开展教学督导和教学质量评价，采取开课院系自查与学校检查通报相结合，进一步完善校院两级教学质量监控制，使之又好又快地发展，走出一条后勤改革的新路子。

4．科学安排教学时间，保证良好的教学环境以提高选修课教学质量

公共选修课的上课时间往往是晚上或者周末。而在这些时间上课，一方面教学缺乏监督；另一方面，教师与学生容易出现疲态，难以保证教学质量。因此，学校应该更加合理地、科学地安排上课时间。在客观条件允许的情况下，尽可能把公选课的上课时间安排在平日白天。另外，良好的教学环境是提高选修课教学质量的必要保障。目前，有些公选课上课人数达到 150 人，人数过多，教室显得拥挤，学生容易走神，也给教师课堂管理带来一定的困难。并且，公选课通常没有被安排在多媒体教室上课，这

样不利于教师的发挥。笔者认为，学校应该采取小班上课的形式，但前提是公选课必须效法必修课，在课程设置上形成稳定的师资力量。这样一来，同一门课程就可以多开设一些班级，由不同的教师承担教学任务。至于教室的安排，要结合课程本身的特点，尽量满足课程的需要，为课程提供先进的教学设施，为老师与学生营造优良的教学环境。

综上所述，课堂教学是高校课程设置中的一个重要组成部分，是提升大学生综合素质的重要途径。提高课堂教学质量，充分发挥课堂学习在人才培养中的重要作用，有利于培养更多优秀的高素质应用型、复合型人才。

三、互联网是提升大学生综合素质的利器

在科学技术飞速发展的今天，互联网已经渗透到社会发展的各个方面，也深刻地影响着当代大学生的思想、学习、生活、就业等诸多方面，对大学生的综合素质的培养和提升也产生了深远的影响。据中国互联网络信息中心的调查，截至 2020 年 12 月，我国网民规模达 9.89 亿，手机网民规模达 9.86 亿，互联网普及率达 70.4%。其中，40 岁以下网民超过 50%，学生网民最多，占比为 21.0%。

互联网是把双刃剑，它帮助大学生接触丰富多彩的文化知识，培养大学生的全球意识和现代观念，极大地拓展了大学生的思维范畴和交际空间，对提升大学生综合素质产生了巨大的推动作用。另一方面，网络使用过度或使用不当，也可能强化极端观念，放纵道德的缺失，放大心理异常，导致一些大学生是非混淆，社会交往异化。所以，互联网对于大学生的综合素质有着不可低估的影响。

（一）互联网对大学生思想政治素质的影响

互联网是信息极为丰富的世界。互联网在校园内的广泛应用，使思想文化的传播方式由传统的单方向的灌输传播，转变为立体交叉式的交汇传播。来自不同国家、不同地域、不同文化、不同价值观的思想文化，都在这里汇集碰撞。在这些思想文化中，既有对社会主义拥护的声音，也有颠覆社会主义的声音；既有先进文化的传播，也有腐朽文化的侵入。互联网在美国诞生，美国也是当今世界互联网科技最发达的国家。大学生在网络生活中，自觉或不自觉地接受着美国方式的影响，而美国也正在通过互联网向全世界推销自己的意识形态、价值标准和所谓的自由民主思想。大学阶段正是我国在校大学生世界观、人生观、价值观形成的关键性阶段，面

对互联网上鱼龙混杂、良莠不齐的思想文化的冲击，容易被表面现象所误导而出现思想方面的混乱与动荡，这些也必将对青年学生的社会主义核心价值思想和共产主义信念带来冲击和影响。

（二）互联网对大学生文化素质的影响

互联网信息的共享性有助于大学生掌握更多的文化知识，强大的检索技术可以简便快速地使大学生从浩如烟海的数据中找到所需要的信息。无论文学、哲学、历史等人文社会科学，还是自然科学方面的知识，都可以从网络上方便地获取。无论是电子版信息还是音频素材、视频材料，也都可以从网络上轻松找到，而且还可以发布观点，参加讨论，从而提升了大学生自身的审美水平、文学品位、知识储备和人文修养。但是，我们也必须看到互联网的普及与应用，也使大学生忽略人文素质的倾向进一步加剧。重理轻文的思想已经在我国流行多年，由此造成的大学生对人文素质的忽视在短期内就很难消除。而随着互联网及相关产业的发展，现在大学生当中，热衷于学习计算机技术而忽略文史哲等社会知识和自然科学知识的现象比比皆是。更有甚者，沉迷于网络，将自身的学业弃之不顾，完全为网络而痴迷，最终导致休学、退学的学生也大有人在。因此，我们更应看到一些大学生在学校当中，脱离父母与老师的监管，沉迷网络、荒废学业、过度上网而导致心理与生理异常的现象，这也是互联网对大学生文化素质影响最严重的问题。

（三）互联网对大学生心理素质的影响

互联网是知识的海洋。互动的平台、娱乐的空间、网络的交流互动，丰富而刺激。这对求知欲旺盛、好奇心强烈、涉世未深的大学生有着强烈的吸引力。网络聊天、网络游戏、色情网站等网络内容，使一些自制能力差的大学生上网成瘾、欲罢不能，进而沉迷于网络无法自拔。网络能够放大使用者的主观性，满足其自我实现的需要、自我超越的需要、社会交往的需要、成就和控制的需要等。而网络交流与互动的即时性，自由度高和不受现实生活中的道德准则和行为规范约束的特点，使大学生在现实世界中无法实现的东西，在网络世界中能逐一变成现实，于是日益对网络产生依赖感、增强依赖性。由于长期习惯于网络的生活、脱离现实、满足于虚拟现实中，自我意识的膨胀，或把上网作为逃避现实生活，或作为消极情绪发泄的工具，缺乏正常的社会沟通和人际交往，甚至将网络世界与现实生活不加区分，这必然严重影响大学生们的身心健康。

过度使用互联网导致个体明显的心理与社会功能的损害，主要有网络成瘾、网络交往障碍、网络人格心理失真、网络道德失范等心理障碍症状。

网络成瘾的大学生，绝大多数性格敏感、内向、忧郁，并且社会交往能力较低，严重者甚至出现社交恐惧，妨碍了个体心理的健康发展，影响人格的正常成长，导致个体自身心理成熟受到阻碍。

（四）互联网对大学生法律素质的影响

大学生在网络时代要自觉地遵守道德与法律规范，必须以良好的法律素质为基础。法律素质是大学生网络行为依法自律的保证。然而，由于网络自身的开放性、自由性、虚拟性和隐蔽性等特点，容易导致大学生道德防线的崩溃和法律上的越线等网络行为失范现象。

网络道德、法律素质的缺失和自我监管意识的不强，导致大学生网络价值观念模糊，网络言行随意放纵，有的恶意散布谣言攻击他人，有的恶意曝光他人隐私，有的发表偏离社会主流的过激言辞，有的恶意侵犯他人的隐私进行勒索。还有一部分黑客，将破译他人密码、偷阅他人资料、制造病毒攻击他人网络，看成是对自我能力的一种体现等现象。长此以往，将不利于大学生形成乐观向上、勇于进取和承担社会责任的人生态度。这些都是网络时代给大学生道德法律素质教育带来的困难与挑战。

在互联网时代我们要始终把大学生的思想政治工作放在首位，坚持和巩固马克思主义在高校意识形态领域的指导地位，利用网络传播马列主义、毛泽东思想和邓小平理论，引导大学生树立正确的世界观人生观和价值观，培养他们集体主义、爱国主义和共产主义的理想信念，防止拜金主义等不良思想的渗透。通过加强大学生思想观念的教育，规范其行为，提升其辨别是非、知晓荣耻的能力；树立其崇高的理想，确立明确的人生目标。加大校园文化活动中网络文化的比重，定期组织与网络有关的文化科技活动，应当成为第二课堂对大学生进行文化素质教育的一种重要形式，如网络知识竞赛、网络创意大赛、网页设计大赛等，让大学生从活动中感受接受挑战、积极创新的乐趣，从而激发上进心和创造性；举办网络话题辩论赛，通过对热门话题、时尚话题的辩论，引导大学生在活动中学会正确看待网络、利用网络，学会从不同角度看问题、分析问题，提升独立思考能力，增强对网络信息的辨别与应用能力；加强大学生心理素质教育，增强大学生心理调适能力。

我们还应积极探索大学生心理素质教育的科学模式，切实提升大学心理素质教育水平，通过心理素质教育普及心理知识，帮助大学生科学地认识和把握自身心理发展规律，掌握一定的心理调节方法，增强社会适应能力和心理调适能力，勇于面对现实生活中的各种压力与挫折。高校心理咨询机构应针对大学生网络成瘾问题，对有网瘾倾向的同学及早进行心理干预或心理治疗，通过有效的心理沟通与疏导，帮助他们化解心理困惑和疾病，避免出现各类网络疾病。

加强网络道德规范与法律素质教育，塑造大学生网络道德人格。我们在对大学生进行网络法律素质教育中，应与道德教育相结合，重视塑造大学生网络道德人格，使大学生能在各种不同道德法律准则发生冲突时，做出正确的判断和选择，并采取正确的行为，有效地在互联网生活中自我管理、自我监督、自我约束，实现网络行为自律，能够正确对待虚拟空间和现实空间的区别，塑造自己的网络道德人格，促进大学生法律素质的提升。

四、高校图书馆是提升大学生综合素质的资源库

图书馆作为知识信息的收藏和传播中心，在为师生提供信息服务的同时，也对提升大学生综合素质发挥着重要的作用。

（一）高校图书馆是全面提升大学生素质的前提条件

高校图书馆是素质教育的重要载体，为大学生素质教育活动提供了必要的技术手段和物质条件的支持，对于净化大学生的心灵、提升文化修养、规范行为举止有着十分重要的作用。

1. 有助于提升大学生的思想道德素质和人文素质

图书馆拥有大量优秀的人文科学和自然科学方面的书籍，能滋润大学生的心灵，提升他们的文化品位和审美情趣，能对大学生的人文素养、科学精神和健康人格的形成起着积极作用，从而形成正确的人生观、世界观和价值观，这对于青年学生陶冶高尚的道德情操和思想品质、树立崇高理想和信仰有着潜移默化的作用。

2. 有助于提升大学生的科技创新素质

科技创新是未来社会所需人才必须具备的素质之一。高校图书馆藏有大量的专业书籍和电子期刊，通过查阅，大学生不仅可以掌握本专业及相关专业最新的研究动态，还能激发大学生的创造意识和学习热情，学生们可自主选择感兴趣的知识，饱览不同学科不同学派的学术观点以培养自己

独特的思考能力和创新能力。

3. 有助于提升大学生良好的信息素质

信息素质即指有效地发现自己的需求，并据此寻找、判断、组织以及使用信息的能力。培养大学生信息素质的目的在于提升大学生在信息社会里利用信息的意识和能力，以使其获得良好的发展。目前，高校图书馆开设的文献检索课和提供的多媒体阅览、计算机检索及上网查询等服务都有利于培养大学生良好的信息素质。

4. 有助于提升大学生的心理素质

当今社会充满着竞争和挑战，优胜劣汰是人类进步的标志。在这种氛围中拥有一个健康的心态是非常必要的。目前有部分大学生心理承受能力差，稍遇困难和挫折，就会有消极的情绪，有的甚至走向极端，造成不良的后果，因此必须要重视心理素质的培养。高校图书馆所具有的物质文化和精神文化，有助于提升大学生的心理素质。

5. 有助于提升大学生广博的综合性素质

钱学森说过：创造性思维往往是在不同学科知识和思维方式的交叉渗透中产生的。这些至理名言，精辟地阐明了知识积累的重要性。从学生接受知识的角度来看，大学教学应该包括两方面的活动：一是在课堂上听取教师的知识传授而获得专业知识的教育；另一个是以图书馆的各种文献信息为基础，通过自学获得广博通用知识的教育。图书馆在完善学生知识结构，全面提升综合性素质的过程中，发挥了得天独厚的优势与作用。

（二）高校图书馆对提升大学生综合素质的途径

1. 开展导读服务，提升思想道德

素质和人文素质教育是高校图书馆教育作为思想政治课堂教育的延伸，可以采取多种服务育人的方式对大学生进行思想政治教育。阅读是大学生文化学习和认知社会的基本方式，同时也是促进大学生心智发展的最有效途径。而当前部分大学生阅读量减少，阅读情趣与品味下降，不少同学沉迷于网吧去浏览不健康内容，而优秀的中外名著却很少有人问津。因此，图书馆可定期为大学生开展导读服务，将一些思想先进、内容健康的优秀书籍介绍给学生，提升大学生的鉴赏能力和思想觉悟，从而提升他们的思想道德素质和人文素质。

2. 发挥信息资源优势，提升信息

素质和科技创新素质教育是高校图书馆的一个重要职能，即具有教育和信息服务职能。图书馆拥有丰富的文献信息资源，馆藏种类繁多。随着高校图书馆数字化进程的不断加快，各馆都加大了对信息数据库、电子期刊、电子图书、电子索引等信息资源的引进，并且根据学校重点学科和特色专业的设置推出了富有特色的数据库以丰富馆藏。由于该类资源学术性较强，而且每种数据库都有不同的界面、不同的阅读软件，检索方式也不尽相同。图书馆要针对各种数据库的特点对大学生进行培训，以使他们的信息素质得以迅速提升，从而熟练地查找所需信息，提升科技创新素质。

3. 采取多种方式，提升大学生心理素质

高校图书馆在提升大学生心理素质方面起着很重要的作用。一方面，大学生可以通过阅读各种心理学书籍、中外名人传记等，以此开阔视野，培养坚强的意志力和心理承受能力，也有助于建立和谐的人际关系；另一方面，图书馆可以通过设立宣传栏举办学术报告、开展心理咨询等活动，宣传和普及心理健康知识，让学生克服心理障碍，消除不良情绪，促进大学生形成健康的心理素质，从而用健康的心理去解决学习和人际交往中的各种问题。

4. 利用环境资源优势，提升大学生综合素质

未来工程师必须具备的能力之一就是具有多学科交叉的综合能力。图书馆教育与课堂教学相比，具有教育对象广泛、教育期限长、教育内容综合丰富、信息流量大、知识更新快等特点。图书馆可利用其环境资源优势，开展系列学术讲座，可邀请一些知名学者、教授、企业家来为学生讲授自己的人生阅历、最新科研进展、企业发展动态等；还可以举办美术、音乐、文学、摄影知识与作品欣赏等讲座。这样不仅开拓了学生的视野、活跃了思维，同时也提升了大学生欣赏美、创造美的能力，从而提升大学生的综合性素质。

总之，高校图书馆必然会凭其自身独特的优势在提升大学生综合素质的过程中扮演极为重要的角色，从而发挥不可替代的作用。

五、学术竞赛是提升大学生综合素质的演兵场

大学生学术竞赛是一项团体学术赛事。目前，我国已经开展了多种富有学科特色的学术竞赛，如全国数模大赛、全国大学生电子设计竞赛、中

国空中机器人大赛、中国大学生物理竞赛等。重庆市各高校也针对各自的学科特色，成立了大学生科技竞赛团队并展开各类学术竞赛。这些学术竞赛，具有贴近实际、开放度大、研究性强、考察面全的特色，在提升大学生的综合素质与创新能力方面可发挥独特作用。在当前学科交叉越来越多、课题涉及面越来越广的背景下，单枪匹马、闭门造车式的研究已很难取得大的进展与突破。所以，我们认为提升大学生综合素质，一个重要方面就是在多途径、多渠道培养学生综合能力与素质的过程中，经过科学的训练，培养并强化创新意识、创新能力的过程。大学生学术竞赛在其中发挥着独特重要的作用。

（一）大学生学术竞赛的特色

1. 贴近实际

日常教学的试题通常将实际问题进行加工、分解、简化与抽象，使之成为纯化的抽象问题。而大学生学术竞赛的所有赛题均来源于日常生活生产与工程技术中的实际问题，赛题紧贴日常生活实际。

2. 开放度大

日常教学考试均采用闭卷考试的形式，且每一道题（无论是理论试题，还是涉及有关实验的题目）均有现成的甚至是唯一的标准答案。大学生学术竞赛的试题截然不同，所有赛题都是全开放式的，它们在题设中很少甚至几乎不设置限定性条件或参量，而是由学生们在研究中充分调动开放性思维，考察各种不同的情况（实验条件实验参量等）对研究结果的影响。均由学生们在研究中自行讨论，研究性强。

日常教学考试的题目一般都经过提炼简化，且已给出了较清晰的图像，待求的变量也十分明确。对这样的问题，学生只要弄清楚用到的概念原理，然后沿着传统的步骤，正确应用数学工具，一般是能够达到求解目的的。而大学生学术竞赛的所有赛题均要求学生对某些实际问题进行相关理论与实验研究。这就要求学生们先后多次进行查阅大量资料与文献，建立并反复修改理论模型数值计算与模拟，探讨各参变量的影响，精心设计实验方案，搭建实验平台，测量并分析实验数据，得出结论并进行相关讨论等一系列相关研究。

3. 考察面广

纵观大学生各类学术竞赛的全过程，实际也是考查学生全面素质与综合能力的过程。其中，在学术研究阶段，主要考察自主获取知识与信息的能力，描述并分析问题过程，建立相应模型，或提出科学假设进行科学论证的能力（即分析并解决实际问题的创新能力），设计实验方案采集与处理数据分析结果并展开讨论的能力；在学术交流（现场辩论赛）阶段，虽然无论是作为正方反方还是评论方，每支队伍只能由一人主控报告，但其他队员可以和主控队员进行交流，且必须做好相应协助；另外，由于竞赛规则对同一队员的主控报告次数的限制，使得多轮辩论赛下来，各参赛队的每位队员均会有数次主控报告的机会，所以该阶段能很好地考察团队合作精神、交流沟通能力与随机应变能力。

（二）大学生学术竞赛的作用

1．促进大学生形成科学的世界观、方法论

大学生学术竞赛全部采用与日常生活或工程技术密切相关的实际问题，首先会让学生感到亲切，并让学生更充分地认识到科学不是抽象的理论体系，而是活生生的非常有用和有趣的；其次，能较客观真实地反映自然界的实际问题，有助于学生对自然界形成较客观、较全面的认识，从而形成科学的自然观、世界观；另外，这样的问题需要运用抽象简化等科学方法将客观真实的问题转化为数学或物理模型，从而有效地提升学生分析解决实际问题的能力。所以，大学生学术竞赛为科学的世界观、方法论教育搭建了一个理想的平台，有利于提升学生的开放性思维能力与创新意识。

大学生学术竞赛的所有参赛题目都没有现成的答案，而且答案也不是唯一的，其研究结果与研究思路及实验方案密切相关，几乎没有对错之分，只有深入与否或全面与否之别。也正因为如此，所以各项赛事非常具有挑战性，特别是参赛学生们在研究中，须充分调动开放性思维，多次尝试不同的实验条件，采用不同的实验方案，讨论不同的实验参量对实验结果的影响……因此，在经过了多次这种开放性研究与实验后，学生们的开放性思维能力、创新意识以及灵活应用科学的思路与方法解决实际问题的能力会得到极大的提升。这也恰是大学生学术竞赛的最大魅力所在。

2．培养大学生的科研素质

如前所述，大学生学术竞赛具有研究性强的鲜明特色，因此学生们在准备每一道赛题的过程中，均需要他们把所学的知识从感性认识上升到理性认识；从模仿思维过渡到独立思维，并进行一次小型的、系统的科学研究训练。因此，当所有这些赛题准备完毕后，学生们主动获取知识与信息

的能力、建立数学与物理模型的能力、应用数值计算与仿真工具软件的能力、采集与处理实验数据的能力、逻辑推理能力与创新意识等科研能力与素质均会得到一个质的提升。

3. 促进大学生综合素质的提升

大学生学术竞赛作为一项学术团体赛，采用团队合作研究，现场辩论的竞赛模式，这不仅需要选手具有较高的理论水平和实验技能，同时也对选手的团队合作精神、交流沟通能力与现场反应提出了较高的要求。因此，这类赛事在培养大学生的自主学习能力、逻辑推理能力、开放性思维能力、解决实际问题的能力、正确采集与处理数据的能力、创新意识、团队合作精神、交流沟通能力与随机应变能力等综合能力与素质方面具有独特的优势。

总之，大学生学术竞赛作为对大学生综合能力与全面素质的考量，以鼓励创新和团队合作为核心理念，以培养学生创新意识、创新能力、协作精神、实践能力和交流沟通能力等全面素质与创新能力为目标。大学生数模竞赛、大学生物理学术竞赛等的实践表明，所有参赛学子们不仅获得了学科知识、科学方法、创新能力的有效统一与全面素质的明显提升，更为各高校共同探讨创新型高素质人才培养提供了一个很好的交流平台。所以，大学生学术竞赛为提升大学生综合素质，实现培养创新型高素质人才的战略目标，发挥着独特重要的作用。

六、社会服务，提升大学生综合素质的现场秀

提升大学生综合素质的途径很多，但社会服务有其独特的价值和意义。社会服务可以促进提升大学生的社会意识，增强社会适应能力，完善心理素质能力，从而提升综合素质。

（一）社会服务是提升大学生综合素质的有效途径

1. 社会服务是当前大学生参与社会实践的主要形式之一

随着大学生志愿者在北京奥运会和上海世博会等大型活动中的出色表现，社会服务的理念得到了广泛宣传，志愿精神得到了传播。社会服务不仅是付出，也是提升自身综合素质的过程。

2. 社会服务能够全面提升大学生的职业能力

职业能力是个体从事某种职业的多种素质能力的综合，在这里大致分为一般职业能力、专业能力、综合能力。通过社会服务，大学生有效地提

升了自身的职业能力，从而增强了大学生就业的竞争能力。

3．深入社会化实践，增强身心素质

身心素质是个体各种素质能力发展和运用的基础。只要身心素质正常，经过一定的教育与实践，一般的通用素质能力都可以养成。许多社会服务对志愿者的身心素质都有一定的要求，为了圆满完成社会服务目标，志愿者们必须参加锻炼，使身心素质达到要求的标准。

4．理论结合实践，提升专业技能

社会服务是把课内教学与课外实践有机结合的良好平台，大学生往往根据自己的专业兴趣有选择性地参与社会服务，这就为他们在真实的工作情境中，应用所学的知识和技能提供了实践机会，从而有效提升专业能力。

5．锻炼辩证思维，提升创新能力

创新能力是综合素质的核心体现，辩证思维是创新型人才所应具备的重要精神特征。大学生可以在社会服务过程中省察自己的观念或偏见，反思自己在社会服务生活中的服务角色，在失败和挫折中不断总结和提升。在社会服务中，大学生需要不断地面对新问题和复杂情况，为了清楚地认识新问题，需要自主判断问题并不断做出决定，其思维的系统性、独立性和创造性均能得到有效提升。

（二）社会服务能够极大地提升大学生的社会适应能力

从目前情况来看，大学生自身的社会适应能力也有待提升。而社会服务可以扩大大学生的社会关系资源和提升大学生的社会适应能力。

1．社会服务中的身份认同可以扩大社会关系资源

身份认同一般是指一个群体或者个体获得被大众及自身所能够接纳的社会身份。大学生通过参与社会服务逐渐构建起彼此之间的人际关系网络，并以圈内人的身份理所当然地享受该关系网络中的社会资本。随着参与次数的增多，这种依靠身份认同而构建起来的人际关系网络会越来越大。

2．在社会服务中提升了团队合作能力和社会适应能力

在社会服务团队中，包括组织者在内，人人都是志愿者，大家既是参与者又是组织者，因此大家都以主人翁的心态积极主动地参与所属机构的管理、策划和组织工作，在服务工作中出现问题或困难时，互相沟通，互相帮助，团结协作，共同致力于目标的完成。这种民主、平等、友爱的工作环境氛围，

使大学生的团结协作意识和团队合作能力得到了提升。同时，社会服务过程中，大学生通过体验不同的服务岗位、不同的服务环境，接触不同的服务对象，扩大了人际交往面，提升了沟通交往能力和社会适应能力。

另外，社会服务的组织工作培养领袖气质。领导能力是综合素质中较高层次的要求，社会服务为大学生担当组织领导者提供了机会，而且由于社会服务的公益性质，也最能考验一个人的领导能力。在这个舞台上，能否当好领导，常规的关系网和利益链条都失去了本身的价值，更看重的往往是其自身的领导才能和个人魅力。鼓励学生参与社区服务及志愿行动，正是美国各高校进行领导力教育的实践路径之一。中国学生在培养领导力这个层面，也应借鉴国际上的先进经验。

3. 社会服务能够大大增强大学生的心理素质能力，增强信心，锤炼意志，从而增强心理承受能力

首先，社会服务有利于大学生转变就业观念。高校应届毕业生在入职前一般都无工作经历，他们择业的观念大多受社会舆论和长辈亲友对职业的评价影响，形成了想往大城市、高收入行业发展，不愿到基层艰苦行业就业的观念。而社会服务使他们明白了一个道理：最需要你的地方，才是最合适你的地方，也才是最能实现人生价值的地方。无疑，社会服务对转变大学生的就业观念至关重要。

其次，社会服务有利于大学生增强自信心。没有就业经验的大学生经常会遇到各类就业挫折，如面试失败，求职遭拒等，使自信心遭受重创。社会服务有助于大学生增加就业体验，增强自信心。参与社会服务，大学生可以在比较轻松的情境下学习各种技能，积累工作经验，学会妥善处理人际关系，自如地应对工作难题，为将来就业获得演练的机会。

4. 社会服务有利于锤炼大学生的意志

意志是指克服困难、战胜困难的毅力和决心。有没有这种坚毅的意志是衡量大学生综合素质的重要标志。由于大学生初涉社会，阅历浅，经验少，在组织开展或参加各种社会服务时，必然会遇到许多他们从未经历过的新情况和新问题，这就需要他们去认识困难、克服困难、战胜困难，实现预定目标，这为他们以后正式的职业生涯打下了坚实的基础。

（三）积极拓展社会服务，有效提升大学生综合素质

大学生参与社会服务，在多样化的服务实践中将自我发展和社会探索相结合，既增进了对社会的了解，又提升了自身各方面的综合素质。因此，

我们应充分认识社会服务的育人作用，提升思想认识，扩大宣传力度，营造良好的外部环境，并积极拓展社会服务的形式与内容，促进大学生综合素质的提升发展。

当前，全社会对社会服务的认识不够到位，许多人仍然把社会服务当作简单的学雷锋活动看待，只看到社会服务的行动意义，没有看到社会服务的教育意义和示范意义。因此，要提升认识，必须做好宣传工作，让社会服务的观念在全社会扎下根来。要积极号召大学生积极参与到社会服务中，对他们在精神上给予鼓励、物质上给予支援、法律上给予支持。

发挥高校主体优势，建立健全大学生社会服务体系。高校应该充分发挥自己的优势，调动各种资源，做好社会服务的组织和管理工作。首先，在精神上要大力支持和鼓励大学生走出校园，参加各种社会服务和公益活动；其次，主动加强同社会各界的联系，为大学生社会服务提供尽可能多的渠道；再次，要不断总结经验教训，在积极配合好国家、省市青年志愿者扶贫接力计划和大学生志愿服务、西部计划等大型服务项目的同时，根据自身特点和便于大学生参与的原则，建立最适合大学生参与的立体式、全方位的社会服务体系。

大学生应积极参与社会服务，在服务实践中激发自己的潜能。不管有多好的外部环境，归根结底，还是需要大学生自己的积极参与。大学生应该充分认识到社会服务对综合素质提升的价值，积极参与各类社会服务，不断锻炼和挖掘自己各方面的潜能，提升自身的综合素质。

第三章　大学生道德素养培育

社会主义国家的大学生，如果只具备较高层次的科技文化知识，而不懂得如何做人的社会准则和行为规范，缺少德行，人格低下，那就不是全面发展的人。因此，加强大学生思想道德素养培养，明确社会主义思想道德内容的层次性，培养共产主义思想道德品质，掌握思想道德素养培养的基本方法，是高等学校培养社会主义现代化建设者和接班人的巨大任务。

第一节　大学生道德素养的基本内容

道德素养是人的基本素养的重要内涵，起着导向的作用，决定着人的尊严、价值和成就。大学生良好的道德素养不仅是建设中国特色社会主义的内在要求，是建立和完善社会主义市场经济体制的客观要求，也是大学生思想道德、人生价值观发展完善的必然要求。因此，加强大学生道德素养培养，明确社会主义道德内容的层次性，培养共产主义道德品质，掌握道德素养培养的基本方法，是高等学校培养社会主义现代化建设者和接班人的重要任务。

一、道德的概念

（一）道德的定义

马克思主义认为，道德是由经济基础决定的社会意识形态和上层建筑，随着经济的变动而变动。永恒的道德，永远不变的善与恶、美与丑、荣与辱等道德观念是不存在的。不同社会的不同阶级有不同的道德规范。人们的行为，凡是有利于社会进步和社会发展的，就是合乎道德的，反之就是不道德的。肯定道德规范的历史性和阶级性，并不否认道德本身的继承性。任何先进阶级的道德规范总是要继承和发展先前社会中的有积极和进步作用的道德规范。社会主义和共产主义道德规范，是从无产阶级的阶级斗争的利益和全人类的利益中引申出来的，是最先进的道德规范。

在我们今天看来，道德泛指人们行为应当遵循的原则和标准。人们的行为符合这些规范，就被叫作是善的、正义的、道德的，从而受到社会舆论的鼓励、赞扬甚至歌颂；人们的行为违反了这些规范，就被看作是恶的、非正义的、不道德的，从而受到社会舆论的非议、批评甚至谴责。因此，道德既是约束人们行为的规范，又是评价人们行为的标准。它用善与恶、正与邪、正义与非正义、公正与偏私、光荣与耻辱、诚实与虚伪等道德观念来评价人们的行为，告诉人们什么是应该做的，什么是不应该做的，并逐渐形成了大家共同遵守的准则和用以衡量人们的行为规范。人们用一定的准则和行为规范来调节相互关系，就是社会的道德科学。

（二）道德所协调的关系

道德是调节人与人之间关系的行为原则和规范。但这种关系不仅仅是人与人的关系，而是包括了更广泛的关系领域，具体说来，涉及以下几重关系：

第一，人与人。这是道德所调解的最主要的一种伦理关系。人不能离开社会而单独生活，因此人与人之间必然要发生各种各样复杂的社会关系。例如，在家庭里，有父母子女、兄弟姐妹、夫妻、婆媳等关系；在学校里，有师生、同学、个人与班级、班级与班级等关系；在社会上，又有师徒、同事、朋友、邻里、亲戚等关系。人们生活在这种复杂的社会关系中，不可避免地要产生这样那样的矛盾，其中，最基本的是经济利益的矛盾。调节人与人之间的矛盾，可以通过强制性的政策和法律法规，但是，政策和法律法规并不能使人们完全自觉地控制行为和调解相互之间的关系。因此还需要道德调解。道德调解不是通过强制的手段，而是通过社会舆论、风俗习惯、各种形式的教育和人们的内心信念，使人们自动地调整相互关系。道德调解的特点是要求个人做出必要的节制和牺牲，个人对个人要求严己宽人，个人对集体要求体现整体利益的原则。道德可使社会变得和谐而有秩序。

第二，人与自然。道德不仅要调整人与人之间的关系，还要调整人与自然的关系，力求人和自然关系的和谐发展。中国古代围绕"天人合一"而展开的讨论，就表达了儒家对自然和谐关系的向往和追求。随着时代的发展，人与自然的关系日益密切，矛盾也愈发突出。一味地索取自然，盲目地征服自然，已经造成并且还将继续产生严重的恶果。所以现代人提倡科学发展观，在提高经济增长的同时，保护人类赖以生存的自然。在人与自然的关系上，应遵循人类自信与敬畏自然相结合、改造自然与适应自然相结合、利用自然与保护自然相结合、和谐发展与人类解放相结合等原则，遵循热爱自然生命、保护自然环境、防治环境污染、控制人口数量、提倡文明消费等规范。

第三，人与自身。随着时代的发展，道德关系还扩展到人与自身的领域。道德主体要善于认识和控制自身，要善于处理和驾驭与自身的关系。人与自身的关系要遵循自知、自尊、自信、自乐、自励、自律、自强、自省、自由等规范，提升自我，超越自我，从而使主体自我成为自然、社会和自身的主人，实现人生的真正价值。

二、道德素养及其特征

（一）道德素养的概念

道德素养是指人们从一定的道德准则和规范出发，在处理个人与他人、与社会的关系中，所表现出来的稳定的特征和倾向，是人们道德意识和道德行为的统一。简言之，就是做人的准则和标准。教育的目的主要有两个方面：一是做人，一是做事。做人是做事的前提和基础，学会了做人，才能更好地做事、做大事、成大事；做事是做人的目标和归宿，只有学会了做事，才能做大事、成大事，才能更好地体现做人的价值。大学教育是在基础教育的基础上，提高大学生的做人标准和做事能力。大学生要想立身成才，建功立业，首要的就是要先学会做人，也就是说必须有较高的道德素养，因此，道德素养是大学生的立身素养。

（二）道德素养与法律的区别和联系

作为行为规范的道德和法律，其特点表现在它们的联系和区别上。

从区别表现上看，第一，道德是与人类社会共存亡的。法律则不同，道德先于法律而产生，早在原始社会就已经产生了道德，但尚无法律。法律是社会划分为阶级的产物，只要有阶级存在，法律与国家就存在。第二，法律是由国家制定的强制性的行为规范，道德则是依靠社会舆论的力量起作用的。某种法律一旦由国家颁布之后，任何公民都得严格执行，不然就是犯法，就要受法律的制裁。道德则不同，它不是由国家强行制定和强制执行的。各种道德概念是靠社会舆论的力量，靠人们的习惯、传统，特别是通过各种形式的教育形成的内心信念来维持的。也就是说通过社会舆论，道德评价以及良心的作用，调节人们的行为。一个没有道德素养的人，做了损人利己的事，会受到人们的评论与谴责，以匡正、制约他的行为；而一个道德素养高的人，一旦发现自己的行为违反了道德规范，就会受到良心的责备，吸取经验教训，努力改过自新。第三，道德和法律起作用的范围不同。法律管的范围狭一点，道德管的范围要宽一些。道德注重思想与情感，法律注重行为。法律只管行为，而道德要追问行为的动因。道德是意在改善个人的品性，而法律只在支配个人彼此间的关系。如不得有贪心，不得有淫心，不得存杀机，不得有恶念等都是道德规则，而法律关注的是人的行为本身。

道德和法律又是密切联系的。第一，道德和法律都是统治阶级意志的反映，有着共同的阶级本质和共同目的。第二，道德是不成文的法律，法律是最低限度的道德。法律中包含着道德的内容，中华人民共和国宪法第五十三条规定："中华人民共和国公民必须遵守宪法和法律，保守国家秘密，爱护公共财产，遵守劳动纪律，遵守公共秩序，尊重社会公德。"这既是每个公民必须执行的法律义务，又是其必须遵循的道德规范。第三，道德和法律的作用是互相补充的。任何社会的统治阶级都是用道德和法律维护其阶级利益以及社会关系和社会秩序的。因此，我们在社会主义现代化建设中，大力倡导共产主义道德，有助于加强人们的社会主义法制观念。我们进行社会主义法制建设，也有利于提高人们的共产主义道德素养。这就是道德和法律在社会生活中的辩证关系，绝不能忽视两者的互补作用。

第二节　大学生道德素养的基本要求

一、道德素养与大学生的成长及成才

大学生要想立身成才，建功立业，首要的就是要学会做人，即必须有较高的道德素养。因此，道德素养是大学生的立身素养。

（一）道德素养是大学生适应社会的基本要求

当代大学生正面临着一个前所未有的变革时代，建设中国特色社会主义的伟大实践对未来人才素养提出了很高的要求，其中核心素养就包括道德素养。大学生同其他社会成员一样，也是社会关系的组成部分。作为一代新人，要想适应当今和未来时代的客观要求，基本的一点就是要按照社会发展的客观规律和共产主义道德要求，自觉加强个人道德修养，提高道德素养。

（二）道德素养是大学生发展和完善的需要

首先，道德素养是人的本质的特征之一。马克思说："人的本质并不是个人所固有的抽象物，在其现实性上，他是一切社会关系的总和。"个人只能在社会关系中生存和发展，而这种关系有特定的准则要求个人遵守，道德便是其中最为普遍、最为基本的行为准则。现实生活中，人们事实上也正是根据个人的道德素养及其表现进行道德评价的。如对那些严重失德的人，我们会常常听到谴责的声音，而那些具有高尚道德品质的人，则往往是人们心目中有理想人格的人，是鼓舞人们积极向上的榜样。可见，道德素养就是做人以及做什么样人的标志。其次，道德素养的提高，是个人发展的核心内容和主要目标。社会生产、社会关系的发展创造了道德，道德又进一步促进了人的完善。

（三）道德素养是大学生成才的动力

高尚的道德素养在人才成长中的动力作用，主要表现在对个体成才动机的帮助和强化，对成才过程的激励和引导。高尚的道德素养帮助人们树立科学的世界观、人生观和价值观，树立远大的理想和抱负，培养坚强的意志和虚怀若谷的优良品德，激励人们为实现崇高的道德理想而刻苦钻研、努力拼搏、忘我求索，帮助人们正确认识与理解社会，树立正确的政治方向，坚定成才的信心。

（四）道德素养是大学生立身之本

个体的道德素养的高低，在各个不同的方面是有差别的，进入社会生活的人，其道德素养都是有高有低、有善有恶的。在当今社会生活中，由于社会正处在大的转轨和变革之中，人们对善恶的某些标准认识不尽一致。大学生是现代社会生活中知识层次和文化素养都相对较高的特殊社会群体，从总体上，绝大多数大学生都有比较高的道德素养，但这并不说明大学生不需要进行道德修养。相反，大学生的道德修养必须加强。

二、当前大学生的思想道德状况

当前大学生的思想道德状况主流是好的，但也存在诸多负面的问题，主要表现在以下几个方面。

（一）强调自我价值，忽视奉献精神

社会主义市场经济条件下，商品交换的原则是等价交换，价值规律在

社会生活中发挥着巨大作用。表现在大学生身上一方面是尊重价值规律，注重实干，讲究效益，反对夸夸其谈，希望通过自己的勤奋努力，掌握更多的知识，增长更多的才干，为祖国多做贡献，在实践中证明自己的才干，在奉献中实现自己的价值；另一方面则是讲究平等交易，"奉献与索取等价"，不赞成"无私奉献"。有些学生甚至机械地把商品经济中的价值尺度同社会道德尺度等同起来，误认为只有获取实实在在的金钱、物质，才算是真正实现了自己的价值。这些都明显表现出当代大学生自我实现的意识增强，奉献精神却在不断减弱。

（二）讲求物质利益，忽视精神追求

发展社会主义市场经济的目的是促进生产力的发展，提高人民的物质文化生活水平，相应的，必然带来社会消费水平的提高。这一方面使大学生为祖国改革开放的成就深感欣慰，同时也感受到自我责任的重大，激起他们勤奋学习的热情；另一方面，由于市场经济重利原则的影响，淡化了当代大学生"勤俭节约，艰苦朴素"的传统道德观念，引起了他们对物质利益的盲目追求。不少学生在生活中缺乏艰苦奋斗精神，时时盼享受，事事讲实惠，厌恶或拒绝参加集体活动，即使勉强参加也要讲究报酬如何。从过去的"言不及利"变为现在的"言必及利"。

（三）注重竞争参与，忽视真才实学

在市场经济条件下，竞争机制引入了人们生活的各个方面，激发了人们的参与意识和竞争意识，身处象牙塔内的莘莘学子也不甘寂寞，跃跃欲试。一方面表现为敢于冲破传统束缚，敢想敢做，勇于进取。另一方面，一些学生不思进取，甘居平庸，"知足者常乐"，或者是放任自由、谈情说爱、追求时尚、贪图玩乐，有的甚至平时不学习，考试靠作弊。在评先选优，解决组织问题时，也托人说情，若不达目的，就故意找茬，告别人"黑状"，来个我"庸"你"平"。

（四）强调主体意识，忽视社会责任

这些年大学生自主、自立思想和参与管理的意识增强了，他们相信自身实力，注重发展自我。这种主体意识的觉醒和增强是他们走向成熟的表现。他们大多数能正视自我对社会的权利与义务，能正确处理个人与集体的关系。但由于过分强调自我，主体意识急剧膨胀，导致有的大学生全局观念淡漠，对集体利益、班级荣誉漠不关心，把自己凌驾于他人和社会之上，缺乏社会主义的集体主义精神和当代大学生应有的社会责任感和历史使命感。

三、大学生要做遵守公民基本道德规范的楷模

大学生作为社会生活中的先进分子，在公民道德建设中必须发挥表率作用，以高层次的道德标准来要求自己，衡量自己，在公民道德建设中发挥模范带头作用。

《公民道德建设实施纲要》（以下简称《纲要》）在公民道德建设的指导思想中，将基本道德规范概括为五句话、二十个字，即：爱国守法、明礼诚信、团结友善、勤俭自强、敬业奉献。这既是从最基础、最重要的公民道德规范方面，使这些道德规范与已有的社会主义道德内容形成一个有机的整体，又是从公民道德建设的方面，对已有道德内容所做的一种新的概括和提炼。它是全社会各个领域人们都应该遵守的最基本的道德规范，涵盖了社会生活的各个领域，适用于不同的社会群体。在这一点上，它不同于社会公德、职业道德、家庭道德等几个领域的伦理规范，而是一个总的基本道德规范。它既包含了中华民族的传统美德，也包括了党领导人民在长期的革命和建设实践中形成的优良道德传统，又总结了改革开放以来在道德实践中积累的好经验，反映了社会主义市场经济所需要的道德要求，体现了民族文化传统与革命传统的有机结合。

《纲要》提出的 20 个字可以再细分为 10 个道德规范，即：爱国、守法、明礼、诚信、团结、友善、勤俭、自强、敬业、奉献。它们在调整公民个人与社会、与国家、与他人的关系中，各有功能，下面我们对这些品质进行简要解释。

爱国——首要的道德要求

守法——必备的道德品质

明礼——做人的起点

诚信——道德建设的根本

团结——高尚的道德品格

友善——人际交往的道德规范

勤俭——传统的美德

自强——永无止境的道德追求

敬业——道德规范在职业行为中的表现

奉献——崇高的道德境界

（一）爱国守法

"爱国"，主要是规范公民与国家的关系。爱国主义是团结、凝聚我国各族人民以及广大港、澳、台同胞，海外华人的一面旗帜，在新世纪的国际国内环境中爱国主义是我们放在首位的一种品德。

宋代范仲淹提出了"先天下之忧而忧，后天下之乐而乐"的主张；文天祥在国家生死存亡之际，亲历危难，吟出了"人生自古谁无死，留取丹心照汗青"的千古绝唱；明末顾炎武以天下为己任，高呼"天下兴亡，匹夫有责"；清代林则徐主张"苟利国家生死以，岂因祸福避趋之"；民主革命先驱廖仲恺与何香凝夫妇，留下了著名的诗句："劝君莫惜头颅贵，留取中华史上名"。这些诗句都强烈地显示了为国家、为民族献身的精神。在长达数千年的历史长河中，中华民族依靠这种精神，无所畏惧地战胜了一个又一个困难，涌现出了一批又一批光照日月，名垂青史的民族英雄，谱写了一曲又一曲高亢激越的颂歌。

"守法"，是"爱国"规范的延伸，主要规范的也是公民与国家的关系，即把"守法"作为公民对国家的道德责任的"底线"。在我们为推进中国的民主法制建设、为建立一个法治国家而奋斗的时候，"守法"是每一个公民必备的品质，也是实现法治与德治相结合的基础。

（二）团结友善

"团结"，主要规范公民之间的道德关系，强调公民之间的亲和力，包括家庭的团结、集体的团结、各个组织内部的团结、全世界爱好和平人民的团结，等等。团结是在为某个目标而奋斗时形成的紧密联系，团结会产生钢铁般坚不可摧的力量。深刻理解团结的重要性，珍惜团结，维护团结，顾全大局，是人们应有的品德。

"友善"与"团结"是同一层次的道德规范，功能也是相似的，但更加注重公民个人之间的亲善关系。这也是处理人际关系的一种美德，无论是对自己的家人、亲人、邻居、同事，还是素不相识的人，对不同肤色、种族、民族，不同文化背景、不同宗教信仰的人，无论老少、贫富，无论他是健康的还是有残疾的都要一视同仁，友善待之。这体现了社会主义的人道主义精神。

（三）明礼诚信

"明礼"，主要是规范公共场所的公共品德行为。待人接物时要文明礼貌，这是公民在公共场所应当遵守的最基本的道德准则。有人认为，"礼貌"与美德是有区别的，一个彬彬有礼的纳粹分子仍然可以是一个杀人恶魔。但是，一个连人和人之间交往的起码礼貌都没有的人，决不能认为他是有道德的人。比如满嘴污言秽语，在公共场所乱扔脏物，在公共汽车上不给老人让座的人，这难道是有道德的人吗？

"诚信"，主要也是规范公共关系的道德行为，是对"明礼"规范的进一步深化和升华，即古人所说的"礼于外，诚于内"。它更是在今天市场经济条件下应该大力提倡的一种品德，信用是市场经济的道德前提，没有信用，交换就无法进行。

（四）勤俭自强

"勤俭"，主要是对公民个人提出来的道德要求，勤俭的品德素养更多地在公民个人的行为中表现出来。勤俭包括勤劳、节俭两个方面。勤劳，热爱劳动，用劳动创造世界，创造美好的生活，是每一个人，每一个民族自立自强、艰苦奋斗的表现。中华民族是一个吃苦耐劳、勤奋刻苦的民族，同时又是一个节俭的民族。节俭不仅是对劳动产品的珍惜、爱护，也不仅是"丰年想歉年"的忧患意识，还包括了对生活的计划安排和对欲望的克制。我国古代有"俭以养德"的思想，认为俭朴的生活可以"淡泊明志，宁静致远"，对人的身心修养大有益处。对于为官者，"俭以养德"，可以戒奢侈，取道义，去邪心，做到清正廉洁。勤俭既是持家之道，又与廉洁相联系。有勤俭之德，为官从政可以做到清白不污，纯正不苟，自我约束而不贪求。

"自强"，主要也是对公民个人的道德素养提出的要求，与"勤俭"是同一层次的道德准则。这更是中华民族的传统美德，《周易》里就有"天行健，君子以自强不息"的思想，代代相传，鼓舞中华民族在任何艰难险阻面前都能做到自立自强，只要有一息尚存，就要奋斗不止。毛泽东同志提出的"自力更生，艰苦奋斗"的革命传统精神，更是指导中国人民取得了革命和建设的辉煌成就。

（五）敬业奉献

"敬业"，主要是规范公民与职业的道德关系。这是职业道德的重要内容，主要包括恪尽职守、兢兢业业、精益求精、视责任为生命等。

"奉献"，主要是规范公民与社会的道德关系，并引出公民对待他人的道德责任。这是在处理个人与社会、国家、他人的关系时应该具有的品质。

其内涵是大公无私、克己奉公、超越自我、服从整体、先人后己。"有一分热，发一分光"，"人人都献出一点爱，让世界变成美好的春天"，这些美好的诗歌、语言，都是人们对奉献精神的赞颂。党和国家在全社会倡导敬业奉献的道德精神，对在各行各业涌现出的道德模范给予了很高的荣誉，如评选全国道德模范、感动中国年度人物等。讲奉献，主要是讲一种精神，强调在公与私、义与利、奉献与索取之间，把前者放在首位。

第三节　大学生道德素养培育的主要内容

一、培育大学生爱国主义和民族精神

爱国主义是民族精神的核心内容。当代大学生的爱国主义教育和民族精神教育必须要以爱国主义为重点内容，并从爱国主义出发向团结统一、爱好和平、勤劳勇敢、自强不息等内容延伸。

（一）爱国主义教育是重点

在大学生思想政治教育诸内容中，爱国主义教育是重点。这是指在围绕理想信念教育这一核心开展思想政治教育的过程中，必须突出强调爱国主义教育，把爱国主义教育放在重要位置。以爱国主义教育为重点，是由爱国主义教育在思想政治教育中的重要作用决定的。

1. 有助于大学生培养高尚的道德情操

爱国主义是一种高尚的道德情感，爱国主义又是一种道德规范。在大学生当中开展爱国主义教育，一方面可以在大学生中弘扬和培育以爱国主义，增强大学生的民族自尊心、自信心和自豪感；另一方面可以培养他们的忧国、报国的爱国情怀。所谓忧国，即指对祖国前途命运的关切与思考，所谓报国，即是指对国家和民族的一种责任心。在国家危难之际挺身而出，不怕牺牲，为国家的独立富强、繁荣昌盛甘愿奉献出自己的一切。

2. 有助于大学生坚定中国特色社会主义的信念

爱国主义是一个历史范畴，在社会发展的各个历史阶段及不同历史时期有着不同的历史内涵。这是对现阶段爱国主义特征的最精辟的概括。在当代中国，爱国主义与爱社会主义在本质上是一致的。在改革开放与现代化建设的新时期，建设中国特色社会主义是爱国主义的必由之路，是爱国

主义传统内容的深化，是新时期爱国主义的集中表现，是时代赋予的爱国主义教育内容的鲜明主题。在大学生中开展爱国主义教育，有助于使大学生把个人的前途命运与祖国的前途命运紧密联系在一起，为国家的独立富强尽心尽力地付出与奉献。

（二）爱国主义教育的内容

爱国主义是一个历史范畴，在不同的历史时期、不同的时代有着不同的内涵和要求。在新时期我们对大学生进行爱国主义教育，既要注重爱国主义的历史渊源和传统内容，又要把握当今时代的特点，为爱国主义注入鲜活的时代内涵。

1. 中华民族优秀传统文化教育

民族文化是一个国家和民族全部智慧与文明的集中体现，是一个国家和民族不断发展的内在动力。我们的祖先通过世世代代的辛勤劳动创造出了光辉灿烂的历史文化，这是我们中华民族的历史瑰宝，是对大学生进行爱国主义教育的重要内容。一个国家在全球化浪潮中能否保持其优秀民族文化，不仅关系到本民族文化的生存与发展，还关系到国家的命运和前途。我们对大学生进行中华民族优秀传统文化教育，可以培养大学生对民族文化的热爱和认同，增强大学生的民族自尊心、自信心和自豪感。

对大学生开展中华民族优秀传统文化教育，首先要使大学生全面了解中国优秀传统文化。我国优秀传统文化既包括物质文化，也包括精神文化。其次，要引导大学生正确处理本土文化与外来文化的关系，正确对待其他民族文化，自觉捍卫和弘扬本民族文化。

2. 社会主义信念教育

社会主义信念教育的具体内容包括：马克思主义基本理论教育，党的基本理论、基本路线、基本纲领和基本路线教育，中国革命、建设和改革开放的历史教育，基本国情和形势政策教育以及科学发展观教育等。

走社会主义道路是中国人民经过长期的实践摸索做出的正确选择，是中国近代历史发展的必然结果。走社会主义道路是国家、民族、人民的根本利益所在，建设中国特色社会主义也就成为新时期爱国主义的主题。爱国和爱社会主义在本质上是一致的。我们在对大学生进行爱国主义教育的过程中，必须深入开展建设中国特色社会主义信念教育，引导大学生把满腔的爱国热忱投入到建设中国特色社会主义的伟大事业当中。

（三）爱国主义教育的深化

爱国主义教育是民族精神教育的核心，民族精神教育是爱国主义教育的进一步延伸和拓展。在大学生中开展民族精神教育，大力培育和弘扬中华民族伟大民族精神，是为国家应对全球化挑战输送优秀人才的迫切需要，是激发大学生自觉投身全面建设小康社会伟大实践的必然要求。

1. 引导大学生正确认识中华民族的民族精神的科学内涵

爱国主义是中华民族的民族精神的核心内容，党的十六大报告对民族精神的内涵作了新的概括，这就是"以爱国主义为核心的团结统一、爱好和平、勤劳勇敢、自强不息的伟大民族精神"。

"团结统一"的民族精神是指为了实现民族的共同理想和目标，为了凝聚全民族的意志、智慧和力量而形成的万众一心、众志成城、同心同德、群策群力、顾全大局、维护统一的团结合作精神。中华民族以热爱和平著称于世，重"和"是中华民族的优秀品质。和平与发展已成为当今时代发展的主题。维护和促进世界和平，是中国人民和世界各国人民的美好愿望和共同的责任及义务。"勤劳勇敢"是中华民族在漫长的历史发展中，在艰苦的自然条件和严酷的社会斗争中锻炼和培育的一种吃苦耐劳、艰苦奋斗、不畏艰险、勇于攀登、不屈不挠的民族精神。"自强不息"是中华民族精神极为突出的一个方面。中华民族在长达数千年的历史中，形成了独立自主、自力更生、奋发向上、开拓进取的民族精神。

2. 引导大学生在实践中不断丰富发展中华民族的民族精神

民族精神是一个历史的开放的概念，是传统性与现代性的统一。民族精神的传统性，是指它是一个民族在其历史发展过程中，逐渐积累下来的物质财富和精神财富。民族精神的时代性，是指传统的民族精神为适应社会发展增添时代要求的品质以获得新生

中华民族精神源于五千年的文明发展史，在建设美好家园、抵御外来侵略和克服艰难险阻的奋斗中，中华民族不断培育和发展着自己的民族精神。我们在引导大学生正确认识中华民族的民族精神的科学内涵的基础上，还要教育他们以创新、开放的态度看待民族精神，为民族精神增添新的时代内涵。一方面，要教育大学生根据新的实践和时代的要求，吸收和借鉴世界各民族的民族精神的精华，对传统民族精神加以创新，实现民族精神的继往开来，与时俱进；另一方面，要教育大学生珍视、继承我国在五千年的历史中形成和发展起来的伟大民族精神和我们党领导全国人民在长期

实践中形成的伟大时代精神。

3. 全球化视野下大学生民族精神教育

民族精神是一个民族的自我意识和自我认同，是民族文化的灵魂和升华。弘扬和培育民族精神，鼓舞和激励大学生为实现国家繁荣富强而团结奋斗，具有重大的现实意义。

经济全球化以全方位、多层面、多领域的态势向世界各个角落蔓延，给人类社会的生存和发展带来了深刻的影响，特别是对青少年的民族文化心理素养构成了严峻考验和挑战。大学生作为未来中国特色社会主义建设的中流砥柱，是民族文化和民族精神的重要传承者。加强对大学生的民族精神教育，树中华民族文化之根，立中华民族精神之魂，是增强大学生的民族国家意识，保持高度民族文化自觉，促进其自我成长成才，从容应对全球化挑战的重要举措。

第一，民族精神教育是增强大学生民族意识，保持民族文化自觉，应对全球化挑战的重要方略。在经济全球化环境下，西方发达资本主义国家凭借自己在经济、科技上的优势，有意识地向发展中国家，特别是其青少年进行文化观念和意识形态等方面的灌输。因而，加强对大学生进行民族精神教育，使他们牢固树立国家意识和民族意识，是我们以清醒的头脑来认识、参与、应对全球化挑战的重要举措。同时，加强民族精神教育，也有利于培养大学生的国际眼光，使他们从人的全面解放出发，承担起维护世界和平与发展的重大历史使命。

第二，民族精神教育是帮助大学生完成新时期重大历史使命的力量源泉。在经济全球化背景下，世界范围内各种思想文化相互激荡、各国利益冲突此起彼伏。如何在交流对话中吸收借鉴人类社会发展的宝贵经验，如何在激烈的国际竞争中提升中国的国际地位，实现中华民族的伟大复兴，这需要强大的精神动力。大学生肩负着实现中华民族伟大复兴的重大历史使命，更需要民族精神作为其内在的精神动力，以推动其勇敢承担和出色完成使命。

第三，民族精神教育是顺应国际大趋势和借鉴他国成功经验的体现。经济全球化背景下，世界各国各地区出现一种新趋势，即对青少年的思想政治教育注重世界性与民族性的有机统一。一方面，世界各国各地区都注重放眼世界，吸纳人类在发展过程中创造和形成的优秀文化成果；另一方面，世界各国各地区也越来越重视本民族精神的继承和弘扬，在消化、吸收和弘扬本民族优秀传统文化的过程中，重塑本国的思想、道德文化价值观。事实证明，在对大学生进行思想政治教育的过程中，越重视民族精神的弘扬与培育，该国学校的思想政治教育的成效就越大。这种重视本民族传统文化教育的共同意识，已成为当今世界各国各地区学校思想政治教育的核心内容和重要目标之一。

第四，民族精神教育是提高大学生文化心理素养，丰富他们的精神世界，促进他们全面发展的重要保证。提高国民素养，促进人的全面发展是社会主义现代化建设的根本目的，是社会主义本质的根本要求。中华民族所特有的价值观念、思维方式、道德标准、人生态度、审美情趣是中华民族宝贵的精神财富。在全球化浪潮席卷世界的形势下，中国与世界的交流日益频繁，中国人更加重视自己在国际社会中的地位，更加注重自己的国际形象。中国人正以开放的心态、解放的思想来对待外来文化，努力吸收世界其他国家和民族文化的精华。弘扬和培育民族精神，有利于增强大学生的国家意识和民族意识，有利于激励中华儿女以更加开放的姿态、广阔的胸怀、健康的心态以及清醒的头脑参与到全球化进程中来。

对大学生进行民族精神教育是一项系统工程。弘扬和培育民族精神需要遵循一定的原则，即把它纳入国民教育的全过程，纳入精神文明建设的全过程。同时，更需要遵循高校开展民族精神教育的渗透性原则，即遵循人的思想受"综合影响"与"渐次发展"的规律，把育人工作渗透到管理、服务中去，结合学生日常生活去开展，整合各方面的资源，形成党、政、工、团齐抓共管的立体化网络体系。

二、培育大学生的社会公德

社会公德是全体公民在社会交往和公共生活中应该遵循的行为准则，涵盖了人与人、人与社会、人与自然之间的关系。它具体是指人们在涉及对正式的或非正式的社会整体（如集体、组织、政党、阶级、民族、国家、公共场合秩序等）具有相应义务和责任的行为活动中应当遵守的道德规范和道德准则。人们对于社会公德往往有广义和狭义的理解。广义的理解是指人们在一些事关重大的社会关系、社会活动和社会交往中，应当遵守由国家提倡或认可的道德规范。中华人民共和国现行宪法倡导和认可的"五爱"，就是这种意义上的社会公德，并因为是由国家法律规定的，也可称为"国民公德"。狭义的理解，也有人把日常的公共生活中所形成的起码的公共生活规则，称之为社会公德。大学生要提高自身的道德修养，必须首先从遵守社会公德这一最基本行为准则做起。具体来说，就是要自觉做到《纲要》所指出的那样："文明礼貌、助人为乐、爱护公物、保护环境、遵纪守法。"

（一）大学生要做文明礼貌的模范

文明礼貌，是指要在人际交往中，注重个人形象，讲求必要礼节，衣着整洁，举止文雅，说话和气，用语得当，守时守约，尊重他人，宽以待人，相互礼让，遵守公共场所的各种规定，不影响、不妨碍他人的正常活动。

文明礼貌，可具体分为文明、礼貌两个方面。所谓文明（或曰文明行为），是指人们在待人接物和日常生活方面所应共同遵守的行为规范。它是精神文明的一个重要内容，要求人们讲礼貌，遵守公共秩序和纪律，举止端庄，温让谦逊，仪表整洁，讲究卫生等等。对文明行为的要求，具有更丰富的内容和更深刻的社会含义。它是人与人之间同志式的友好诚挚感情的流露，是高尚道德和良好社会风气的具体体现，是社会主义一代新人精神文明的表现。只有心灵美，才能外表美，外表文明是内心文明的反映。我们提倡不论什么场合，待人接物，或处理个人、家庭生活等都要表里如一。培养自己高尚的道德情操、纯真的思想感情和良好的生活习惯。

中国素有"礼仪之邦"的美称。在中国人的传统里，有道德的人即"正人君子"是彬彬有礼、温文尔雅的。这种观念发展到现代，不但保留了原有的精髓，而且增加了守时守约、尊重他人、遵守公共场所的各种规定等内容，反映了在现代社会中人们普遍接受的时间观念、效率观念、契约观念、诚信观念、平等观念等先进观念。

（二）助人为乐是全心全意为人民服务的重要表现

助人为乐是指要发扬社会主义人道主义精神，将心比心、推己及人，多为他人着想，关心老弱病残、鳏寡孤独，热心社会公益事业；在他人遇到困难时，给予力所能及的帮助。

助人为乐，是基于对共同幸福与个人幸福之间辩证关系的深刻认识而产生的理性行为，是一种以帮助别人为快乐和幸福的优秀品质与高尚风格。它具有与人为善，想他人之所想，急他人之所急的特征。马克思说过，如果一个人只为自己活着，那么他的生命是暗淡的，人们只有为同时代人的完善，为他们的幸福而生活，才能使自己的生活具有意义。改革开放以来，我国涌现出了一大批反映时代精神的先进人物，他们的工作岗位、具体事迹各不一样，但都有一个共同的特点，那就是助人为乐，全心全意为人民服务。他们为群众办事，尽心竭力，分内的事办，分外的事也办，自己能办的要办，自己办不了的也想办法帮助办，努力使群众满意，让群众高兴。雷锋同志就是助人为乐的典范，雷锋精神的实质就是：忠于共产主义和社会主义事业，毫不利己专门利人，全心全意为人民服务，"把有限的生命，投入到无限的为人民服务之中去"，做一个平凡而伟大的共产主义战士。

在社会主义市场经济条件下，与助人为乐思想道德紧密相连的，是每个大学生都应该具有关怀弱者的爱心。市场经济鼓励和倡导竞争，有竞争就会有成败，会造就出强者，也会产生相对的弱者。如何使社会上的弱者和在市场竞争中处于不利位置的人们得到关怀和扶助，是社会健康发展的重要方面。先发展起来的现代化国家已遇到"对弱者关怀"的问题，因为这是形成社会深层次矛盾的重要原因。作为以人民当家做主为特征的社会主义国家，对人民群众，不管是先富裕起来的强者，还是尚未富裕起来的弱者，都应责无旁贷地予以关怀和帮助。这就需要通过社会成员互相之间的爱心传递，让社会充满爱，使弱者更多地感受到社会的关照和温情。每个大学生都应该富有爱心，对弱者像"春天般的温暖"，时时处处关怀他们。

见义勇为是社会公德的重要内容，是助人为乐思想的高层次表现。孔子曾说："见义不为，无用也。"意即道德上的勇敢在于做那些合乎道义、值得去做的事情。见义勇为作为一种敢于担当道义、一往无前、无所畏惧的道德品质，是社会公德的重要组成部分。它集结着人们的正义感、责任感和使命感，体现着人们的道德良心和人格尊严。做到见义勇为，首先要求人们在坏人坏事面前敢于挺身而出，同歪风邪气做斗争，奋不顾身剪除邪恶势力。其次，要求人们在事关公众利益或人民利益的情况下，勇于牺牲个人利益以成全公众利益或人民利益，"俯首甘为孺子牛"。再次，要求人们在大是大非面前勇于坚持原则和真理，不苟且，不随俗，"粉身碎骨浑不怕，要留清白在人间"。我们的社会和时代呼唤见义勇为、舍己为人的英雄行为。一个没有见义勇为精神的民族，是不会有希望的。有见义勇为才会看到社会正气、民族脊梁，大学生作为社会主义精神文明建设的主体力量，应当弘扬传统道德，敢于见义勇为。

（三）大学生要做爱护公物、保护环境的模范

爱护公物，是指要以主人的态度对待国家和集体财产，珍重社会公共劳动成果。爱护城乡道路、水电、通讯、交通、环卫、消防等公用设施，保护名胜古迹、历史文物。反对损坏公物、化公为私。

公物是社会全体成员或某一集体成员共有的财产，是公民享有社会权

利的物质条件。爱护公物，体现了人们对劳动成果的珍惜和对劳动人民的尊重。我国宪法规定，社会主义的公共财产神圣不可侵犯，公民必须爱护和保卫公共财产。为此，每一个大学生首先都要确立社会的整体利益神圣不可侵犯的观念，自觉爱护公物，做到以主人翁的态度对待国家和集体财产，珍惜社会共同的劳动成果。其次，办一切事情都要遵循勤俭节约、艰苦创业的原则，反对铺张浪费。要合理开发利用社会和集体自然资源，反对急功近利的短期行为，要坚决反对损坏公物、化公为私的行为。

保护环境，是指要树立可持续发展观念，珍惜自然资源，保护生态环境，爱护花草树木、野生动物、人文景观，节约用水，防治废渣、废水、废气和噪声污染，维护公共卫生，不随地吐痰、乱扔垃圾。

保护环境就是保护我们生存的家园，就是维护人类的共同利益和长远利益，是爱护公物道德思想在新的历史条件下的新内涵。大学生要自觉树立可持续发展的观念，珍惜自然资源，保护生态环境。坚决反对一切破坏环境的行为。保护环境是当代社会公德之一，指人们在对待周围自然环境的态度和行为上所应遵循的道德规范（或准则）。人和自身生活其中的自然环境之间，本来是不存在道德关系的（因为道德关系只是人与人之间的社会关系）。但是，随着社会生产的日益扩大和自然资源开发的日益加快，如何对待周围自然环境的问题，成为直接关系当今人类生活和未来人类生存的严重社会问题。因此，社会应从包括道德在内的各个方面端正人们的态度和调节人们的行为。现在，不少国家都为此制定了相应法律及社会措施，中华人民共和国也为此颁布了《环境保护法》及其他相应法规。对于社会主义社会来说，在加强相应法治体系建设的同时，还应当逐步形成疏导和约束人们相应态度和行为的道德规范（或准则）。目前对自然环境的人为性破坏，突出表现为生态平衡失调和自然环境污染，以及由此所引起的对气候和人类健康的消极影响。社会主义社会现阶段的环境道德的主要要求是：每个人应有造福而不贻祸子孙后代的高度责任感，从社会的全局利益和长远利益出发，开发自然环境，发展社会生产，维护生态间的平衡，最大限度地保障人类生活环境不被污染。

在高速发展的现代社会，人与社会的关系，人与自然的关系成为人们关注的一个焦点。处理好人与自然的关系成为人们普遍关注的课题。人是自然之子，人在地球的生态中应该明确自己所占的位置。正是基于现代人高度的理性和对于自身命运的强烈关怀，充分关注环境的保护和发展成为衡量现代人道德素养的一个重要尺度。树立保护环境的意识，最根本的是要认识到自然是我们最根本的资源，地球是我们唯一的生存依赖。保护环境的意识还包括地球资源的有效利用和合理的人口发展。这都关系到我们的生存环境。所以，保护地球的环境意识所表现出来的不仅是对自身个体的关心，更重要的是包含了对整个人类命运的责任。是一种由己及人、由此及彼的情感升华。大学生的道德建设，毫无疑问也应该注入这种内涵。

（四）遵纪守法是每一位大学生的行为准则

遵纪守法，是指要树立法制观念，学法、知法、用法。维护宪法和法律权威，执行法规、法令和各项行政规章。遵守市民守则、乡规民约、厂规校纪和有关制度。

遵纪守法就是遵守党纪国法，法律、纪律体现社会公正、公平，法律纪律要借助强制手段来推行，同时也要借助人们的内在节制和主观努力来维系。是否遵纪守法，是最起码的社会公德，是每个公民应尽的义务和责任，更是每个大学生必须做到的行为准则。具体而言，要在以下若干方面起模范带头作用。

第一，牢固树立法律意识，自觉守法、知法、用法。依法治国是我们治理国家的基本方略，是发展社会主义市场经济的客观要求，是社会文明进步的重要标志。依法治国，建设社会主义法治国家，要求大学生必须加强法律知识的学习，增强法律意识、观念和依法办事的能力，养成学法、守法、用法的良好习惯。

第二，自觉维护宪法和法律权威，严格执行法规、法令和各项行政规章。我国的宪法和法律是人民意志的体现，是由国家权力机关通过民主程序制定的，是任何组织和个人都必须遵守的行为准则。法律面前人人平等，任何人、任何组织都不能超越法律行事。大学生必须带头遵守和执行法律、法规和法令、各项行政规章，自觉维护宪法和法律的尊严。

三、培育大学生的家庭美德建设与职业道德

（一）大学生的家庭美德建设

家庭道德是每个公民在家庭生活中应该遵循的行为准则，涵盖了夫妻、长幼、邻里之间的关系。家庭道德是在一定的社会历史条件下形成的，是规范家庭生活、调节家庭关系和约束家庭成员行为的道德准则。家庭道德具有很强的社会属性，既是家庭生活质量的保障，又是形成良好社会道德风尚的根基。因此，家庭道德建设是社会道德建设的一项重大课题。

家庭道德是维系家庭和谐幸福的精神支柱，是现代家庭是否健康向上、和谐融洽的标志。家庭的幸福与否，固然与家庭的物质生活水平相关，但更重要的还在于用什么样的价值观来指导和调整家庭生活中的各种关系。由于家庭成员在年龄、辈分、性格、文化、理想、志趣等方面的差异，家庭中的利益矛盾、兴趣冲突不可避免，这就必须用一定的道德规范来调整和约束家庭成员的行为，否则，家庭中就会矛盾冲突不断，甚至导致家庭破裂。

第一，家庭道德规范基本内容。《公民道德建设实施纲要》指出："要大力倡导以尊老爱幼、男女平等、夫妻和睦、勤俭持家、邻里团结为主要内容的家庭美德建设，鼓励人们在家庭里做一个好成员。"尊老爱幼，是指要孝敬父母，敬重长辈，关心他们的物质和精神生活，理解、尊重老人的意愿。精心抚养子女，以平等民主的态度对待孩子，鼓励他们自强自立，积极向上。男女平等，是指要尊重和保障妇女权益，反对歧视妇女；恋爱自由，婚姻自主，反对包办买卖；共同商量和处理家庭事务，反对大男子主义；生男生女都一样，反对重男轻女。夫妻和睦，是指夫妻间要互相信任，互相尊重，真诚相待。共同承担家庭责任，有福共享，有难同当。理解和支持对方工作，主动分担家务劳动。实行计划生育，做到优生优育。注意思想交流，增进夫妻感情，反对轻率离婚。勤俭持家，是指要勤俭节约，量力而行，量入为出，妥善安排家庭生活。衣食住行，合理消费。婚丧嫁娶，文明简朴。文化娱乐，丰富健康。反对盲目攀比、铺张浪费、好吃懒做、奢逸败家。邻里团结，是指邻里之间要以礼相待，互谅互让，互帮互助。心里有他人，不乱挤乱占公用场地和设施。发生纠纷，无理要认错，有理要让人。关心社区建设，积极参与社会活动。

第二，家庭道德建设的作用。家庭美德不仅对家庭起着至关重要的作用，而且对社会也具有强烈的辐射功能。家庭是社会的细胞，家庭成员也是社会成员，其道德意识和文明行为对社会公德和职业道德的形成有着重要的影响和作用，直接关系到整个社会的安定和团结。我国历代思想家都极为重视家庭伦理道德的作用，强调"修身""齐家""治国平天下"，强调家和万事兴。文明幸福的家庭是社会问题的"减压阀"，如果家庭关系处理不好，夫妻反目，婆媳相嫌，邻里成仇，必然会损害整个社会的安定和谐。因此，《公民道德建设实施纲要》指出："家庭生活与社会生活有着密切的联系，正确对待和处理家庭问题，共同培养和发展夫妻爱情、长幼亲情、邻里友情，不仅关系到整个家庭的美满幸福，也有利于社会的安定和团结。"

家庭道德对社会的安定的作用，主要通过个体道德化的途径来实现。

家庭作为人类的初级群体，它是个体与社会的中介，是引导个体走向社会的桥梁，在人的社会化过程中有着非常重要的意义。其一，家庭是人们的生活共同体，家庭成员在长期的共同生活中密切接触，有着相互影响和潜移默化的作用。其二，家庭成员的根本利益是一致的，子女是父母生命的延续，父母对子女进行教育的过程中具有高度的责任心和深厚感情。其三，子女从小生活在家庭中，心理上对父母有着强烈的依赖感和高度的责任感，易于接受父母的教育与训练。从这个意义上说，家庭伦理道德是个体与社会发生联系的润滑机制，当家庭伦理道德与社会公德、职业道德趋于一致时，个体道德的社会化就能沿着健康的轨道发展，从而保证社会正常秩序。

第三，大学生应该以正确的价值观搞好家庭道德建设。家庭道德是社会主义道德体系的重要组成部分，是调节家庭成员之间以及与家庭生活密切相关的人际交往关系的行为规范。在公民道德建设中，家庭道德建设是一块重要的基石，每一位大学生都应该从这个高度来认识家庭道德建设的重要性，用正确的价值观来处理家庭成员以及与之相关的人际交往的关系，始终坚持全心全意为人民服务的道德宗旨，每个家庭成员就是人民群众中的一个分子，而且是与自己关系最为密切的"人民"，倘若不能正确地处理好家庭关系，全心全意为人民服务就不过是高调，是奢谈。

因此，每个大学生都要以《公民道德建设实施纲要》中提出的家庭道德规范为准则，在家庭道德建设中发挥积极模范带头作用。

（二）大学生的职业道德建设

职业道德是所有从业人员在职业活动中应该遵循的基本准则，涵盖了从业人员与服务对象、职业与职工、职业与职业之间的关系。职业道德是同人们的职业活动紧密相关的，具有不同职业特征的道德规范的总和。一般来说，从事某种特定职业的人们，由于有着共同的劳动方式，经受着共同的职业培训和职业的熏陶，承担着共同的职业义务，因而形成了具有自身职业特征的道德观念、道德情感和道德品质。

第一，职业道德规范基本内容。《公民道德建设实施纲要》指出：要大力倡导以爱岗敬业、诚实守信、办事公道、服务群众、奉献社会为主要内容的职业道德，鼓励人们在工作中做一个好建设者。爱岗敬业，是指要树立正确的职业理想，干一行，爱一行，干好一行，脚踏实地，不怕困难，有吃苦精神，忠于职守，团结协作，认真完成工作任务，钻研业务，提高技能，勇于革新，做行家里手。诚实守信，是指要做老实人、说老实话、办老实事，用诚实劳动获取合法利益，讲信用，重信誉，信守诺言，以信立业，平等竞争，以质取胜，童叟无欺，反对弄虚作假、坑蒙欺诈、假冒伪劣。办事公道，是指要坚持公平、公正、公开的原则，秉公办事，处理问题出于公心，合乎政策，结论公允。主持公道，伸张正义，保护弱者。清正廉洁，克己奉公，反对以权谋私，行贿受贿。服务群众，是指要听取群众意见，了解群众需要，为群众排忧解难，端正服务态度，改进服务措施，提高服务质量，为群众工作和生活提供便利，反对冷硬推脱、吃拿卡要，抵制行业不正之风。奉献社会，是指要有社会责任感，为国家发展尽一份心，出一份力，承担社会义务，自觉纳税，扶贫济困，致富不忘国家，艰苦奋斗，多做工作，顾全大局，必要时牺牲局部和个人利益，反对只讲索取，不尽义务。

第二，爱岗敬业是职业道德的基础和核心，是社会主义职业道德提倡的首要规范。爱岗敬业是任何一种职业的从业人员的本分。我国近代学者梁启超说过，任何职业都是神圣的，因为人不仅为生活而劳动，也为劳动而生活，劳动、做事是生命的一部分。视职业岗位如同生命一样神圣，全心全意地热爱它，尽心尽力地做好它，就是爱岗敬业。爱岗敬业是一种高尚的道德情感，源于对自己所从事的职业价值的认同。有或者没有这种情感，会导致极不相同的工作态度和工作效果。在格外重视自我价值、"自我实现"的今天，只要有爱岗敬业的精神，每个人都能够在平凡的岗位上创造出不平凡的业绩。

第三，大学生是未来的建设者，要搞好职业道德建设，需从以下四个方面努力。其一，要树立正确的职业理想。一个人是否有作为，不在于他从事的是何种职业，而在于他是否尽心尽力地把所从事的工作做好。俗话说"三百六十行，行行出状元"。因此，将来无论从事什么工作，只要是对社会有益，对人民有益，就要做到干一行、爱一行、专一行，不能朝秦暮楚，见异思迁，得过且过。中华民族历来就是一个推崇敬业乐业精神的民族，素有"宠位不足以尊我，而卑贱不足以卑己"的职业价值观，非常鄙视那种"大事干不来，小事不愿为"的浮华习气。古今中外的杰出人物，没有一个是不热爱自己所从事的职业的，也没有一个是不乐意为自己所从事的职业而献身的。任何一个敬重自己事业的人，都会把这种爱表现在自己所从事的工作岗位上。再平凡的工作岗位，也能体现出崇高的敬业精神，能做出突出的成绩。离开了这一点，任何鸿鹄之志，都是不可能实现的。其二，要具有脚踏实地的工作态度。脚踏实地做好工作是爱岗敬业的具体表现，工作没有做好，爱岗敬业就是一句空话。做好工作就需要不怕苦、不怕累、不怕流汗水，具有强烈的事业心和责任心。

第四，要具有刻苦钻研、善于创新、勇于创新的精神。任何工作都有学问，所谓"行行出状元"。只有认真学习钻研工作中的学问，才能真正做到爱岗敬业。

现代社会里，要做到爱岗敬业，就必须树立追求卓越的志向。我们身处的市场经济社会，是一个充满竞争的环境。要参与竞争，并赢得竞争，就是要追求"最好""一流"，就是要追求卓越。只有卓越，只有"人无我有、人有我优、人优我新"，才能在激烈的竞争中始终处于主动的态势和领先的地位。面对快速变化的时代和蓬勃发展的形势，因循者和平庸者必然落伍，只有奋进者和卓越者才能与时俱进，始终站在时代前列。当然追求卓越不仅仅是绝对意义上的，它的实质在于一种精神气度和奋斗意志。特别是在快速变化和发展的现代社会，一方面旧事物不断遭到淘汰，另一方面，新的机会、新的事物也在不断获得生长和发育。即使一个人在某一领域可能会落伍和淘汰，但还有机会在其他领域获得领先和发展的机会。就这一意义而言，只要不懈奋斗，每一个人都有追求卓越的机会。

第五，诚实守信，是干好工作、成就事业的基本品质。"诚信"基本内涵，包括"诚"和"信"两个方面。"诚"，主要是讲诚实、诚恳；"信"，主要是讲信用、信任。"诚信"的含义，是讲忠诚老实、诚恳待人，以信用取信于人，对他人给予信任。诚实守信，是做人的基本准则，是职业活动中人们相互联系的凭借。

现代汉语中，人们已经广泛使用"诚信"概念，现代人对"诚信"的使用大多不再基于"诚"超越层面的本体论意义，而是从规范层面取其"诚实守信"的基本意义。但是，如果我们细察起来，"诚"与"信"的规范意义仍然是存在细微差别并各有侧重的。"诚"更多地是指"内诚于心"，"信"则偏重于"外信于人"；"诚"更多的是对道德个体的单向要求，"信"则更多的是针对社会群体提出的双向或多向要求；"诚"更多的是指道德主体的内在德性，"信"则更多的是指"内诚"的外化，体现为社会化的道德践行。当然，这种区分并不具有绝对的意义，二者是相互贯通、互为表里的，"诚"是"信"的依据和根基，"信"是"诚"的外在表现。正如北宋理学家张载所言："诚故信，无私故威"（《张载集·正蒙·天道》），"诚"与"信"共同保证我们的道德。

"诚信"首先是处理个人与社会、个人与个人之间相互关系的基础性道德规范。孔子讲"民无信不立",是指国家的统治者应取信于民,否则就得不到老百姓的支持。孔子讲的是国家与民众的关系。把孔子的话引申开来,在个人与社会、个人与个人之间,也可以说是"无信不立"。国"无信不立",统治者"无信不立",领导者"无信不立",家庭"无信不立",个人当然也是"无信不立"。在公民道德建设中,要大力倡导做老实人、说老实话、办老实事,以信待人、以信取人、以信立人的美德。

诚实守信,是做人的基本准则,也是职业活动中人们相互联系的道义凭借。在现代社会中,人与人之间的接触越来越广泛,越来越频繁,人们,尤其是原本不相识、不相亲的人,之所以能够彼此合作,靠的就是诚实守信。诚者,开心见诚,无所隐伏也;信者,诚实不欺,信而有征也。自古以来,信被视为一切德行的基础,是最基本的道德。中国传统道德讲"仁义礼智信","人无信不立",人不讲信用,就难以在社会上立足。在"江南药王"胡庆余堂的总经理室高悬的"戒欺匾"说:"凡百贸易着不得欺字,药业关系性命,尤为万不可欺。"这是创办人、著名的清朝商人胡雪岩于光绪四年立下的。重义守信,作为中华民族的传统美德,应该将它进一步发扬光大。信用是发展市场经济的道德前提。没有信用,交换就不能进行。在我国民间流传的格言中,有许多都是讲商业道德特别是信誉的重要性的。如"君子爱财,取之有道""诚交天下客,誉从信中来""诚信赚得字号久,谦和赢来顾客长""买卖不成仁义在"等等。做买卖是要赚钱的,但是也要赚得光明磊落,不能赚黑心钱。

诚实守信,要讲信用。信用是成就事业的根本。一个人没有信用,就不能与别人合作共事。我国著名的思想家、教育家孔子说过:"人而无信,不知其可"。诚实守信,历来是成就事业者的基本品质。在改革开放,发展社会主义市场经济的过程中,要求人们讲信用、重信用有着很强的现实意义。大学生要带头讲信用,带头与各种不讲信用的现象和行为做斗争,促进全社会养成诚实守信的良好风气。

诚实守信是现代社会互相合作的重要前提,也是市场经济条件下公平竞争赖以维护的重要准则。现代社会是一个高度复杂的大系统,社会生活必须依据各种规则有序地运行。其中法律是社会规则的一种成熟形态。但是,法无尽备、法无尽善,法律不是规则的全部。因此,还需要有诚实守信的道德,从人们内心深处来规范其行为。通过信守承诺,人们建立起健康有序的社会生活和群体生活。如果在这样一个高度复杂的现代社会里,每一个人都各行其是,互相欺诈,就没有群体生活和公众秩序可言。因此,就某种意义而言，来自道德层面上的自我约束比来自法律层面上的约束更为重要。法律约束仅仅在一定的范围内对人的特定行为产生约束作用，受到时间、空间及有关技术手段和执行成本的限制。而自我的和来自社会成员道德概念的道德约束更具有经常性、及时性和广泛性。当诚实守信成为每一个人的自觉行为和整个社会约定俗成的规范时，它就成了维护社会成员具体的个人利益和整个社会的共同利益的强有力的基础。

第四节 思想道德素养教育的新观念

一、适应与不适应：传统思想道德内容的得与失

在改革开放前的一段时期，应该说传统的思想道德是适应了我国的国情，能够较好地完成思想道德教育的任务和达到预期的效果。改革开放至今 40 多年，我国进入了一个全新的历史时期，所处的社会环境、经济环境、社会观念、思维方式、人际关系、生活方式等各方面都发生了深刻变化，大学生思想道德教育也要结合新的实际，重新审视传统思想道德教育内容的得与失。

（一）传统思想道德的内容面临新的问题

长期以来，思想道德教育坚持正确的政治方向，传播了马克思主义理论和先进文化，为培养我国社会主义事业接班人和建设者，做出了重要贡献。然而随着国际国内形势的新变化，社会多样化的趋势日益明显，教职工和学生的自主意识增强，他们接受的信息很丰富也很庞杂，他们的思想十分活跃，要真正把他们的思想认识统一起来，也不那么容易。如"三义"教育中的社会主义和集体主义教育内容在当前就面临着新的问题。在当代社会主义运动遭受重大挫折和当代资本主义发生深刻变化的背景下，如何解释社会主义是优于资本主义的社会制度并最终将取代资本主义这一命题？在提倡个性解放，注重个人价值实现的今天，又如何去教育人们将之与树立集体观念、关注并维护集体和国家利益有机地结合？在利益驱动原则盛行的今天，原有的"大公无私""毫不利己、专门利人""全心全意为人民服务"等提法是否还适合所有社会层面的人的教育？如今又该倡导怎样一种合理的易于让人信服和接受的价值观、人生观、世界观？这一切，都是大学生思想道德教育面临的以往不曾遭遇的矛盾和冲突。为此，我们

必须努力用新的视角、新的观点、新的语言，拨开思想疑团，廓清认识迷雾；用新的经验、新的认识、新的成果来丰富马克思主义的理论宝库。只有这样，才能增强马克思主义理论的说服力和战斗力，才能真正发挥思想道德教育的作用。

（二）传统思想道德教育内容脱离新的实际

传统思想道德教育内容主要以"三观""三义""三德"为核心。但原有的思想道德内容在当今背景下显得抽象和空泛，缺少和现实社会实际密切相连的具体的、实在的内容，缺少现实生活中的具体可操作的行为标准和参照体系，因而内容显得虚而不实，难以解释新的现实生活。如大学生思想道德教育在一定程度上没有较好解决涉及学生切身利益的如就业、恋爱、心理需求、个人发展等敏感问题，在学生心目中的地位不高，受理解和支持的程度不够。因而，思想道德教育一定要在"立意要高"的前提下，做到具体操作上"重心要低"，将思想道德教育的内容根据当今的社会形势背景、社会生活内容加以细化和具体化。大学生思想道德教育无论是理论上还是实践上都应积极开放，向其他学科敞开大门，吸纳现代文学、史学、美学、心理学等学科的知识。不仅要进行马克思主义理论教育、理想信念教育和公民道德规范教育，还要进行法律知识、市场经济知识以及国际经贸知识的教育，尤其要加强现代科技知识的教育。

（三）传统思想道德教育内容偏离新的主题

坚持改革开放，推动科学发展，促进社会和谐，全面建设小康社会是当今中国社会的主题，思想道德教育应紧密结合改革、发展和稳定过程中的现实情况，积极为之服务。新时期的思想道德教育，无论从其面临的国际国内形势还是广大干部群众在思想上存在的新情况新问题，都充分说明：简单地沿用老框框、老套套，不紧密结合实际予以探索和创新是没有出路的。但当前偏离新主题，脱离现实实际的情况还是相当严重。如不能针对国际国内形势变化的新实际，实事求是地、有针对性地加强对马克思主义中国化最新成果的学习和宣传，无法体现思想道德教育的积极作用；不能紧密结合干部师生在当前学习、工作和生活中产生的思想认识上的新问题，有的放矢，对症下药，理想信念教育浮于表层，更谈不上增强全民族的凝聚力和战斗力；不能针对市场经济运行过程中产生的新问题，采取切实有效的应对措施，社会主义道德教育无法切入，提高全民族的思想道德素养也就成了一句空话。

二、主体与客体：确立思想道德教育是人的工作的理念

主体与客体是人类一切活动的基本要素，它们的对立和统一贯穿于人类认识和改造世界的始终。在哲学上，主体是在与客体的相互联系、相互作用中而存在的，并且主体与客体也处在相互转化中。思想道德教育是一种关于人的对象性的活动，因而思想道德教育活动及过程必然包含主体与客体的问题。研究大学生思想道德教育主客体及其相互关系，尤其是科学地把握主客体对象的特点，科学地认识客体的主体性，对于大学生思想道德教育实践的发展具有十分重要的意义。

（一）大学生思想道德教育客体的主体性及其意义

思想道德教育主体与客体的区分，是为了强调党对思想道德教育的领导作用，强调思想道德教育应该坚持正确的主导方向，强调思想道德教育者应该承担起发动、组织思想道德教育活动的重大责任。由于大学生思想道德教育主客体的特殊性，即主体与客体都是具有主体性的人，不仅思想道德教育主体对思想道德教育活动有着重大的影响，思想道德教育客体的主体性也会在思想道德教育活动中发挥重要的作用。近年来，人们开始对大学生思想道德教育客体的主体性进行研究，认为高校学生接受教师的教育，是受教育者的角色，是客体，但他们是学校最主要的群体，应重视他们的积极性、能动性和创造性在思想道德教育中的发挥，并把它引导到正确方向上来，使之成为增强思想道德教育有效性的促进手段。因此，大学生思想道德教育要树立以生为本的思想，确立思想道德教育是人的工作的理念。

（二）大学生思想道德教育坚持以人为本的原则

坚持以人为本，就是一切从人民群众的需要出发，促进人的全面发展，实现人民群众的根本利益。以人为本是科学发展观的核心和本质，也是大学生思想道德教育的出发点和归宿。大学生思想道德教育坚持以人为本的原则，是指在思想道德教育中，重视人的价值，肯定人的作用，坚持一切从人出发，尊重人、理解人、关心人，充分调动和激发受教育者的积极性和创造性，以达到人的全面发展为目的的观念。

传统思想道德教育强调教育的社会适应性，忽视个体适应性，教育的目的往往以社会的规范和要求为依据来确定。传统思想道德教育还认为，在思想道德教育中教育者是主体，受教育者处在被动、服从的地位。在这

种观念的影响下，思想道德教育自我排除和否定了教育者与受教育者之间的良性互动，忽视了受教育者在教育过程中的主观能动作用，并由此形成了单纯强调知识的灌输，或者单纯强调行为的训练和管理的"说教式"和"管教式"两种僵化的教育模式。

大学生思想道德教育必须坚持以人为本的原则，开展思想道德教育时，要把提高师生素养摆在突出位置，坚持办好实事关心人温暖人，解疑释惑教育人提高人，寓教于乐引导人陶冶人，组织活动凝聚人满足人，弘扬先进激励人鼓舞人。思想道德教育的加强和改进为提高师生个体素养提供了外部条件，而这些条件只有通过个体的内在因素才能发挥作用。从人的素养形成和发展规律来看，人的素养不是外在于人的，而是在社会影响下引发人体内部身心发展而养成的。这就要求每位师生都要加强自我教育、自我修养和自我调适，将思想教育内容内化为自己的价值观念、行为规范、情感意志和行为模式，积淀成自身的素养，让师生在参与中自己教育自己，自己提高自己，增强识别各种错误思潮的能力。大学生思想道德教育必须坚持以人为本的原则，要从思想上、学习上、工作上以及成长与发展等方面关心教育对象，把思想道德教育落到实处，把开展思想道德教育同解决师生的实际问题紧密结合，把解决师生最关注、与师生切身利益联系最密切的问题，作为解决师生思想问题的切入口，通过为师生办好事办实事，使师生思想认识得到提高，矛盾得到化解。大学生思想道德教育坚持以人为本的原则，要求以提高师生思想道德素养为思想道德教育的出发点。

（三）尊重学生的主体地位

学校的一切工作都是围绕着培养合格人才这个总目标进行的。教师在人才培养过程中处于中心地位，是主导作用。然而，学生又是受教育的主体，是有主观意识的人。教师的主导作用只有通过学生这个主体的接受，才能体现出来。这就是学生的主体性。我们在探索思想道德教育的内容和方法时，要尊重大学生在教育活动中的主体性，坚持以生为本。大学生思想道德教育要始终为学生的成长进步与成才服务。思想道德教育者必须从"服务"的角度去理解思想道德教育工作的性质，探索适时实用的新方法。那种将学生置于被动受教育的地位，忽视学生的主体地位，居高临下式"灌输"的老办法必须改变。要特别注重把握学生的实际需求。只有符合学生实际需求的教育才能为学生乐意接受。我们的思想道德教育，如果不能深入了解和研究工作对象的内在需求，根据学生的所想、所需去确定教育的内容和方法,组织开展丰富多彩且喜闻乐见的生动活泼的教育活动,"通情"而后"达理",就很难使学生自觉地接受教育,思想道德教育也得不到广大学生的认同和支持。因此,思想道德教育者要不断提高自身的思想道德教育素养和教育引导学生的能力,经常深入学生之中,了解学生的需求,解决实际问题。

大学生思想道德教育者要切实克服以往那种居高临下的观念,要与学生平等相待,变单向灌输为师生互动,以交流为途径,以沟通为方法,创造良好的氛围,激发学生的主体意识。思想道德教育者要争取做到与学生心理相融,情感相通,注意调动学生的积极性,激发学生内在的潜力,注重把握学生的个性特点,引导他们能动地接受教育,学会自我教育。我们的思想道德教育如果不能切合当代大学生的思想实际,而是一味机械地灌输,就不会达到预期的实际效果,甚至可能引起学生的逆反心理,产生抵触情绪。大学生思想道德教育要面向每个学生,尊重、关心、教育好每一个学生,引导学生从自身内在需要出发,形成正确的需要层次和需要结构,通过思想道德教育最大限度地激发学生内在成才动力,发挥他们的主体作用,积极引导大学生提高自身素养,寻找正确的成才途径和方法,立足现实,放眼未来,自立自强,刻苦学习。

(四) 树立思想道德教育主体全员化的观念

在高校,思想道德教育主体具有广泛性,凡是有目的、自觉地影响学校师生政治觉悟、思想观念和道德行为的组织和个人,都属于思想道德教育的主体。从事思想道德教育的机构和人员是思想道德教育主体的核心部分,担负着更加重要的职责。高校要不断建立和完善党委统一领导,党政工团齐抓共管、分工协作,各级领导干部"一岗双责"的思想道德教育领导体制,形成"全员育人"的思想道德教育网络。全体教职员工要树立"教书育人、管理育人、服务育人"的观念,把思想道德教育渗透在教学、科研、管理等各项具体工作中去,为思想道德教育的开展提供可靠的组织保证。高校要培养造就一支既具有较高理论水平又熟悉思想道德教育的专职队伍,配备一支学历、年龄结构合理的辅导员队伍,明确任期和职责,做好大学生的党建工作和思想道德教育。同时要树立大学生思想道德教育也包括教职工的思想道德教育的理念。注意关心青年教师的生活,帮助他们解决工作、学习和生活中的实际困难。而教师自身要把握好自己的角色定位,在思想道德教育中发挥激励者、组织者、指导者和促进者的作用,为培养千百万全面适应社会主义现代化建设的高素养人才做出贡献。

三、与时俱进：对价值观、义利观、善恶观的再认识

当今世界正在发生广泛而深刻的变化，当代中国正在发生广泛而深刻的变革。这些变化和变革必然会带来思想的空前活跃，以及正确思想与错误思想、进步观念与落后观念的相互影响，同时人们的思想也呈现出一系列新的特点。对此，我们必须坚持马克思主义的立场、观点和方法，主动回应和解惑释疑，要突破传统观念的限制和束缚，不断更新教育理念，强化社会主义荣辱观教育，积极引导广大师生正确认识社会变革给思想观念带来的各种影响，分清主流和支流、正确和谬误，这是大学生思想道德教育的一项重要任务。

（一）传统价值观的"四个转向"

社会主义市场经济的建立和完善，导致社会价值体系的深刻变化。高校师生的价值观的变化则是这种社会变化过程中最为典型的。主要体现为以下"四个转向"：

一是由单一价值观信仰转向多元价值观信仰。出现了多种价值观并存的格局，价值及价值观的相对性和层次性显著增多。高校教师的价值观相对大学生来讲，较为单一、传统，而大学生的价值观更为现代、更为多元化。中、老年教师比青年教师更为单一、传统，价值观更为理想化。而在大学生中，研究生、高年级本、专科生的价值观相对低年级学生更为多元化，更为现代化。这种价值观的变化，与每个时代的人所接受的教育有关，与每个时代的国内外条件和社会背景有关。

二是由理想主义的价值取向转向务实主义的价值追求。随着社会开放度的扩大，人们的选择性加大。现今人们的思想价值标准逐渐从理想转化为实际，讲实在、讲实惠蔚然成风。这种表现同样也是青年人多于年长者，大学生尤为突出。教师中，年轻教师胜于中、老年教师。

三是由重义轻利的传统价值观转向义利统一的价值观。长期以来，高校教师的价值观中存在重义轻利，他们轻视物质利益，注重精神、和谐、平等、公平等基本价值取向，而现在这种传统的价值取向在中、老年教师中已有所改变。

四是由过去的集体本位价值观转向重视个人价值、权力和利益。改革开放以来，中老年教师的价值观发生了深刻的变化，重视个人价值追求的

现象较为普遍。青年教师和大学生有较强的自主意识，不消极依赖、盲目服从，要求发挥自我价值的欲望更为强烈，个人的发展有了更多的机会和更广阔的空间。

这些价值观的转变，主流是积极的，是适应和符合社会发展潮流的，是与市场经济的发展要求相吻合的，对社会、对学校的改革发展是有利的。但是，我们应清醒地看到，由于各种价值观的交错和碰撞，一些学生，包括小部分青年教师，出现了价值观上的混乱，在极少数教师和学生中，出现了信仰物化和信仰的失落，对理想、前途感到困惑和迷茫。为此，我们要注意到这些消极的负面的因素，要加强思想道德教育，在大力提倡现代意识、现代观念的同时，又要大力提倡正确的、科学的价值标准和价值理念，积极引导广大师生树立一种既注意个人利益和个人发展，又注意国家、集体利益的两者相结合的奋发向上的价值观。

（二）从"重义轻利"走向"义利统一"

在中国传统文化中有一种"重义轻利"的观念。古代的"重农抑商"，商业不登大雅之堂，是出于商业要讲"利"。中国文化中充满对"义"的崇拜，如"义不容辞""义无反顾""舍生取义"等等。我们在思想道德教育中当然要发扬这种"义"的精神，这也是一种民族精神。但是，在生活中我们往往走到另一个极端，即讳言"利"，把"利"视为恶，视为不道德。活生生把"义"和"利"对立起来。在这种观念支配下，形成不讲效益、不讲成本、不讲价值、不讲利润、不讲实际效果的状况。其结果，"义"也被架空了，成为空虚不实的东西。这种观念显然不能适应市场经济发展的要求。市场经济要求生产经营者以最少的劳动耗费或最少的资本投入获取最大的利润，求"利"成为基本原则。这个原则对于争取最佳的资源配置效果、尽可能提高劳动效率是必需的。因此，我们在思想道德教育中，要防止在批评"唯利是图"的时候，导致不讲"利"；防止在批评"一切向钱看"的时候，导致不讲"钱"。要知道，在当今时代，只讲"义"而不讲"利"，少数人可能做到，多数人做不到；短时间可能做到，长时间难以坚持。今天，在新的历史条件下，我们的思想道德教育应该走出"义善利恶"的认识误区，确立义利统一的新观念。

（三）对传统善恶观的再认识

在以"文革"为标志的"左"的思想影响下，一种把个人与集体、个人与社会的关系对立起来的绝对化观念，成了人们的思维定式。凡是讲个人的要求、个人的利益就是"私","私"是卑鄙无耻的，是不能容忍的，一切为"公"才是道德的、高尚的。这时候，人失去了个人意识，失去了自主意识，失去了主体意识，只留下并不具体的"集体主义观念""单位意识"。这种传统的善恶观和思维定式，使得个人缺乏创造精神，缺乏责任感和真正的主人翁精神。而这正是在计划经济条件下，我们的生产效率上不去，服务质量上不去的重要原因之一。

在市场经济的机制下，这种社会成员个人作用"疲乏"的现象得到了强制性的克服，每一个人似乎在无形的手的指挥下，为社会提供服务，并实现个人的利益。这样，人的能动性和社会的生机活力被激活了。我们的思想道德教育不能离开实际去进行。"大公无私""公而忘私"的精神境界应该宣传和提倡，"无私奉献""一心为公"的榜样需要树立和发扬，但对多数人来讲，这种境界难以完全做到，这种榜样的力量也是有限的，尤其是在劳动仍然是一种谋生手段的阶段。我们必须走出传统的善恶观的误区，在倡导奉献精神的同时，确立承认个人利益的观念，力求先公后私，公私兼顾，个人与社会一致的观念。

四、从单向的封闭式的灌输到双向的开放式的互动

灌输教育是思想道德教育的基本方法。在大学生思想道德教育中运用灌输的教育方式既是理论的需要，也是实践的需要。在社会各阶层甚至最先进的工人阶级中也不能自发地产生科学社会主义思想，而要靠学习、教育、实践。因此，灌输对于一切思想道德教育的对象都是必要的。但是，长期以来，由于单纯强调发挥人的主观能动性，思想道德教育中比较多的是采用灌输式的方法，也就形成了较为单一的理论灌输的教育模式。新的形势下，如何从单向的封闭式的灌输到双向的开放式的互动，增强灌输教育的实效性，是大学生思想道德教育中必须研究的一个重要问题。

（一）走出灌输教育的误区

在传统的思想道德中存在着一种重灌输轻启发的倾向，重教有余，重学不足，灌输有余，启发不足，采取的是"注入式"方法，是单向教育。教育者自觉或者不自觉地突出自己的角色地位，居高临下，生塞硬灌，进行说教；受教育者只能被动接受，不能主动参与，习惯于"你说我听，你打我通，你压我服"的简单做法。单纯灌输，不能深入受教育者个人的思想实际，不能真正获得来自受教育者的反馈效果。结果只能是教育内容不

能入心入脑，教育效果差，导致受教育者在思想道德教育中参与程度较低，削弱了他们的主体作用，降低了思想道德教育的实效性。

另一种倾向是认为灌输教育无用。这种观点认为在发展社会主义市场经济的条件下，搞经济、搞业务是务实，思想道德教育是软任务，可有可无。因此，思想道德教育无能为力，无所作为。随之而来，怀疑思想道德教育的作用，削弱思想道德教育，导致了"一手硬、一手软"的状况出现。这两种错误倾向，我们都必须坚决防止和反对。

灌输教育是指对受教育者进行有目的、有计划、循序渐进的马克思主义理论的宣传教育，全面宣传党的路线方针政策，系统传播先进文化和科学方法，从而根本上提高人们的思想觉悟和认识水平。灌输是教育过程的本质，而不是一种具体做法，更不意味着填鸭式、死记硬背、简单生硬的做法。随着改革开放的不断深化和市场经济的不断发展，人们的自主意识、平等观念日益增强，在思想上、政治上要求有充分的民主权利，在人与人之间的关系上要求平等相待，在人格上要求相互理解和尊重。过去那种居高临下的说教方式再也不为人们所接受。这就要求我们在进行灌输教育时要以尊重人、理解人、关心人为出发点，把教育者和受教育者放在同样的地位上进行平等的沟通交流和互动。只有这样，思想道德教育的内容才能进入人们的心田，输入人们的脑海，内化为人们的精神力量，产生良好的灌输效果。

（二）注重双向的开放式的互动

在大学生思想道德教育中，要既注重发挥教育者的主导作用，又注重发挥受教育者的能动作用。灌输教育有一个基本的前提，即思想道德教育者的思想素养、政策水平、知识水平和对先进意识形态的把握必须明显高于受教育者。然而，由于现代社会信息获取方式的多样化，以及人们对信息获取形式的改变，可能会出现受教育者对知识和信息的把握在量上或者在质上超过教育者，或在时间上领先于教育者的情况。因此，教育者与受教育者之间的关系必须由单向式教育发展为互动式交流，也就是实现从"单向灌输"的说教型教育到"双向交流"的疏导型教育的转变。

当今社会是一个开放的时代，当代大学生民主意识增强，推崇开放，思想道德教育的开放性、民主化也就成为必然。而单向灌输的方式违反了这样的原则，已经难以发挥思想道德教育的作用，因为只靠单向灌入、强迫命令会严重地挫伤和压抑受教育者的主动性和积极性，有时还容易导致被教育者的逆反心理，产生某些负效应，不适应大学生自我发展的需求，更难达到思想道德教育的教育目的。新时期大学生思想道德教育必须改变单一的灌输教育模式，实现从单向灌输模式向双向互动模式的转变。这样，既丰富了思想道德教育的内涵，扩大了思想道德教育的作用，拓展了思想道德教育的具体渠道和途径，又使思想道德教育更加科学化、民主化和现代化。我们要把思想道德教育作为一种平等的双向互动活动和交流过程，在这种情况下，思想道德教育由少数人的专利和特权成为每个人都可以运用的互助交流方式和手段，由单向的、单一途径的说教，变成双向的、多种途径的互助与共勉，使单方面被动地受教育变成双方面的相互促进和共同提高。

我们要充分发挥思想道德教育理论课和理论学习的主渠道、主阵地的作用，不断向教职员工和学生灌输马克思主义中国化最新成果和社会主义核心价值体系，组织大学生学习好基本理论、经典著作，掌握其基本内容和精髓。让学生们学会用邓小平理论去分析解答现实中存在的各种疑问和热点问题，解决和澄清思想中的一些模糊认识。新时期大学生思想道德教育要与时俱进，勇于开辟思想道德教育的新途径，不断加强和改进沟通机制；强化学生自我教育意识，激发学生的自我学习、自主教育的内在动力，发挥学生的主体作用；要建设用于开放式的双向互动的网络平台，推行开放式的双向的互动的思想道德教育模式，巩固大学生思想道德教育的网络阵地。

当前，还要着重抓好教职员工尤其是青年教师的理论学习，进行以理想信念、社会公德、职业道德、爱国主义教育为重点的思想道德教育，全面系统地将社会主义先进文化、正确的价值观念和道德观念灌输到青年教师的头脑中，教会他们用正确的思想理论去分析判断和借鉴吸收接触到的一切思想文化，保证正确的思想文化入脑入心，促进他们的思想道德素养的全面提高。

第四章　大学生人文素养培育

当今世界正经历着一场深刻的社会变革，科技的飞速发展，经济全球化的加快，青年价值观和社会意识多元化趋势明显，这些给当代青年学生的思想政治教育带来了新挑战。面对新形势，如何传承中华民族的传统文化，进一步推进人文素养教育，引导青年学生树立正确的人生观、价值观，是我们德育工作者面临的新课题。

第一节　人文素养教育概述

一、人文素养的内涵

人文在客观上通常是指人在适应、改变、创造自然、社会和思维中形成的人类各种社会文化现象，反映在哲学、文学、历史学、人类学、义化学、美学、艺术学范畴的概括和表达中，区别于由数学、物理、化学、大文、地理、生物等范畴反映的自然现象。

中国古代的"人文"最早见于公元前 11 世纪的《周易》："文明以止，人文也。观乎天义，以察时变；观乎人文，以化成天下。"这里的人文指的是与包括自然现象及其变化规律在内的天文相对的"礼乐教等文化"。唐孔颖达疏："圣人观察人文，则诗书礼乐之谓，当法此教，而化成天下。"《辞源》和《辞海》对人文的解释是"泛指人类社会的各种文化现象"。《后汉书》中也载有"舍诸天运，征乎人文。"唐李贤注："人文，尤人事也。"可见，"人文"一词在我国古代指文物制度和社会教化等文化现象，这与现代意义上的人文有着密切的联系。

在西方，"人文"一词最早起源于拉丁文 humanitas，发现于古罗马哲学家、政治家西塞罗的著作中，是西塞罗在翻译希腊文 paideia 时使用的。在拉丁文中，humanitas 的原意是"人性""人情""万物之灵"，而希腊文 paideia 相当于今天的"文化""教育"的含义。西塞罗用 humanitas 来表达一种教育理想，即通过教育和教化而使人获得完整、固满的"人性"，他同时也用这个词表示具体的课程体系，是古罗马时代成为真正的"人"即"公民"或自由民所必修的科目，包括哲学、语言、修辞、历史和数学等。humanitas

的核心思想，是把人作为一切活动的出发点和归宿。到了文艺复兴时期，"人文"一词成为反对神权，重视人的价值，尊重人的尊严和权利，关怀人的现实生活，提倡人的自由、平等的旗帜。随着科技的发展和科学主义的兴起，"人文"一词开始与"自然科学"一词相对称，泛指人类在精神文明、文化领域的各种现象。

综合中西方对"人文"一词的理解，人文即"人之所以为人"的各种属性。而人之所以为人，人比其他一切动物来得高贵，最根本的就是：人有意识、有理性，懂得遵守社会和为人的基本规则；人类有在自身历史进程中沉淀的各种文化；人类有求真、向善、爱美的品格。

何为人文素养？人文素养泛指社会成员在先天生理基础上，经过后大教育和社会环境的影响所形成的相对稳定的人文方面的综合品质及行为表现。它通常包括五：个方面内容：一是具备人文知识，二是理解人文思想，三是掌握人文疗法，四是内化人文精神，五是践履人文行为。其中，人文精神是人文素养的核心。人文精神主要表现在：在处理人与自然、社会及文化的关系时，突出人是主体的原则；在认识和文践活动中，以人的各种需要的满足为最终诉求，强调人是目的的原则；在人与物的比较中，强调人的价值高于物的价值、生命价值优先的原则；在人与人的关系中，强调相互尊重对力的人格尊严，突出人人平等的原则等。

人文素养与人文知识是两个不同的概念。知识是外在于人的东西，是材料、工具，是可以量化的东西；必须让知识进入人的认知本体，渗透于思想与行为中，形成一贯的、稳定的人格和品质，才能称之为素养。人文素养在涉猎了文、史、哲等人文知识之后，更进一步认识到，这些人文知识到最后都有一个终极的关怀——对人的关怀。人文精神的真谛，是对人的命运的关怀，对人的价值的肯定，以及对人生和生命意义的探寻。在人与自身的关系上，突出地显示讲理想、讲进取、讲守节、讲自律的精神境界和价值取向；在人与他人的关系上，突出地显示讲诚信、讲友善、讲包容、讲互助的精神境界和价值取向；在人与集体的关系上，突出地显示讲大局、讲奉献、讲合作、讲和谐的精神境界和价值取向；在人与社会的关系上，突出地显示讲法纪、讲文明、讲公平、讲安定的精神境界和价值取向。

二、人文素养的特征

（一）人本性

人本性是指人文素养教育以"以人为本"为基本理念。

人文素养教育的价值取向就是为了人、出于人、归于人的。自然不是作为纯客体的对象存在，而是对象化了的为我存在；社会不是作为外在于个人的异己力量，而是内存于个人的人的社会；人生的各种现象也不再是神秘莫测、不可捉摸的，而有其自身的规律和轨迹；人在自然界中具有崇高的地位，人的存在、生命的存在具有他物不可比拟和取代的普遍意义和价值。为此，人文素养教育弘扬人的个性、完整性、历史性，致力于人性的生成、扩展和人性境界的提升。具体地说，人文素养教育不拘泥于概念、事实、原理及技术的掌握，而是力促对个体和社会生活实践的人文反思，唤醒人的真正内在的人文需要，培养基本的人文素养，树立高尚的人文理想和人文精神，使之真切感受和体验到人性的美好和人生的尊严。

人文素养的培养，贵在从"己"做起，亦即古人强调的"修己"，其要旨在于学习的自觉性和内省性，它不仅是道德教化的基础，也是自我境界提高的关键。也就是说，人文素养的形成关键在于个人的内化作用。因此，人文素养教育不是仅靠灌输，而是要积极引导，激发学生的主体能动性。在教育方法上也要摒弃那种简单的"说教""训导"和"诫勉"。由此来看，人文素养教育的力式和方法也是坚持"以人文本"的，多采取"讨论""对话""实践"和"反省"教学方法。在讨论中，讨论各方的立场得以展现，在对话中对话双方的观点受到质疑，在实践中实践者感受人文素养和人文精神的价值，在反省中个体发现内心的矛盾与冲突。

（二）时代性

时代性是指人文素养教育是一个具体的历史的动态系统，它的内涵和外延既有历史继承性，也会随着社会的变迁而与时俱进。也就是说，不同的时代对人文素养的具体要求会有所不同，这也就决定了人文素养教育也要随着时代的不同而不同。

按照马克思主义的观点，精神生产随着物质生产的改造而改造。精神的东西含有认识主体的能动创造，但归根结底是一定历史时代人们的物质生活过程的必然升华物。因此，不同时代的精神表征，会有不同的内容和形式。由人文精神具有时代性，人文素养教育就不能脱离具体所在的环境和条件，去培养"一般""永恒"的人文精神。在今天，人文素养教育更要立足于建设中国特色社会主义的时代要求，批判继承历史上优秀的思想成果，大力弘扬广大人民在长期革命、建设实践中那些最珍贵的精神，使之凝聚成新条件下可贵的时代精神。

（三）民族性

这就是说人文素养教育所需要提升人的人文精神归根结底是民族性的。人类历史是一个基于社会基本矛盾的辩证发展过程。生产力和生产关系的对立统一，经济基础和上层建筑的对立统一，在不同的国家和民族会有不同的具体情形，这是人文精神所以具有民族性的根源。比如，在中华民族的历史上，注重社会责任，关心国家社稷，重视整体和谐，推崇公忠为国的整体精神和爱国主义精神十分突出。这种精神的形成，就是同中国社会特定的经济、政治背景和具体的历史特点直接相关的。总的来说，人文素养的形成和培养离不开各个民族、国家特有的历史和文化发展。中国人的人文素养的形成有其特有的文化背景和历史特点，因此，人文素养教育要研究和吸取中华民族的优秀文化和独有的民族品质和民族精神，这是人文素养教育民族性的根本要求。

还要说明的是，承认人文素养教育的民族性不等于否定其开放性，也就是说，人文素养教育既要体现中华民族的独立和尊严、进步和发展，坚持自己民族的精神发展的主体性，同时，又要积极学习、借鉴、吸收世界上其他民族的文明成果。就像《共产党宣言》中指出，随着世界市场的开拓，在当今的世界，各民族间优秀文化的开放形成互相吸收、互相发展的关系，并日益成为历史发展的潮流。因此，人文素养教育在坚持民族性的前提下，要博采众长，以更好地丰富自己的民族文化，促进各民族文化的和谐交融和共同发展。

三、培养大学生人文素养的意义和作用

（一）是时代的要求和需要

今天的大学生是面向世界、面向新世纪的新一代，他们面临的是一个知识经济时代，是一个靠人才进行全面竞争的时代。新时期大学生是新世纪高级专门人才的预备队，时代对其寄予厚望的同时，也对他们提出了前所未有的高要求。现代社会的快速发展要求大学生必须具有相适应的文化品格和全面素养，单纯的科学知识已不足以使人成为真正有利于未来社会发展的一流人才。新时代的大学教育已不能是单纯的职业教育，不是只为了学一门专业和掌握一项技术，而是要培养具有较高文化素养和文化品格的全面发展的人。因此，大学教育不仅要注重专业教育即科学技术教育，更要注重文化素养和文化品格教育即人文教育。"重科技、轻人文……重专

业、轻教养"的教育观念必须加以改变。

（二）是经济发展和社会进步的需要

社会中有许多人认为，搞现代化建设，一是要有资金，二是要有技术，别的都是次要的。实际上，现代化建设归根到底要靠人，人才的素养是现代化建设成败的关键。现在人们常说，能源、交通是经济建设的"瓶颈"，这当然是对的，但从长远看，影响经济建设最大的"瓶颈"无疑是国民的文化素养和文化品格。无论是从实现经济体制与经济增长方式两个根本性转变来看，还是从实现物质文明和精神文明共同进步、经济和社会协调发展来看，都要求教育致力于提高国民素养。特别是肩负培养高层次、跨世纪、高素养专门人才重要使命的高等教育，更要着眼于提高学生的全面素养，特别是人文素养。现在和今后一二十年我们培养出来的学生，思想道德和科学文化素养如何，直接关系到 21 世纪中国的面貌，关系到我国现代化建设战略目标能否实现，关系到我们国家和社会的走向。

（三）是学科发展的需要

20 世纪科学的发展，一方面表现在原有学科分工越来越细，研究越来越专业化，新兴学科不断涌现；另一方面表现在学科间的交叉渗透，自然科学和社会科学综合化趋势越来越明显。在实际中，学科的发展从低水平的综合走向分析，现在又走向高水平的综合已成为一个重要的趋势。以工程学为例，美国国家工程院院长奥吉斯丁认为现在工程学已进入了一个社会工程时代。他说，现在的工程是不同学科的综合，要求工程师善于研究跨学科的难题且能取得突破。当前，为适应这种学科交叉、文理渗透的发展趋势，对大学生进行"通识"教育（而非"通才"教育），培养文理结合、能够综合创新的复合型人才，已成为国际教育改革的新潮流。

（四）培养丰富创造力的优秀人才的需要

《高等教育法》规定，高等教育要培养面向 21 世纪具有创新精神和实践能力的高级专门人才。因此，我们必须重视学生的创造力培养。著名科学家钱学森说，创造性思维往往在不同学科知识和思维方式的交叉渗透中产生。他自己是搞科学技术的，但是在哲学中颇有造诣，对艺术也很有研究。据统计，世界上各个领域的 1 000 位有杰出贡献的人物中，百分之七十八都接受过良好的音乐、美术教育。这说明艺术教育对一个人精神境界的升华，想象力、创造性的开发及思维方式的拓展有不可低估的影响。在经济发展迅速的美国、日本、韩国等很多国家和地区，人们也越来越强调人文精神、文化素养的重要性。任何一个积极向上的国家和民族都不愿意在现代化进程中损害本国、本民族的文化精神。在经济发展中坚持和发扬本国优秀的传统文化并汲取他国优秀的文化成果，比吸收消化国外先进技术艰难得多。关注经济发展与人的道德、伦理、精神相协调，合乎逻辑地成为当今世界教育改革的共同趋势。

（五）是人才竞争的需要

当今世界各国的竞争主要表现在两方面：一是表现为经济、国防、科技的竞争，二是表现为人才的竞争、人才素养的竞争。谁在人的素养上占优势，谁就将赢得国际竞争的主动权。我国只有加快教育改革的步伐，在人才培养上更新观念，从青少年抓起，从人文素养教育入手，提高人的综合素养，才能适应新形势下人才竞争的需要。知识经济时代是人进一步走向全面发展的时代。人的全面而自由的发展，离不开人的人文素养的提高。人的人文素养的提高，既是人的全面发展的内容，是社会进步与发展的内容，也是人的专业能力、业务素养发展的必要条件。从某种意义上说，人的专业能力、业务素养只是人的全面而自由地发展的条件；而人的人文素养，即思想境界、精神情操、认识能力、文化教养，才是人的全面而自由地发展的标志。

（六）帮助塑造青年理想人格

所谓人格也就是指人的信仰和情操、态度和兴趣、气质和素养以及价值观的总和，它是人的内在素养与外在素养的统一。人格的核心是人的内在素养，即人的精神境界和思想意识。我们知道，推动一个国家的经济发展和社会进步，必须依靠内在的动力，这种内在的动力来自于人的素养，建设现代化的国家必须依靠具有现代素养的人，具有现代素养的人首先要具有健康理想的人格。传授人文知识，可以帮助青年确立人生航向，树立正确的人生观、价值观，可以帮助青年拓展思维、陶冶情操，可以培养青年爱国主义精神、集体主义原则和职业道德操守，可以提高青年的人性修养。

四、大学生人文素养教育的现状

（一）大学生人文素养教育的现状

近年来，高等教育得到了快速的发展。但由于受市场经济负面效应的影响，高等教育普遍呈现急功近利的浮躁心态，重视知识灌输和技能训练，而忽视心灵教化和人格培养，导致部分大学生社会公德失范、人生观迷惘、价值观混乱以及"有知识无文化"等人文素养严重缺失的状况。相当一部分大学生人文、社会知识贫乏，对文学、历史、哲学、美术、音乐等人类共同的精神财富，表现得非常幼稚和浅薄。这种情况将严重影响高等院校的人才培养质量。人文素养欠缺最终会成为职业素养提高的制约因素。因此，作为培养技术应用型人才基地的高等院校，必须以素养教育的理念为指导，加强大学生的人文素养教育，避免人才的"畸形"发展，以适应未来高素养人才的需求。　高等院校人文素养教育存在的问题具体表现有如下：

1．欠缺人文知识，人文素养偏差

目前，高等院校普遍不重视人文素养教育，很多院校削弱甚至取消了人文素养教育课；高等院校的大多数学生也抱着实用主义的态度，偏向于学习"有用"的知识，放弃人文知识的学习。有些学生的文学艺术修养、语言表达能力、文字书写水平远没有达到大学生应有的水平。他们除了在课余时间参加一些社团活动，很少主动接触哲学、历史、文学、艺术等有关人文社科方面的知识。在他们看来，拿到专业技术某个等级的证书就意味着自己具备了相应的能力，而掌握人文知识与提高职业能力和就业无关。事实上，掌握人文知识与提高能力是辩证统一的。人文知识可以内化为一个人做人处世的能力，可以积淀为一个人内在的文化素养。作为一名中国大学生，应对人类的文化遗产、对中华民族悠久的历史文化有所了解，特别是对中华民族所特有的文学艺术和伦理情操有所掌握。

2．缺失人文精神，人格塑造比较困难

当前，高等职业院校学生的人文精神缺失，造成了很多学生缺乏坚定的理想和信念，缺乏明确的人生目标和精神追求。而中华民族的优良传统在不断流失，民族自尊心和自豪感在逐步淡化，崇尚西方生活方式和价值观念的现象在蔓延和发展，这与时代的发展和人才激烈竞争的趋势很不适应。有些大学生缺乏积极奋进的人生理想，除了专业技术知识，对其他知识都不感兴趣，因而思想苦闷，精神压抑，消极悲观，无所事事；有些学生的独立性、自主性意识增强，渴望实现自我，但对他人和社会没有责任感，集体意识与合作意识淡薄；有些学生热爱美和追求美，但由于人文素养太差，加之受西方社会生活方式的影响，狂热崇拜歌星、影星，盲目追求时尚乃至低级、颓废的生活；有些学生缺乏正确的人生价值导向，认为人与人之间是你争我夺、尔虞我诈、互相利用的关系，注重功利性，讲求实用主义，满足于感官刺激和及时行乐。这些问题的出现，虽然原因是多

方面的，但学校教育方面的缺陷造成学生人文素养、人文精神的缺乏，不能不说是一个重要因素。

3. 缺乏人文素养，道德素养不高

当前，大学生的道德修养状况也难让人满意。在学生中有的只关心个人得失，缺乏"天下兴亡，匹夫有责"的社会责任感；有的只顾个人利益，不关心别人痛苦，缺乏团结互助、舍己为人的集体主义精神；有的追求物质享受，生活上相互攀比，缺乏勤俭节约的思想；有的经不起困难和挫折，缺乏意志和毅力；有的不善于协调人际关系，封闭孤独，萎靡不振，缺乏宽容，缺乏青春活力。长此以往，我们的大学生就难以担当民族振兴的伟大历史使命，构建社会主义和谐社会的目标也难以实现。我国老一辈科学家都十分注重自身人文素养的培养，充满着爱国激情。如地质学家李四光、物理学家钱学森、气象学家叶笃正等，都在祖国需要的时候，毅然放弃国外优越的物质条件和优厚的生活待遇，冲破重重阻力，甚至冒着生命危险回到自己的祖国，在极其艰苦困难的条件下为我国科学技术研究、为"两弹一星"上天、为航天工业发展做出了卓越的贡献，他们为我们树立了榜样。

（二）大学生人文素养缺失原因分析

大学生人文素养的现状不容乐观，造成这些问题的原因是多方面的，主要表现在如下几个方面。

1. 社会因素

市场经济的利益驱动，社会风气的急功近利，促使高等教育的功利主义活跃，人文精神减退。

工业化以后，工业发展需要科技人才，使培养科技人才的高等教育成为工业资本的附庸。于是，高等教育的功利主义增长了，人文精神减退了，这在世界许多大学里形成一种顽疾。在中国，悠久的重文化、重修养的人文传统也逐渐淡化，相关的教育被削弱了。这种顽疾的突出表现是：科学技术教育基本取代人文教育，现代文化教育基本取代传统文化教育，人文学科成了科技教育大潮中的一种点缀。

我国改革开放以来，建立了社会主义市场经济体制，使社会生活在各方面都发生了极大变化。科技对社会发展作用的凸显，使人们对科技产生崇拜感，似乎全人类所面临的各种问题都可以凭借科学技术来解决。这使大学教育和大学生关注的目光聚集于科技，人文教育的作用受到严重挑战。

尤其面对就业压力，高等院校的办学者和学生更多考虑的是能否找到一份合适的工作，所以他们会更关注实用性强的学科，能学工就不学理，能学理就不学文，学文的也只热修金融、管理，不愿接触文、史、哲。学生的大部分时间、精力会花在考取各种证书和英语的过级考试上，即便在课余时间阅读一些人文书刊，也多为消遣解闷，而真正有目的地去提升自身文化素养的寥寥无几。

2. 学生因素

作为接受教育的主体，高等院校学生的自身人文素养培养无不与他们自己的文化起点、学习态度、学习兴趣、生活方式息息相关。数据分析表明，缺乏正确的学习目的和端正的学习态度是主要原因。功利主义、实用主义价值导向左右着高等院校大部分学生，他们不再去寻求人生的价值意义，唯愿求实惠、重功利，文化精神不讲，底蕴内涵不要，自视清高却又意志薄弱，面对变化茫然无措，困惑之中难以自拔。因而，也就不难看到即便是在"两课"等必修人文课程的课堂教学中，学生也多是为应付考试，抄抄笔记，抄不下来就干脆去拷贝老师的讲义，甚至课本也不想购买，或即便买了也懒得去翻。教学内容也无心思考，考试一过，知识就忘得一干二净。学生对哲学、历史不知所以，对高雅艺术一无所知，语文功底一塌糊涂，写不出实验报告，写不成文章，写不好论文。

3. 学校因素

近年来随着教育体制的改革，学校虽然比以前更重视学生整体素养的培养和提高，但学校教育还远未从应试教育的束缚中解放出来。应试教育使各门课程的教学跟着中考、高考的指挥棒转。接受这样的教育而走进高等院校的学生，通常知识范围狭隘、文化底蕴极其浅薄。而现今高等院校又多为理工学院，不言而喻，它更多按行业、职业需求来培养专门人才，注重传授实用技术和培养学生技能，人文教育自然被挤向边缘。即便在一些院校的个别院系偶尔开课，也大多是可有可无、形同虚设，更多的是出现人文教育"盲点"。

4. 教育理念的影响

高等院校教育理念存在着诸多误区，是制约人文素养教育的深层次原因。主要表现如下：①在人才培养目标的定位上存在误区。存在着功利倾向，过分强调针对性和实用性，只注重对某一方面操作技能的培养，忽视对学生基本素养的培养，把高等教育当成了某种特定职业的专业知识培训，使得人文素养教育没有得到应有的重视。②对"必需、够用"原则的理解上存在误区。以强化动手能力为借口，曲解"必需、够用"原则，对人文基础课进行了大刀阔斧的砍减，忽视了学生可持续发展能力的培养，从而削弱了学生的发展后劲。③存在着把专业技能教育和人文素养教育对立起来的误区。习惯于把专业技能教育之外的课程称作人文素养教育课，似乎人文素养教育是专业技能教育之外的某种添加成分，而没有把人文素养教育当作贯穿于全部教育教学活动之中的根本原则和教育理念。似乎人文素养教育只是人文基础课教师的任务，而不是全体教师教书育人的共同责任。

第二节 大学生人文素养培育的主要内容

功能，就是事物所发挥的有利的作用。从教育与人的发展、教育与社会的发展两条基本规律出发，大学人文素养教育的功能就体现在促进个体成长与社会进步两方面，两者又以"国民素养的提升"为连接点。为此，要建立人文素养教育的三个系统：一是从文史哲等基础人文学科出发，开展人文知识的传授，建立普遍的人文知识系统；一是从"以人为本"出发，开展人与自我、人与他人、人与社会、人与自然四个关系的认识，建立完整的人文思想系统；三是从人的知、情、意的心理结构出发，建市求真、向善、尚美相统一的和谐的人文精神系统。三个系统相辅相成，统一于个体的健全人格之中，并最终推动社会精神文明的进步。

一、对人文知识的传授

格物致知是教育的出发点，大学人文素养教育首先要以基础人文学科为载体，开展人文知识的传授，建立普遍的人文知识系统。人文学科是人文知识的载体，它是人类关于人文领域的主要学科，它以人类精神文化生活为研究对象，帮助人们理解生命的价值，对人的人生观、价值观起到直接的影响。文学、史学、哲学，并称"文史哲"，是人文学科的基础和经典学科。这主要是因为文史哲教育教人认识人的本质，教人建立自身的价值体系。人文学科探讨人的本质，就在于揭示、确立具有历史合理性的价值取向和理想追求，批判、解构以往的过时的价值体系，建立一个民族在一定时代的价值体系，即体现着时代精神和民族精神的新的价值体系。

（一）哲学

人们通常把哲学称作"世界观理论"。哲学处在一切学科的顶层，侧重对形而上问题和终极命题进行研究，它是对基于普遍联系的世界整体的本质的揭示与说明；是把"整个世界"作为自己的思考对象，用马克思主义的观点来表述，哲学是理论化、系统化的世界观，或者说是人们世界观的理论体系。

哲学是一种世界观，但同时也是一种方法论，即是一种思维方式。世界观与思维方式是哲学这枚硬币的两面，因为任何世界观的发生都是实践需要的产物，它在运行发展中必然要转化为人们思考问题的理性工具，即一定的思维方式。哲学可以营养人们的思想土壤。哲学是一个民族文化中最精致的部分，因为它站在高处，对各个具体的学科做出反思、批判、抽象和概括，找出最本质的联系。哲学是它所处时代的精华，是那个时代人类文明孕育的灿烂成果。哲学可以锻炼人们的思维能力。哲学提供的是关于事物和现象的本质和根源的知识。哲学可以解答现实人生的疑惑。一个人在现实生活中会遭遇到纷纭复杂的事物，难免会陷入迷茫，向哲学的价值就在于，任何事物的运动规律都逃不出它的范围。学好哲学，就掌握了一般规律，有助于认识特殊规律，有助于分析矛盾、解决问题。哲学可以提升人生的境界。哲学对人的精神生命有着极高的启示性，它开阔人生观的眼界，提升人生境界。

（二）史学

我是谁？我从哪里来？这样看似最原始但又是最终极的问题，表达了人对自身归属的追寻，这就是"历史"教育之根。

史学在整个人文和社会科学领域中处于一种主导的地位，一方面，史学主要研究人类如何创造历史活动，包括人类社会历史发展的内在动力、历史的发展规律等等。史学虽然立足于过去的历史，但却是一门动态的人文科学，它是通过帮助人们认识和掌握历史发展的规律，进而认识人类自己；另一方面，它以整个人类社会的发展过程和规律为研究对象，因此它的研究成果对各门科学都具有广泛的借鉴作用。史学为许多学科的创建和发展积累了丰富的思想资料，影响和推动了其他各门科学的发展。

史学以研究过去的社会为起点，以服务于现在社会为归宿。学史对于培养大学生的理想、信念、道德和情操，均有不可低估的作用。一是使人明智。史学源于人类自身的历史活动，具有比一般学科更为古老的历史。

历史给人以启示，为现代人的生活提供了方向，二是让人爱国。历史知识的学习，可以陶冶人的情操，升华人的精神、启迪人的智慧、激发人的热情，增强对社会和民族的自豪感和责任心。

学历史，首先要有正确的史识。史识要通过读"史"书来获得。读"史"书，千万不要读"死"书，要通过故纸堆看到鲜活的当时的人和事，更进一步的是读到当时的精神气质。学历史，更重要的是史鉴。学历史不是单纯地解释历史，而是把历史当作一面镜子，照见过往的是是非非，特别是要吸取历史的教训，这就是后车之鉴的意思所在。

（三）文学

文学是人们对自我、生命的认识的艺术化表达方式。文学以独有的审美的方式，使人们更形象直观、更细腻微妙、更犀利深刻地认识自己、认识世界，从而理解人生的价值，理解生命的意义。与其他的意识形态门类相比，文学对人的反映主要有两个特点。第一，文学是人类的思想、意愿、情感的表现，是人的心灵世界的呈现。虽然文学也能忠实地记录人类所经历的外在的社会生活，但它更侧重对情感的表现。第二，文学表现人的感情，不像哲学那么抽象地观照，不像历史学那么忠实地再现，也不是通过议论或者说理，而是通过动人的形象来反映人类的丰富的思想感情。

我们需要文学，是因为文学是人类追求精神自由的必需品。文学教育本质上是一种审美教育、情感教育。通过文学开展审美教育，培养人的高尚情操、优美感情，无疑是对人生的丰富和提高。一个人如果懂得艺术和审美，他的心灵就比一般人更开阔、更柔软，更通情达理，更具有人性，他也就超越了自身的局限性和古人以及未来的人站在了一起，因为美感是超功利的，是可以相通的。这一刻，超越了现实的局限，获得了精神的自由。人生境界从根本上说，不是取决于外在的物质、金钱或权势，而是内心的充实感和幸福度。追求高尚的境界是自古以来人生最美丽的文化现象之一，而人能否达到内在心灵和精神修养的高度，离不开艺术境界的熏陶。"艺术境界主于美"，对美的追求是与生俱来的，在人的内心渴望摆脱各种功利的干扰，进入一个自由、纯净的审美世界，静观万物皆自得，在现实的这一刻追求自由和幸福。从这个意义上说，艺术比宗教更高尚。

二、对人文思想的启迪

大学人文素养教育还要从"以人为本"出发，开展人与自我、人与他人、人与社会、人与自然四个关系的认识，建立完整的人文思想系统。人文思想是以人为出发点的思想。

（一）人与自我

对大学生来讲，人为什么要活着？如何自我选择和自我实现？如何面对成长的烦恼？如何面对生存的苦难，都是他们经常思考而往往困惑的问题。

第一，正确认识自我和人生。人生只有一次，因此我们都格外地敬畏生命。一个人最难认识的是自己。但是人必须认识自己，正确认知自我并不容易，而自我认知偏差倒是常有的事。大学生中常见的自我认知偏差就包括：过度的自我接受（自负）、过度的自我拒绝（自卑）、过强的虚荣心、过多的自我中心、过多的从众心理等等。大学人文教育要帮助大学生克服口我认知的偏差，树立正确的自我认知观。

第二，树立自己的人生信念。人文教育应该教会青年人真挚地追求有意义的人生道路，尽快树立属于自己的坐标系，开辟有意义人生的途径。

第三，生动地自我选择和努力地自我实现。人的一生，除了出身一事，其他的一切都是由自己选择而来。与过去相比，当今的社会更加开放和包容，蕴藏着丰富的机遇，但是路径太多反而让年轻人无从选择。自身的局限性和选择的多样性常常是高年级人学生非常纠结的矛盾。只有具有选择的自觉和自主，才有人生后面的自我实现。自我实现的人最终所爱恋的是价值而不是职业本身。当一个人赖以谋生的职业，与其学有所成的专业，以及其由衷热爱的事业之间实现了统一，那么我们基本上可以说他达到了自我实现。

第四，正确面对人生的苦难并进行自我调节。现在的大学生面临的压力要比过去的大学生大，学习压力、经济压力、情感压力、工作压力、关系压力，在种种压力面前，心理承受力比较差的同学就容易表现出缺乏自信、焦虑、易激惹、抑郁、冷漠以及现在经常被人们挂在嘴边的"羡慕嫉妒恨"等种种极端情绪。随着生活节奏的加快、经济结构的变化，人与人之间的竞争加剧，种种精神疾病和心理障碍均呈上升趋势，对人类的健康构成潜在的威胁。大学人文教育要加强心理健康教育，要让大学生明白没有疾病只是健康的最低要求，健康的目标应该是追求人生更积极的境界、更高层的适应和更充分的发展。一个健康的人，应该能适应紧张，承受压力和挫折，积极安排自己的各种活动，通过自我调节，使自己的心理、精神和情感融为一体，使人生更丰富多彩、更充满生机和富有文明意义。

（二）人与他人

世界在具体的个人那里首先打开的往往是人与人之间的维度，正是在这个维度中，我们体验到作为个体的"自我"以及同样作为个体而存在的"他者"。对人的认识离不开对人与人之间关系的认识和处理。

处理自我与他人之词的关系，关键是要处理好自我与他人的利益关系，尊重他人利益和集体利益。利益主体之间难免有矛盾，但是都要遵循社会公平的原则以及人道主义精神。对于人与人之间的理想关系，孔子精辟地概括为一个手"仁"。"仁"字拆开看，就是"二人"即"人与人"，"仁"就是讲如何处理人与人之间的关系，《论语》通篇讲"仁"字，其基本原则就是"仁爱"的精神。孔子由人性之仁爱的次序，由近及远，以论人人亲其亲长其长而天下。儒家提倡"仁爱"思想的目的是维护封建社会的政治伦理，是中国古代的人性和人格的实现方式。今天，在现代民主精神的观照下，我们更多地提倡人道主义和利他精神。人人平等、人人自由的意识得到普遍认同，在更高层面上看，利他和利己是一致的。

（三）人与社会

人与社会的关系认识可以具体分为两个关注的视角：一个是人与国家，一个是人与世界。

1. 人与国家

当我们谈到人与国家的关系时，最常说的价值观是爱国主义，但是一个人对国家的认识是从家族、家乡开始的。中国人具有浓厚的乡土感情。传统的爱国教育就是从乡土教育入手，从身边、脚下的这块土地开始，从祖祖辈辈生息繁衍的土地开始。现代人最大的精神危机是自我迷失，也许最初的、最根本的丢失就是与这种"根"的教育的缺失。某些"爱国主义"和"爱国主义教育"之所以流为空洞的口号，难以深入人心，就在于它没有深植入精神之"根"，没有"乡愁"，何来"国恋"。

国家又总是和民族联系任一起。我国现在面临着现代的转型，当代的中国人都有一个如何面对故土的历史与现实，而将自己塑造成"现代国人"的问题。中国现处于内部矛盾错综复杂的时期，陷于多重利益格局、多层社会结构和多元文化思潮的压力和矛盾之中。在这种情况下，保持国内的团结至关重要。现代中国需要的人才，需要有深厚的优秀的民族文化底蕴，能以民族国家内部的经济利益、社会福利、政治民主、社会公平、法制和道德建设为己任，不断贡献自己的智力和能力，特别是具有知识、财富、权力等资源的精英分子更应该意识到各自的社会责任，在公其对活和政策制定中，用社会责任意识来平衡个人主义。

2. 人与世界

当今世界已经进入一个全球化的时代，现在的每一个人，不仅是某一个国家的公民，而且也是世界公民。在当今世界上要处理好两个问题，一个是如何遵循全球认同的行为规则体系，即关于政治、经济、文化、司法等诸多方面的双边、多边国际条约和国际惯例，维持共同的文明用面。文化作为人的生存方式的表现，同样是差异与共性并存，文化差异背后的共性就建立在基本的人类共性上，这是人类不同群体以及文化间实现沟通的基础。要教育新世纪的大学生，尝试用全人类而非狭隘的民族的眼光，来关注我们这颗星球所发生的宏大事件与国际难题，比如自然灾苦、环境污染、资源枯竭、人权保障、大规模杀伤性武器扩散、人口增加对地球生态系统的压力、种族宗教的矛盾和冲突、能源问题、跨国犯罪，等等。

但需要注意的是，现在的全球化是以欧洲近代文明为原点，不断向全球辐射，逐步把世界纳入到一个全人类认同的基本价值和行为规则的体系中来的过程。中国文化是一个迥异于西方文化的文化类型，其自身的古老性、早熟性、连续性、集体主义精神都在西方世界的眼中充满着神秘甚至浪漫的色彩。但是由于文化侵略，社会强势集团把自己的价值偏好强加于社会从而对文化个性施加重大影响。如今，文化之间的交流、交融、交锋加剧，中华文化受到一定程度的轻视和挤压，甚至出现淡化和消逝。文化多样性是世界的财富和资源，尊重差异才能谈到互补、合作与共赢。我们既不能固守民粹主义，也不能放弃民族价值观和文化地位。

（四）人与自然

人是大自然的一部分，大自然永远是养育人类的母体，也是人类发展的最后界限。人只能在大自然提供的限度内获得发展。所谓"人定胜天""战胜自然"的说法，其实是人类给自己编造的神话。人类迄今所取得的文明成果，无非是照着大自然塑造人的法则，回过头来塑造大自然而已。

21世纪的教育应该学会关心，教育特别是高等教育应该在人类拯救自己的命运中发挥强大作用，致力于调整人与自然的关系，为自己和子孙赢得一个光明的未来。人文素养教育要教会大学生如何看待人与自然、人与宇宙的关系，如何处理渺小与伟大、短暂和永恒、单一和多样的矛盾，如何做到人和自然中的所有物种、生灵和平共处，享受大自然赐予的光辉雨露，共同繁衍生长。具体而言，通过人文素养教育，帮助大学生树立至少三种观念：

1. 可持续发展的自然观

"可持续发展是一种特别从环境和自然资源角度提出的关于人类长期发展的战略和模式，它不是一般意义上所指的一个发展进程要在时间上连续运行、不被中断，而是特别指出环境和自然资源的长期承载能力对发展进程的重要性以及发展对改善生活质量的重要性。"[①]

可持续发展的自然观特别强调人与自然的协调发展。为了人类的未来，为了实现可持续发展，人们需要在自然观上有一个重大的转变：即要从人与自然的对立（天人对立）转到实现人与自然的和谐（天人协调）。我们的大学生要自觉树立可续发展的自然观，对所学的知识进行整合融合，以统一的知识体系理解和把握自然规律。

2. 低碳生活的道德观

长期以来，人们对道德对象界定过窄，认为道德只是"调整人们之间以及个人与社会之间关系的行为规范的总和"，以致自然没有得到应有的道德上的尊重和关怀。人们可以心安理得地品尝野味，肆无忌惮地破坏所有生物赖以生存的环境。现在，应该是人类重新审视原有道德观的时候了。

近年来我们大力提倡低碳教育，称赞"低碳美德"。低碳美德本质上是一种节约的美德。现代经济学把物质消费分为"满足需要的消费"和"满足欲求的消费"，这是两种完全不同的消费。"需要"是人们为了生活必须消费的东西，而"欲求"则是在需要之外由追求心理上各种满足（诸如优越感、满足感、攀比和炫耀等等）而形成的一种需求。人的需要是有限的、相对稳定的，而人的欲求是无限的、不停变化的。人类过度地追求不必要的欲求的满足，直接的后果是资源耗竭，环境污染加剧，最后殃及人类自身。

低碳经济主要是两种：一种是低碳生产，一种是低碳消费。尤其是后者，人人有责。令人欣喜的是，在新的时代背景下，"低碳消费"已成为全新的生活观念和生活方式，受到年轻人的喜爱和追随。适度消费、简约主义成为时尚，这是时代的进步。低碳使人类的物质活动控制在一定限度内，既能满足人的消费需求，又不对生态环境造成危害。比如，选择使用无污染或少污染，又对人体健康有益的绿色食品；选择便捷的公共交通工具而非私人交通工具；减少"一次性"产品使用；多走楼梯少乘电梯等等。我们更加呼吁，人类还应不断地提升自己的需要层次，把对物欲的无限贪求转向州人的无限的精神审美追求。

[①] 张坤民. 可持续发展论[M]. 北京：中国环境科学出版社，1997，168.

3. 泛爱万物的哲学观

早在春秋战国时期，中国古代哲学家惠施就提出过"泛爱万物"的理论。这里的"泛爱"包括了宇宙万物之间的相亲相爱，明显表现出中国"天人合一"的思想特色。这个观点在今天看来也是非常进步的。

宇宙中存在着无穷无尽的事物，这些事物又具有无穷无尽的属性，"世界上没有两片完全相同的树叶"，每种事物都有自己独特的性质，也具有自己独特的价值。既然万物都是相同的，那么我们人类就应该平等地对待宇宙中的每一种事物，不应该厚此薄彼。我们在真诚地爱护自己的同类，也要真诚地爱护别的人种，还要真诚地爱护大自然中的飞禽走兽乃至一草木。为了人类共同的生存环境，需要更多的人一起行动起来，保护动物、保护环境、保护地球。

三、对人文精神的培育

大学人文素养教育还应从人的知情意的心理结构出发，建立求真、向善、尚美相统一的人文精神系统，构筑信仰的维度。人文精神是人类文化创造的价值和理想，表现为对人的尊严、价值、命运的维护、追求和关切。人文精神的核心是追求人类价值中的永恒主题——真、善、美。高等教育的要旨不仅在于使受教育者了解现实生活中人们的行为是怎样的，更要使他们掌握人们的行为叫能是怎样的？应该是怎样的？人的理想是什么，人何以接近这种理想？不仅包含"实是"更要包含"应是"；不仅关注现实世界，更要关注精神世界。这就需要人文教育。人文教育不是人们现实行为的写照，而是把这种现实行为放到可能的、应是的、理想的世界中去加以审视，用应是、理想的标准来对它做出善、恶的评价，并以此来引导人的行为。这种应是与实是、理想与现实的矛盾运动，构成了人类的道德活动，不断推动人类向至真、至善、至美的方向前进，也使每个个体不断自我完善、自我升华。

（一）求真

人生而蒙昧，一无所知，然而又恐于无知，渴望了解真相，于是就有了教育。教育通过系统的知识传授使人摆脱了无知的恐惧，获取了生存的力量。沿着教育的阶梯越强烈，，我们获取的知识越多，距离真理就越近，求真的欲望就越强烈。因为知识和真理是无限的，求知和求真的过程也就了无止境。到了教育阶梯的顶层高等教育阶段，求真几乎成了它的宿命。

布鲁·贝克在著作《高等教育哲学》的第一章"高深学问"中首先指出："每一个较大规模的现代社会，无论它的政治、经济或宗教制度是什么类型的，都需要建立一个机构来传递深奥的知识，分析、批判现存的知识，并探索新的学问领域。换言之，凡是需要人们进行理智分析、鉴别、阐述或关注的地方，那里就会有大学。并非是每个人都适合于这种训练的，而那些胜任这种训练的人必然能够发现这种训练，否则，社会所赖以取得的新的发现和明智判断的'涓细的智慧溪流'将会干涸。"①这种传递和探索知识的内在动力就是大学求真的人文精神。

在谈到求真时，需要提及的是"求是精神"和"求实精神"。

"求是精神"就是本着科学的态度探求知识、探求真理。强调追求真理之可贵是大学一贯的宗旨，也是大学作为社会文明灯塔的集中体现。任何一所大学都需要在精神上树立对真理的尊重，这对大学生终生做人、做事都有深刻的影响。 与"求是"一样，"求实"也被许多大学奉为校训，学术研究重在求实，求实对于高等教育有非常的意义。但近年来这种优良学风在大学里有些减弱了，而急功近利的、浮躁的风气却相当盛行。这也许自一定的客观原因，如在评定职称和评奖时，过分注重论文、著作的数量要求，而职称与获奖又是直接和一定的物质利益挂钩，利益驱动有时会使人不那么实事求是。另外有些人为了急于成名，不惜标新立异，哗众取宠，从而形成一种浮躁风气。此急功近利与浮躁风气，是与踏踏实实做学问的学术风气绝对不相容的，必须大力戒除。

（二）向善

"大学的真正使命是培养良好的社会公民并随之带来社会的和谐发展。"（细曼语）高等教育的对象是人，而人是有道德感的，人的生存不只是一个事实判断的问题，更是一个价值判断的问题。从哲学的高度来看，后者才是真正体现人性的，也是更难的。因为人不仅力求"活着"，而且力求"体面地活着"，"有意义地活着"，力求"过一种高尚的生活"。教育作为一种人道主义的事业，其价值不仅仅在于维持个体直接的生命活动，更在于使个体生活得更有意义、更高尚。也就是说，大学教育要在追求真知的同时致力于学生品性的养成。

大学要加强道德教育。不仅是向学生传授系统的道德真理，更应该鼓

---

① [美]约翰·S. 布鲁贝克. 高等教育哲[M]. 王承绪，等译. 杭州：浙江教育出版社，1998：13.

励学生对复杂的道德问题进行认真思考，以培养自己的道德意识。现在的道德教育面临最大的困难是缺乏现实说服力，比如你让学生做人要诚信，学习不抄袭，考试不作弊，但是现实生活中到处是企业做假产品、老师有学术不端、官员有权利寻租和腐败等现象，我们的道德教育就是苍白无力的。当然，学校在对学生进行道德教育的同时，也面临着零担社会道德责任的问题。所以，博克校长坚持"大学要让学生相信自己的道德教育，那自己就必须以身作则，自己必须承担起大学应该肩负的道德责任。

教育要教育学生从"心存善念"到"行为善举"。现代社会需要有责任感与参与意识的公民，然向这样的责任感和参与意识并非是与学生的智力水平同步增长的。我们要让学生尽可能地参与公共事务，采取多种方式扩大和改进社区服务项目，鼓励各类学生组织的发展，并在课外活动中运用民主程序，培养学生的公民意识和责任感。

（三）尚美

如果说，大学人文素养教育通过"求真"来满足人的心理结构中"认知"层次的需要，通过"向善"来满足人的心理结构中"意志"层次的需要，那么，还需要通过"尚美"来满足人的心理结构中"情感"层次的需要。情感作为把握世界的一种独特方式，与人的认识相伴随，情感又作为美好行为的内化和升华同人的道德行为相依存。和谐、美好、丰富的情感是孕育创造性巴维和灵感的温床，也是生发出道德行为和崇高理想境界的肥土沃壤。高等教育的目的是培养社会的高层次人才或精英，而能够称作为人才或精英的人，不仅仅意味着他学问渊博，拥有知识的力量，也不仅仅意味着他道德高尚，拥有人格的力量，同时也意味着他作为一个活生生的感性的人，拥有审美情感的力量。审美教育培养了人的审美精神和审美能力，对于高等教育而言，前者也许比后者更具有终极的意义。审美精神对于培养大学生的超然性、和谐性、创造性具有特殊的作用。

1. 超然性

高等教育要求教育者和受教育者跳出功利是非之外来进行教育，这样的教育效果要远人于急功近利式的教育。审美教育正有助于人们培养和树立一种超越、净化情欲的人生态度。审美教自把事物的具体形象诉诸审美情感，用美的形象来激起人内情感的共鸣，打开欣赏者心灵的大门，使人达到"心旷神怡、宠辱皆忘"的境地。审美教育培养的这种超越功利的人生态度，与人生的理想目标、高尚追求合一，提高人生境界。假如我们以这种审美的人生态度对待生活和工作，对个人功利目的淡远一点、超脱点，那么就会执着于生活、工作、劳动本身的乐趣，就会减少压力、烦恼、痛苦，这样孜孜以求，愉快进取，反而会达到更高远的目标。

2. 和谐性

在审美活动中由于审美对象的作用，使主体产生了感知、情感、想象和理解等综合的心理活涌动，全过程始终伴随着情感的愉悦。这种情感的愉悦，既不同于生理感官和欲望得到满足而产生的快感，也不同于由伦理道德和理性追求的实现而产生的精神愉悦，而是摆脱了实用的、功利的束缚，超脱了任何利害关系，进入对对象无所欲求的快感之中，是一种特殊的审美情感。人们一旦进入这个审美的领域，情感就会得到净化，精神就会得到升华，情操也会变得高尚。

3. 创造性

美育对于创新性有重要的作用。美育主要在于教育自身是否具有美的精神和形式。这包括三方面的标准：教育内容是否能传达出人类历史和智慧之美；教育操作方法是否符合受教育者的审美心理需求；教育结果和目的是否有助于培养具有美的心灵和行为的自由个性。要想实现真正的美育，要求高等教育首先是个性化的教育，必须是友善的引导，尊重他的个性，引起对美的兴趣，让他们自由游戏。在大力提倡培养人的创造性的今天，高等教育更加不能忽视美育，不能忽视自身的"尚美"的品格。实质上教育本身应该具有以美育人的规定性，高等教育的全部活动，不仅可能，而且应该贯穿美的形式并获得美的效果，从而实现完整教育的目的。

四、对人格的塑造

人文素养教育是教学生"学会做人"的教育，是促进大学生人性境界提升、理想人格塑造以及个人与社会价值实现的教育，其实质是人格教育。

（一）人格养成是教育的宗旨

大学四年是一个人特殊的"灵魂发育"季节。在这个季节，大学生的精神世界开始自觉地生长膨胀。我从哪里来，要到哪里去？活着为了什么？怎么活着才有意义？人该怎么做？如何实现自我价值？这些问题会不[扫自主地从大学生们的脑海中一个个目出来。也许过去，在中学阶段，由于学习压力过大，他们还没有时间好好地、认真地思考过这些问题，但是当他们跨入了大学的校门，有机会接触人类的高深学问，同时又独自面对纷扰的社会万象和未来选择的时候，他们开始提出深刻的疑问，并渴望得到回答。如果是这样，那我们说，这些大学生正在寻找属于自己的价值观，人文素养教育正是引导大学生寻找到正确的答案。如果有些同学还没有进行过上述思考，那么，作为大学的教育者有责任创造这一氛围，有效地引导同学对人生、前程及其所面对的世界展开自觉的思考，帮助他们不被粗鄙化的流俗牵着鼻子走，或者在光怪陆离的时尚中迷失。人文教育之所以使受教育者学习的是"人学"，不仅在于它通过人文学科的教育完善了受教育者的知识结构，更重要的是它通过人文精神的传承健全了受教育者的心理结构和人格结构。

（二）当代大学人格培养的不足

当前的大学教育，教师也好，学生也罢，都把专业成才放在首位，而对大学生"精神成人"的关切和投入是远远不够的。总结起来是"三多三少"：微观教育太多，宏观教育太少；技能知识教育太多，人格教育太少；做事的教育太多，做人的教育太少。在我们片面的教育下，大学生中存在着"三重三轻"的现象，即重自然科学轻社会科学，重工具性知识轻品行修为，重外在功利性追求轻内在文化涵养。在长期的应试教育和狭隘的专业教育下，学生过着"三点一线"的单调生活，学习变成了机械训练，只是为了应付考试。慢慢地，在他们心目中，工具理性压倒了价值理性，追求实利的知识超过，关心人生的智慧；生活注重实用，缺乏理想，缺乏情调，学生变得情感麻木，精神贫乏，信念渺茫，人格苍白，丧失了大学生应有的文化底蕴和精神素养；原本应有的远大人生抱负、卓越的眼光和超凡的胸襟被市侩和虚荣取代，甚至出现将哲学、美学、文学、史学大师的著作丢在一边，而热心于公关学、谋略学、厚黑学的现象。这些都显示出当代大学生中文明素养的不足和成才意识上的急功近利的倾向。与之相适应，大学生中普遍存在社会责任感的失落：价值取向上表现为个人本位取代了社会本位，相当部分学生所追求的人生目标是"为自己"。因此，他们的言行带有很大个人目的性，理想包含个人需要，奋斗包含个人追求，好恶评价包含个人爱好。他们竭力汲取知识，希望自己成为"有用之才"，从而提高自己的社会地位和名誉，满足社会尊重的需要，得到精神和物质的享受。他们也渴求改革，希望改革能给自己带来一定的利益。他们选择职业，首先考虑个人的前途、利益和生活的安逸，信奉的足"主观为自己，客观为他人"。这种现象非常值得我们思考。如果高等教育疏于学生的心智的和谐发展，未来的社会人才将不再有高尚的人生境界，他们永远处在生命的低层次，庸庸碌碌于人世间，其结局无益于个人，更有损于社会。

（三）加强对大学生的终极关怀

大学阶段就是人生的关键转折点。大学生所处的年纪一般为 18 岁至 22 岁，是"志于学"到"而立之年"的重要阶段，考上大学是一个个体"志于学"的阶段性成果，而大学阶段的努力又直接地导致了未来成家立业的基本状态，因而大学对人的一生来说极其重要，这个阶段的大学生最需要价值关怀，人格教育就是对大学生的终极关怀。

人文素养教育帮助大学生建立正确的价值观。与专业教育相比，人文教育是一种精神文化和价值系统的传递。人文素养教育要帮助大学生树立正确的价值观，并指导其在生活中做出价值判断和行为选择。

人文素养教育促进大学生身、心与智的和谐发展。作为独生子女的一代，当代大学生普遍养尊处优，吃苦意识差，耐挫折能力差，意志力薄弱，理想信念不明确。试问，这样的大学生如何能担负起中华民族伟大复兴的重任？所幸的是，近年来，大学生的心理健康问题已经受到人们特别是高等教育界的普遍关注，自觉追求大学生的身心和谐成为师生的共识和努力方向。

人文素养教育帮助大学生适应社会角色的需要。有很多大学生逐步从单身角色转变为恋人角色，高年级的大学生在外实习，开始从学生角色转变到职业人员的角色等等。为了适应当前以及今后社会角色的需要，角色学习相当重要，而这需要价值观的引导，只有人格独立健全，才能承担起各种社会角色，而社会角色往往影响了人一生的发展。

人文素养教育帮助大学生塑造精神家园。人所创造的文化世界，包括两个部分，一是物质世界，一是精神世界。这两个世界对人的生存、发展来说都是必不可少的。但使人真正能够安身立命的，还在于精神世界。精神世界是人的文化生命的"家"，失去精神中家园的人犹如无根的柳絮、离水的浮萍，将会孤独而彷徨。虽然，对人的精神世界的塑造，科学教育也起到一定的作用，比如自然科学的某些重大发现、某种新理论新学说的创立，对人的精神世界的塑造会产生很大的影响，但是，在精神世界中起到引导作用的价值观念、价值体系，则是科学教育无力建立的，而必须通过人文素养教育来完成。人文素养教育正是要根植一种精神的支持和信念的力量，帮助人们在滚滚红尘中不至于浮躁迷失，而获得内心的安宁。

五、对精神文明的推进

大学教育具有社会物质文明和精神文明的双重推动作用。20 世纪是现代大学教育成就显赫的时代，大学成为科学与人才的重要源泉，有力地促进了人类社会物质文明的进步和发展；同时，这又是大学教育人文精神失落的时代，大学教育一味迎合"社会需求"，使经济功能取代其他功能成为基本功能和主导功能，因而丧失了自身的文化性，对人类精神文明的引导功能无法得到全面的发展。因此要塑造人文精神，它蕴藏在大学人文教育中，并通过培养自社会责任感的国民，塑造有公共良知的知识分子，以及传承作为大学精神，来发挥对人类精神文明的引导作用。

（一）培养有社会责任感的国民

如果我们的教育培养出来的大量学生没有崇高理想，没有正确的价值取向，不为我们自己服务，反过来"宰"我们，那就是我们教育的彻底失败。人学人文素养教育是"育人"的教育，而非"制器"的教育，是培养高级人才，而非制造高级器材。如果说科技教育的作用在于，使受教育者掌握科技知识和科技方法，从而学会"做事"，那么人文教育的作用则在于，使受教育者领悟人生的真谛，从而学会"做人"。人是归属于国家和民族的社会人，学会做人的重要一条就是学会承担社会责任，包括拥有责任感和负责任的能力，前者是后者的前提。如果没有责任感，有再大的能力也不会转化为责任。

（二）塑造有公共良知的知识分子

社会进步需要大批其自"公共关怀"意识和批判精神的知识分子，而这样的知识分子大多来自大学，他们身上所具有的这种"公共性"主要得益于大学人文教育的环境，因为大学是利会正义、良知、道义之所存，人文教育正是给人以"安身立命"以及追求"终极关怀"的学问。通过大学人文素养教育，一方面，我们引导人养成健全的人格、训练独立思考的能力，让优秀的大学生不仅成为未来的学者和研究者，更要让他们成为具有公共良知的知识分子，另一方面，更直接的是，大学人文教育环境中的教授学者就是知识分子群体，他们不仅仅是知识权威，也不仅在关于社会政治、经济发展的重大判断和决策上发挥作用，而且在区分善恶、建立信念、认识真理等许多方面也发挥了的特价值。大学教育不仅造就了人类文明的知识先驱和科学家，而且在最普遍的意义上造就了未来社会的栋梁，未来社会的中流砥柱都将是大学教育的受益者。在大学人文精神旗帜下有良心的知识分子，最终会成为社会的一种矫正力量，成为引导人们面对时代的混乱的先进群体。

（三）传承作为社会灯塔的大学精神

大学人文教育上寄托着大学精神，人之为人，不仅在于他是一种客观事物的存在，还在于他是一种精神的存在。大学也是如此，它之所以为大学，不仅在于它是一种客观事物的存在，向更在于它是一种精神的存在。正因为大学有不朽的精神存在，它才得以绵延不绝，历久常新。大学精神足大学文化的核心，是大学的灵魂所在。一方面，大学精神作为一种文化被大学人为化，成为大学人的良心和气质，在大学的发展中发挥着凝聚、激励、导向和保障作用；另一方面，大学精神作为种高层次的优秀文化，可以辐射到社会中去。对人们的思维方式、价值观念和行为规范产生积极的影响。

大学精神是理性批判的精神。这是大学理想和追求的集中体现，它体现的实际上是大学不断追求超越的生存和发展方式，它引导着社会的发展，也克服着自身的局限，因此永远是社会精神的泉源。

大学精神是创新的精神。高等教育方面传承文化，使人类千百年来所积累的文化遗产得以保留。高等教育提供了激励创新的社会文化环境。这种环境是开放性的——能够接受不同的甚至是相对立的文化刺激，能有对不同的观点表示容纳的兴趣，能够对无论是什么新鲜事物都怀有善意，并且怀有一种探究的心理。且这种开放是对所有人的开放，而不仅仅是对某些有特权的人开放；这种激发人的创造的文化要涉及社会的方方面面，而不仅仅是关心人类生活的一个或几个方向，要让所有的人都可以自由地无差别地使用这些手段。高等教育文化就是这样一种接近于开放、激励创新的文化，永远站在社会的前方，承担着创新文化并且激活民众创新能力的任务。

大学精神是永恒的精神。在人们心目中，大学特别是大学的文化始终是人类更明和社会进步的综合标志。大学文化经历了漫长的时间历程的考验，并且永葆青春，永不衰竭。最根本的原因是大学文化中永恒不变的核心价值观念。大学人文教育用人类积累起来的具有永恒价值的文化成果浇灌人的智慧，培育人的德性，促进、保护和增强社会的价值观念，不断对天下大势和社会潮流进行分析，运用自己的批判和引导功能来促进社会发展。

第四节　大学生人文素养培育的路径

为了全面实现提升大学生人文素养的目的，需要进一步探讨如何通过行之有效的载体，来推进大学人文素养教育。本节重点讨论怎样通过传统的第一课堂（课堂教育）、第二课堂（社会实践）以及新兴的第三课堂（网络平台）来开展大学人文素养教育。

一、第一课堂——课堂教育

第一课堂是传道授业解惑的主阵地，也是人文素养教育的主阵地。专业教育的任务主要是"授业"，是学习一种"术"，而人文素养教育主要是"传道"，是学习"道"，强调做人与做事的统一，属于精神层面。人文素养教育必须通过课堂教育来完成，它对课堂教育的要求主要有以下方面：

（一）完整的课程体系

人文素养的课堂教育不仅仅是在课程体系中增加几门专业之外的其他课程，而是构建一个完整的课程体系，这个体系包括两类：一类是以提高读、写、交流等方面能力为目标的技能型课程；一类是构成人类知识体系的基本学科（人文科学、社会科学、自然科学）的知识型课程，两类课程均为满足学生兴趣和个性发展需要而进行的非专业学习，其目的是帮助大学生形成均衡的知识结构，弥补或者减少学生因为争业学习师可能带来的在知识、能力、思维和方法上的局限，以求全面看待和理解人类社会及自然界。

（二）启发式教学

人文素养教育培养的是能独立行动、独立思考的人。人文教育的方式应该是启发式而非灌输式的。孔子是最早提出启发式教学的人，"夫子循循然善诱人"（《论语·子罕》）。"不愤不启，不悱不发，举一隅，不以三隅反，则不复也"（《论语·述而》），意思是，孔子说："不到他努力想弄明白而不得的程度不要去开导他，不到他心里明白却不能完善表达出来的程度不要去启发他。如果他不能举一反三，就不要再反复地给他举例。"孔子坚持，好的教学关键在于怎样启发学生自主去思考和琢磨，要做到这一点，就必须坚持一个原则：不要轻易地把答案告诉学生，也不要过多地替学生思考，更不要给学生灌输标准答案。这也是值得今天的老师在教学中思考和借鉴的。我们要将学生放在学习过程的中心位置，教师在必要时给予指导和关注，在师生双方共同的交互中碰撞出思想的火花。

（三）课内外活动的互动

课堂教育并不仅仅是 45 分钟之内的教育，它需要课外的准备、消化和补充。我们可以把课程体系列的研究型学习实践活动看作是课堂教育的前奏或末章。这些活动不占用正常的课堂学习时间，多以课题小组、实验学习、集中项目、专题研究等模式开展，对学生的参与程度、合作程度、研究能力等要求较高，因而能与课内教育有效结合，以满足学生个性发展、创造力培养、合作精神的养成等。

（四）人文教育在专业教育中的融入

大学人文素养教育深入发展后我们发现，必须将人文素养教育与科学教育结合起来，融入一般的专业教育中去。因为专业课程教学中渗透科学史、科学家的成长道路、科学家的为人以及教师自己的治学经历等等内容，都是人文教育的重要组成部分。当然，这种教育不能是生硬地贴标签式的，而是融入课内课外潜移默化地影响。要在专业教育中渗透人文素养教育的思想和内容，把对学生的知识教育、科学教育和使学生以正确的态度对待科学、对待知识、对待社会的教育有机地结合起来。目前一些专业教师认为，人文教育只是人文学科教师的事，与自己无关，这是一种很大的误解，必须加以纠正。

二、第二课堂：社会实践

高校实践育人的理念下在得到进一步强化。坚持教育与生产劳动和社会实践相结合，是党的教育方针的重要内容。坚持理论学习、创新思维与社会实践相统一，坚持向实践学习、向人民群众学习，是大学生成才的必由之路。进一步加强高校实践育人工作，对于不断增强学生服务国家服务人民的社会责任感、勇于探索的创新精神、善于解决问题的实践能力，具有不可替代的重要作用。

社会实践的深化关键是要解决大学生社会实践活动而具备的主要问题：如何从理论上界定大学生社会实践活动的基本功能及其在高等教育乃

至整个社会经济政治文化发展中的地位和作用，为大学生活动提供系统的指导；如何直接打通高校与地方联系的畅通渠道，建立一种直接、便捷、稳固的协作关系，为大学生社会实践提供广泛而有力的组织、协调和指导；如何拓展大学生社会实践的形式内容渠道，以满足不同层次、不同学生的需要及社会需求；如何建立服务师生的社会实践的实体运作机制；如何巩固、发展、建设大学生活动基地，开发利用基地的资源功能，如何调动学生、教师、接受单位等各方面的积极性，建立有效的动力、激励机制，等等。

（一）建立健全社会实践的运行机制

目前，我国的大学生实践活动呈现出越来越社会化的趋势。这里所讲的社会化包含两个方面的意思：一方面指大学生实践活动已逐渐发展成为社会、学校、学生共同参与的一项社会系统工程，在这个系统工程中，大学生社会实践活动不再是教育部门或者学校的事情，而成为能够充分调动一切社会力量的社会性工作。大学生活动越来越从学校、学生的单向行为转变为社会多角多边的互动行为。另一方面是指大学生社会实践活动越来越成为学生个人社会化发展的重要因素，它拓展了大学生的生活空间，丰富了大学生社会化的内容与途径，符合大学生成长与发展的需要。另外，由于社会对大学生素养要求越来越高，大学生就业压力增加，使得大学生参加社会实践活动的主动性和自觉性增强。作为学校，要积极牵线政府与企业，共同合作，把生产第一线的课题带到学校中，以招标的方式放手让学生去完成，也可以在校内设立"创业园"，既可以鼓励创新精神强的学生自办企业，也可以吸引企业来校内合作，把学校的"创业园"作为生产前线的模拟现场。

（二）加强实践活动主题策划

万事开头难，在大学生社会实践活动中，提出一个选题或主题是最困难的一个步骤，但同时良好的主题又是活动成功的一半。选定主题意味着指出了实践活动的方向和内容。许多高校的经验表明，给大学生活动确定鲜明的主题，使学生围绕教育主题开展丰富多彩的自我教育，是明确引导、把握方向的成功之处。教育主题的选取，应注意既有深刻的含义又具有鲜明的时代特色，贴近学生的思想实际，简明便于记忆。主题的基本要求是明确，较高要求是创新。明确的主题有利于活动有的放矢，而创新的主题能使活动脱颖而出，取得更大的效益。

（三）安排合适的指导教师

有无指导教师，以及指导教师对社会实践活动过程的参与程度直接影响到活动的成果。社会实践活动的策划者要充分利用教师的资源，在活动策划的前期、中期和后期都积极取得相关教师的支持和指导。指导教师的选择面比较灵活，可以是专业教师，可以是思政教师或者辅导员，也可以是学生社团的辅导老师，重要的是教师要有指导的热情和参与的积极性。在指导教师中，领队老师的作用特别重要，领队老师不仅能在社会实践中起到带领团队、指导实践活动的作用，还能及时、妥善地处理团队内突发事件、协调好与接待单位的关系，在和同学的同甘共苦中进行教师人格熏陶等等，因此，许多高校都在社会实践活动评奖中专门设立了优秀领队教师奖，以表彰为之付出辛勤劳动的领队教师。要改变指导教师指导不力的现状，需要从以下方面改进：把教师指导大学生活动纳入学校整体教学计划，既要鼓励教师自觉地指导学生社会实践，又要有相应的制度保证教师必须参加学生活动的指导；帮助教师进一步明确大学生活动对培养人才的重要作用的，提高其参加大学生活动的积极性；充分发挥教师的专业特长，把大学生活动和教师的教学科研内容结合起来，提高其兴趣；把教师指导和参加大学生活动计入工作量，采取倾斜政策；把学生活动成果的取得和指导教师的考核挂钩。

（四）扩大社会影响度

大学生活动产生的影响在一定程度上能够反映活动成功的程度。一般来说，构思巧妙新颖、内容丰富充实、准备充分且符合实际的大学生活动能够收到较好效果，产生较大影响。

（五）注重实践活动的可持续发展

大学生社会实践活动虽然是一项项具体的活动，但却并非是短暂的一次性工程，引导得不好，就容易流于形式。为了使大学生实践活动实现可持续化、规范化、制度化和规模化的开展，共青团中央在下发的《关于进一步加强和改进大学生社会实践的意见》（中青联发【2005】3号）中提出："建立相对稳定的大学生社会实践基地。高校要主动与城市社区、农村乡镇、爱国主义教育基地、企事业单位、部队、社会服务机构等联系，本着合作共建、双向受益的原则，从地方建设发展的实际需求和大学生锻炼成长的需要出发，建设多种形式的社会实践基地，力争每个学校、每个院系、每个专业都有相对固定的基地，长期坚持，使学生受锻炼，当地见效益。

定期评选表彰大学生社会实践示范基地和优秀基地。"虽然这一点并不适用于所有社会实践活动项目，但对于大型的、持续性强的社会实践活动项目，与社会实践活动当地建立长期良好的合作关系就显得很有意义。目前，高校正在强化社会实践基地建设，以基地为依托，以科研成果为后盾，推动实践活动向规范化和可持续方向发展。

三、第三课堂：网络虚拟课堂

（一）认知把握"网络之真"与"网络之善"

"网络之真"与"网络之善"在于其基本精神即自由、平等、资源共享等。互联网本是一个推崇开放的世界，包容了多种文化元素，吸引了全世界人的眼球。它的出现让人们有可能更方便自由地了解自己想要了解的资讯，最大限度地延伸自己的眼界和生存空间，更重要的是可以让人们更自由地发表自己的见解，摆脱宗教的、政治的、社会地位上的束缚。这一切如果没有诚信作为基础是无法达到的，网为网络所体现的是无边的、开放的、变化的、分工却又相互协作的关系。自由、平等和真诚的交流是网络的正精神，只有用这样的精神作为指导，才可能使对话沟通成为可能，才能最大限度地解放人的精神世界，才能创造出新的思想和新的思路。大学生只有做到对"网络之真"和"网络之善"的准确认知与把握，才能形成对网络社会的责任感，才会转而自觉地共建和维护现实社会的"真"和"善"。

（二）指导网络中的观念和行为

美国著名社会学家曼纽尔·卡斯泰尔说，信息技术的发展使得"地域性解体脱离了文化、历史、地理的意义，并重新整合进功能性的网络或意向拼贴之中，导致流动空间取代了地方空间。当过去、现在与未来都可以在同一则信息里被预先设定而彼此互动时，时间也在这个新沟通系统里被消除了。"其结果，"流动的空间"与"无时间的时间"正在成为新文化的物质基础。网络上的意识形态摆脱了种族、国家或社会的界限，外来文化的精华与本土优秀传统文化的创造力在这里碰撞，并以多样复杂的方式结合在一起，应当怎样去面对，怎样进行消化、吸收？网络中哪些信息能陶冶我们的思想和情操？哪些信息对我们是健康有价值的？哪些是虚假不可信甚至是陷阱？应当怎样辨别、剔除糟粕取其精华、去伪存真？当代大学生无法回避这个问题，需要在网络人文素养教育中加以重视和引导。

（三）培养大学生的网络道德

网上的一切活动以及人们的道德和文化素养难以跟上数字化的发展。网络的虚拟性使网络社会中的道德具有非控性、开放性、自主性、多无性，现实生活中的传统道德准则无法约束网上的言行，易导致大学生网络道德意识低下，也将对大学生的传统道德观念及日常行为产生较大的负面影响。所以高校网络人文素养教育应阐述传统道德与网络道德的关系，明确网络道德是传统道德的发展和延伸。每一次网络言行都是在营造新的网络文化，因为既然网络和现实生活有关，所以网络本身所具有的人文精神，就一定会与现实生活的某种方式有联系，数字化时代的到来和数字化所能提供的生活方式，都不能独立于现实生活之外。网络既然是高度发达的文明社会的产物，它就必须有文明发展的规则。要通过网络人文素养教育使高尚的网络道德行为准则深入人心，以指导大学生文明上网。

（四）加强对大学生网络心理的疏导

网络给大学生带来积极影响的同时也可能对其生活方式、心理行为产生负面的影响。因过度使用网络而导致诸如情绪障碍、社会适应不良等心理行为问题日益增多，引起了社会的广泛关注。保持健康的网络心理，已成为大学生心理问题的一个焦点，也是高等教育工作者所面临的新课题。所以高校网络人文素养教育必须重视网络对大学生心理发展与健康的影响，适当干预网络性心理障碍，破解网络性心理障碍的成因、危害，研究解决如何预防网络心理问题等。

（五）加强大学生的网络法律观念

尽管网络是虚拟空间，但其中的任何行为都是实在的，丝毫没有脱离开人类社会，只是具体行为方式发生了改变。因此，网络上的任何情形必然受到现实中的法律制约。网络法律问题产生于网络的应用之中，大学生在网络上也应有法律意识。近年来，网络所反映出来的法律问题呈上升趋势，有关网络的案例不断发生，这与上网者的网络法律意识普遍淡薄不无关系，而法律意识的缺失归根结底在于人文素养的缺失，故可以用人文素养与网络法律意识相配套，使得两手抓、两手硬。

第五章　大学生职业素养培育

作为高职学生，我们必须考虑如何才能较为顺利地进入职场、如何在职场上站稳脚跟继而在事业上取得成就，也必须考虑个人的职业生涯如何发展、个人的事业如何发展。解决问题的核心就是，我们要客观地认识自我、不断提升自我，要努力地训练和提高自己的职业素质，从而为将来走进职场、立足职场、成就事业打下坚实的基础。

第一节　职业素质构成及职业素质要求

一、职业素质的内涵

由"职业"和"素质"组成的职业素质，简单说是指满足职业生涯需要的一种特定素质。严格意义上说，职业素质是指劳动者从事某种职业所需要的知识技能基础，通过教育、劳动实践和自我修炼等途径形成和发展的在职业活动中发挥重要作用的内在基本品质，主要表现在职业兴趣、职业能力、职业个性及职业情绪等方面。对于应届毕业生而言，其显性素质方面还不错，但在隐性素质方面由于缺乏实践经验，也是很多毕业生有意无意忽略的东西，因此比较欠缺，这也是很多企业不愿意招聘应届毕业生的原因之一。

影响和制约职业素质的因素很多，主要包括：受教育程度、实践经验、社会环境、工作经历以及自身的一些基本情况（如身体状况等）。一般说来，劳动者能否顺利就业并取得成就，在很大程度上取决于其本人的职业素质。职业素质越高的人，获得成功的机会就越多。

由于职业是人生意义和价值的根本之所在，职业生涯既是人生历程中的主体部分，又是最具价值的部分。因此，职业素质是素质的主体和核心，它囊括了素质的各个类型，只是侧重点不同而已。职业素质是人才选用的第一标准，是职场制胜、事业成功的第一法宝。

二、职业素质特征

职业素质是劳动者在一定的生理和心理条件的基础上，通过教育培训、职业实践和自我修养等途径而形成和发展起来的、在职业活动中起决定作用的、内在的、相对稳定的基本品质。因此，职业素质具有职业性、稳定性、内在性、整体性和发展性等特征。

（一）职业性

不同的职业，对职业素质要求是不同的。对建筑工人的素质要求，不同于对护士职业的素质要求；对商业服务人员的素质要求，不同于对教师职业的素质要求。

（二）稳定性

一个人的职业素质是经过较长时间的教育培训，以及在长期从业实践锻炼中日积月累形成的。它一旦形成，便具有相对稳定性，在各种不同的场合中显示出较为一致的品格。这种稳定性是从业者做好本职工作的基本条件和保证。

一位教师，经过三五年的教学生涯，就逐渐形成了怎样备课、怎样讲课、怎样热爱自己的学生、怎样为人师表等一系列的教师职业素质，并保持相对的稳定。当然，随着他继续学习、工作和环境的影响，这种素质还会继续提高。

（三）内在性

职业素质是一个人接受知识、技术、技能的教育和培养，并通过实践磨炼后的内化、积淀和升华的结果。从业者在长期的职业活动中，经过自己学习、认识和亲身体验，形成能做什么（知识、技能）、想做什么（自我认识、角色定位）和怎么做（价值取向、态度、信念）的认知，并有意识地内化、积淀和升华，这一心理品质就是职业素质的内在性。

（四）整体性

一个从业者的职业素质是和他整体素质有关的。我们说某某同志职业素质好，不仅指他的思想政治素质、职业道德素质好，而且还包括他的科学文化素质、专业技能素质好，甚至还包括身体心理素质好。一个从业者，虽然思想道德素质好，但如果科学文化素质、专业技能素质差，也不能说这个人整体素质好。相反，一个从业者科学文化素质、专业技能素质都不错，但思想道德素质比较差，同样，我们也不能说这个人整体素质好。所以，职业素质很重要的一个特点就是整体性。

（五）发展性

人的素质是通过教育、自身社会实践和社会影响逐步形成的，具有相对性和稳定性。但是，随着社会经济和科学技术的发展，社会职业和职业岗位也在发展变化，这种变化对从业者提出新的职业素质要求。因此从业者要不断地培养提高自己的素质，以适应社会发展的需要。所以，素质具有发展性。

三、职业素质构成

职业素质是劳动者对社会职业了解与适应能力的一种综合体现，其主要表现在职业兴趣、职业能力、职业个性及职业情况等方面。职业素质的构成包括多个方面，主要包括：思想政治素质、职业道德素质、科学文化素质、职业技能素质、心理健康素质等。

（一）思想政治素质

1. 思想政治素质的构成要素

思想政治素质，是人们从事社会政治活动所必需的基本条件和基本品质，它是一个人的政治立场、政治观念、政治态度、政治信仰、政治鉴别力和政治敏锐性的综合表现。在我国，思想政治素质集中表现在一个人对社会主义制度、对建设有中国特色社会主义和我国政治体制的认识、态度与参与情况。

一个人的思想政治素质与其在社会生活中的位置、政治生活经历关系密切，它是随着个人成长，在长期社会生活实践中逐步形成、发展和成熟的。

2. 思想政治素质的作用

（1）良好的思想政治素质为人才成长奠定了基础。政治方向正确与否是衡量大学生成才的主要标志。只有具有正确的政治立场、政治观点、政治鉴别力、政治敏锐性，才能把握正确的政治方向，才能认清时代赋予自己的历史使命，做出正确合理的政治选择和政治追求。

（2）良好的思想政治素质决定着人才自身成长的发展前途。当一个人具有坚定正确的政治立场、明确的政治观点、敏锐的政治洞察力时，表现为对邪恶势力、反动力量及其倒行逆施行为的愤怒和鄙视，同时表现为对新生事物、进步力量和历史进步潮流的讴歌和支持，推动历史进步的车轮。相反，错误的政治立场、观点，则体现为对黑恶势力趋炎附势或消极逃避，这种立场和态度，只能使人倒退与落后，成为历史进步的障碍。

（3）良好的思想政治素质是人才成长的保证。具有良好的思想政治素质，就能努力地把社会政治要求内化为自身的政治行为。既能保证有一定专业特长和科技知识为社会服务，也能保证个体自觉遵守和维护社会政治规范。

（4）良好的思想政治素质是人才成长的精神动力。具有良好的思想政治素质的人，通过自己的政治思想，把个人的命运与祖国的命运联系起来，内化成为一种持久永恒的精神追求。良好的思想政治素质作为一种强大的精神动力，使人精力充沛，百折不回，最大限度地发挥人的聪明才智。

3. 良好思想政治素质的塑造

（1）努力学习马克思主义理论。马克思主义正确揭示了客观世界特别是人类社会发展的基本规律，是完备而严密的科学理论体系，是我们正确认识世界的科学世界观和方法论。大学生正处于思想政治素质的形成时期，容易受各种社会思潮的影响，尤其需要先进思想的教育。通过学习马克思主义政治理论课，使学生掌握马克思主义的基本原理、基本观点，并运用这些原理和观点去分析认识各种社会现实问题、抵制各种错误思潮，逐步形成正确的世界观和人生观，培养良好的思想政治素质。

（2）培养强烈的爱国意识。爱国主义是我国每个社会成员必须具备的最起码的思想政治觉悟，它是人们千百年来积淀的对祖国的一种最深厚的感情。这种神圣、深厚的感情集中表现为：对祖国山河、文化、历史、优良传统以及人民的热爱，关心祖国的前途和命运，把个人命运同祖国命运联系在一起；强烈的民族自豪感、自尊心和自信心；为维护祖国的独立、统一、富强而英勇奋斗乃至牺牲的精神。爱国主义是精神生活的重要内容，对人们的思想和行为产生强烈影响，是人们思想政治觉悟走向更高层次的出发点和基础。在当代中国，爱国主义意识集中表现是：争取祖国统一，维护世界和平，走建设有中国特色社会主义道路，实现社会主义现代化的宏伟目标。作为大学生，要把爱国主义情感化为报国之志，奋发努力，勤奋学习，勇攀科学高峰，献身于伟大的社会主义事业。

（3）坚定社会主义信念。信念是人们对某种政治理论、主张、原则等的信服和崇敬，并要努力身体力行的精神状态。当代大学生正处于风华正茂的青年时期，其思想观念、价值体系、政治判断力尚未成熟，正是世界观、人生观形成时期。树立什么样的政治信念，对大学生一生的成长和发展起着决定性的作用。一个大学生如果树立了正确的、坚定的社会主义信念，就能明确前进的方向，使自己的政治追求有一种科学的理性力量，有一股强大的精神动力，就会不断成长和进步。

（4）积极参加各种社会活动。大学生要提高自己的政治素质，不能把自己封闭起来，回避社会现实问题，仅仅作为"旁观者"来对待社会现实是不可能成长起来的。正确的做法应该是关心国内外大事，认真领会和执行党和国家的各项路线、方针、政策，积极参加各项政治活动，关心社会发展的趋势和前途。在学校里可以通过开展社会调查、社会实践，参加或组织形式报告会，参与政治评论等活动，使自己得到锻炼，提高自己明辨是非的能力，使自己在政治上迅速成长起来。

（二）职业道德素质

职业道德是大学生的内在素质，反映了一个人的品德和品质，是大学生的一个"软实力"，是被用人单位十分看重的一种关键素质，也是大学生必须拥有的一种素质。求职择业是一场"优胜劣汰"的竞争，大学生要想在千军万马中突出重围，必须高度重视职业道德素质的培养和锻炼。

1．职业道德的内涵、作用

（1）职业道德的内涵。所谓职业道德是指在一定的社会经济关系中，从事一定职业的人们在职业活动中应遵循的道德原则、规范以及与之相适应的道德观念、道德情操和道德品质的总和。职业道德是劳动者在职业活动过程中应该遵循的特定的职业理想和行为准则，也体现了本职业对社会所承担的道德责任和道德义务。每一个劳动者都应该自觉遵守和忠实地履行自己应承担的责任和义务，只有这样，社会职业活动才能有正常的秩序，社会才能发展进步。

职业道德包括职业道德规则、职业道德意识和职业道德行为三个层面。职业道德规则是指约定俗成或者明文规定的职业标准和行为准绳，由职业道德原则和职业道德规范组成，两者相互联系、有机结合，共同对人们的职业关系和职业行为起着指导和调节作用。职业道德意识是指社会或个人对职业道德的认识、情感、信念等心理和思想状态，包括职业道德心理和职业道德思想两个方面。职业道德行为是指能以一定的善恶标准进行评价的职业行为，一般包括行业职业道德行为和个体职业道德行为等。

（2）职业道德的作用。职业道德是立业之本，职业道德在调整个人与他人、个人与集体之间的职业道德关系中，有着特殊的积极的社会作用。

第一，职业道德是推动社会发展和进步的重要精神力量。职业道德是社会道德的一个重要组成部分，它是推动社会发展和进步的重要精神力量。社会的经济发展和人类文明进步是需要各行各业分工协作以及全社会的劳动者的努力工作才能完成的。这就说明职业道德分为两个层面：一是社会不同行业不同职业都有自己的职业道德规范，这是静态的；二是要求每个劳动者必须具备一定的职业道德素质，这是动态的。社会任何行业，任何职业都需要从业者具有职业责任感和义务感，具备一定的职业道德水准。

第二，职业道德能够促进劳动者自我完善。职业活动是人类社会生活中最普遍、最基本的活动，一个人的一生有近半时间是在职业生活中度过的。一个人的知识素养、劳动技能、道德品质的提高，离不开职业实践活动。人们从事的任何符合社会规范的职业活动，都是既为社会、为人民服务，也是为了个体的自我完善和全面发展。

第三，职业道德能够促进社会生活的和谐稳定。社会每一种职业，每一项工作都与社会生活相联系，都是社会生活的组成部分。如果从事各种职业的人们都能讲求职业道德，都能够自觉地按照社会职业道德规范的要求去处理各种职业关系，正确行使职业权利，认真履行职业义务，各行各业的从业者都能够普遍遵守职业道德，人们整体社会道德水平就能大大提升。这样就能形成良好的社会风气，呈现"我为人人，人人为我"的新型人际关系，有利于社会生活的和谐稳定，促进社会各行各业的健康发展。

2. 职业道德的基本内容

由于社会各行各业的职业活动内容和职业特征不同，对职业道德的要求、标准和内容不尽相同，但各种不同职业的职业道德都要着共同的基本内容。

《公民道德建设实施纲要》，提出了我国职业道德的主要内容是"爱岗敬业、诚实守信、办事公道、服务群众、奉献社会"。

（1）爱岗敬业。爱岗敬业是职业道德的基础，是社会主义职业道德所倡导的首要规范，是对从业者工作态度的一种普遍要求。爱岗就是热爱自己的本职工作，以正确的态度对待自己的工作并勤奋高效地做好本职工作；敬业是指从业者对待工作尽职尽责、兢兢业业的行为。

爱岗和敬业，两者相互联络、相互促进。爱岗是敬业的前提，没有从业人员对自己所从事工作的热爱，就不可能自觉做到忠于职守；敬业是爱岗的升华，只有树立一丝不苟、踏踏实实的工作作风，才能认真履行自己的工作职责，实现自己的职业理想。

（2）诚实守信。诚实守信就是从业者在履行职责时要诚实劳动、讲求信誉。诚实劳动是指在职业活动中应以脚踏实地的态度进行忘我的劳动和工作；讲求信誉是指劳动者在职业活动中遵守承诺、讲究信用，忠实地履行自己承担的职责和义务。

诚实守信是职业道德的精髓，也是一个人做人的基本准则。诚实守信是做人之本，立足之本。对一个人来说，诚实守信既是一种道德品质和道德信念，也是每个公民的道德责任，更是一种崇高的"人格力量"，一种"软实力"。

（3）办事公道。办事公道是指从业人员在处理职业事务、职业活动过程中，要做到客观公正、公平公开，公私分明。一些人认为办事公道这一职业道德只适合领导干部、公职人员，这是对办事公道的一种曲解。办事公道作为职业道德的一项重要内容，是所有从业者都应该具备的。

办事公道，就是做事要讲原则，无论对人对己都要坚持实事求是，出于公心，不挟私欲，严格按道德规范来处事待人。办事公道是社会主义职业道德的重要规范，是市场经济良性运行的有效保证，在市场经济运行中，更应要求所有从业者处事公平、办事公道，这有助于社会文明程度的提高。

（4）服务群众。服务群众是指不管从事何种职业，身处什么岗位或地位，都要一切从人民的利益出发，为广大人民群众竭诚服务。服务群众是社会主义职业道德的核心价值观，也是为公众服务这一职业道德核心在职业生活中的具体化，是每个职业劳动者职业道德的基本规范。服务群众就要"倾听群众呼声，体察群众困难，尊重群众意愿，解除群众忧虑，满足群众需要"。这就要求从业者必须树立服务理念，端正服务态度，改善服务环境，提高服务技能，保证服务质量。

（5）奉献社会。奉献社会是指从业人员要把自己的全部智慧和力量投入到为社会、为集体、为他人的服务之中去。奉献社会是社会主义职业道德的出发点和归宿，也是社会主义职业道德中最高层次的要求，体现了社会主义职业道德的最高目标指向。

在发展社会主义市场经济过程中，出现了极端个人主义、小团体主义、拜金主义等个人利益至上的职业道德问题，严重败坏了社会风气，损害了人民群众和国家利益。倡导奉献社会的社会主义职业道德观念，有助于培养人们的社会责任感和无私精神，有助于人们养成奉献社会、平等互助的良好道德风尚。

3. 大学生职业道德的修养

随着社会主义市场经济体制的建立、健全和人事劳动就业制度改革的深化以及人才市场的日趋完善，我国大学生就业已经进入了"双向选择""自主择业"的崭新时代，大学生不但成为就业过程中的主角，还拥有了选择职业的自主权、主动权，呈现出"海阔凭鱼跃，天高任鸟飞"景象。

加强大学生职业道德修养，用社会主义职业道德来约束和引导大学生就业行为，对提升大学生整体道德素质和水平，为个体完善和全面发展，促进大学生就业具有重大意义。

职业道德修养体现在一个人的世界观、人生观、价值观及择业观上，体现在一个人的日常生活和社会交往上，体现在一个人的一言一行和实际行动上。大学生职业道德素质修养的主要内容如下。

（1）要认真学习和掌握职业道德理论。职业道德的修养是一种自律行为，主要取决于自己的主观努力，高度的自觉性是职业道德修养的一个内在要求和重要特征。而主观努力关键在于"自我学习""自我改造"和"自我锻炼"，也就是学、思、行三个环节。"自我学习"是指大学生通过专门学习，深刻理解社会和职业对自己职业道德的要求，树立职业道德修养标准。"自我改造"是指大学生要对社会职业道德现状进行思索，与自我消极思想做斗争，确立自己的职业道德观念。"自我锻炼"是指大学生实践自己的职业道德修养，通过实践行动实现自己崇高的职业理想。

（2）要树立诚实守信的职业道德基本准则。诚实守信是做人之本，也是大学生社会立足之本。"无诚业难立，无信事难成"。诚信是大学生全面发展的助推器，只有以诚实守信为重点，加强道德修养、诚心做事、诚实做人、言行一致、表里如一，才能不断提高思想道德素质、科学文化素质和健康素质，实现全面发展。要切实加强诚信教育，不断增强大学生的法律意识和守信意识，使大学生提高守法守规的自觉性，认识到诚实守信的品德是立身之本、做人之道。

（3）要树立敬业、乐业的职业道德意识。市场经济对大学生自身素质提出了更高的要求，没有良好的职业道德素质，难以适应社会发展的需要。大学生思想品德教育中经常提到的，表里如一、言行一致、知行统一，既是大学生思想道德修养的重要原则和方法，也是大学生做人的基本准则。大学生要成功在社会立足，成功立业，就必须树立敬业、乐业的职业道德意识。首先，要树立敬业意识。敬业就是专心致力于工作，我国思想政治家朱熹指出，敬业者，专心致志以事其业也。敬业是一种责任感，是一种认真负责的态度，也是做好本职工作的前提和保障。其次，要树立乐业意识。干一行，爱一行。只有乐业，人才能从职业工作中得到精神享受。孔子说："知之者不如好知者，好知者不如乐知者。"人生能从自己职业活动中领略出趣味，生活和生命才有价值和意义。

（4）要培养吃苦耐劳，奉献社会的意识。吃苦耐劳是中华民族的传统美德，也是职业活动的基本要求。甘于吃苦是大学生由学生角色转换的职业角色的重要条件。只有甘于吃苦，才能适应工作，才能"干一行、爱一行、专一行"，才能为社会承认和认可。

职业活动不但具有的谋生性特征，还具有贡献性的特性。社会主义市场经济条件下，社会生活中出现的拜金主义思潮对大学生奉献社会的观念冲击很大。这要求大学生必须树立主人翁的社会意识，增强社会责任感，培育无私奉献的精神，任劳任怨，不计个人得失。这样不但能够形成良好的职业道德素质，还为大学生立足社会奠定良好的基础。

4. 加强职业道德修养的方法

加强职业道德修养，除了必须有强烈的愿望和自觉性，积极去实践之外，还应采取一些行之有效的方式方法。我国有五千多年的文明史，道德资源举世无双，伟大的思想家孔子的"博学之，审问之，慎思之，明辨之，笃行之"，就是讲述了道德修养的方法。大学生可以借鉴我国历史上思想家们提出的各种积极有效的道德修养方法，结合当今社会发展的需要和实践经验，努力锤炼个人的职业道德品德。

（1）学思并重的方法。这种方法主要是通过虚心学习，认真思考，从而明辨善恶，学善戒恶，以形成良好的德性。"学思并重"是孔子首倡的一种观点，他认为学与思是修养过程中的两个基本环节，思和学是互相依存的关系，两者相辅相成。他指出"学而不思则罔，思而不学则殆"。只学习却不思考，就会迷茫；只思考却不学习，就会精神疲倦而无所得。孔子关于学思结合的精辟见解，对后来的道德修养理论和实践，产生了深刻的影响。

（2）省察克治的方法。这种方法主要是通过自我反省来发现和找出自己思想和行为中的不良倾向、坏的念头，并加以抑制和克服。所谓"省察"，就是通过反省检查以发现和找出自己思想和行为中的不良倾向、坏的念头、毛病和习惯；所谓"克治"，就是克服和整治，去掉所发现的那些不良倾向，坏的念头、毛病和习惯。明代思想家王守仁提出"省察克治"的理论，他认为道德修养首先是反省思诚，识得病根所在，接着要做到克服和改掉这些不良倾向、习惯。

（3）慎独自律的方法。这种方法是指在没有外在监督的情形下坚守自己的道德信念，自觉按照道德要求行事，不因为无人监督而为所欲为。孟子说"君子慎独"，就是说，具有良好道德修养的人，在任何时候都能够严格要求自己，都能够得到大家的称赞。慎独是儒家对个人内心深处比较隐蔽的意识、情绪进行管理和自律的一种修养方法。慎独要求不欺人、不自欺，从外在的言行到内心的思想活动都要自我约束。

（4）积善成德的方法。这种方法是通过不断积累"善行"或"美德"，使之巩固强化，以逐渐凝结成优良的品德。荀子提出了"积善成德，而神明自得"的理论。他认为道德修养并非一日之功，成性成德不可一蹴而就，但也不是高不可攀、遥不可及的，关键在于积累和重微。用积善成德、友贤成德、责己成善等道德修养方法，培养自己的社会责任感和爱人乐群的精神是一种积极的方法。

（5）知行统一的方法。这种方法是将提高道德认识与躬行道德实践统一起来，以促进道德要求内化为自己的道德品质，外化为实际的道德行为。想得再好，说的再美，没有实际行动，只是纸上谈兵。作为道德修养方法，知行统一强调道德认识与道德实践二者是辩证统一的关系。孔子说"言忠信，行笃敬"，"君子耻其言而过其行"。一个有道德的人，必须理解行为所应遵循的行为准则，更必须在生活上遵循这些准则而行动，做到知行统一。知行相互为用，共同促进着道德人格的完善。

（三）科学文化素质

1. 科学文化素质是求职立业的必要准备

科学文化素质是从事职业活动的需要，是掌握专业技能的基础。科学文化知识越丰富，对技术、技能形成的指导性越强，就能在实践中少走弯路，减少摸索的时间，提高工作效率。社会发展日新月异，信息时代瞬息万变。为了适应不断变化的新形势对就业者素质和能力的要求，我们只有学习和掌握一定的科学文化知识，为求职立业做好必要的知识准备，才能适应未来的职业要求。

2. 提高科学文化素质的途径

（1）认真上好文化课是提高科学文化素质的基础。现代职业教育是以培养适应社会主义现代化建设所需要的初、中级技术人员和管理人员为目标的，而学习和掌握一定的职业技能必须以一定的科学文化知识为前提，因此，只有认真学好文化基础知识，才能为今后的学习打好基础。

（2）培养自觉学习的习惯是提高科学文化素质的关键。青少年时期是在学校接受教育的黄金时代。学生在教师的指导、帮助、督促下进行系统的学习，逐步掌握了一定的文化知识，然而，要很好地进行学习，关键是要培养自觉学习的习惯；要培养自觉学习的习惯，必须明确学习目的，提高学习自觉性。学习是有目的、有计划和讲究方法的活动，其首要的特征便是学习的目的性。学习无目的或目的不明确，是导致学习困难或厌学的重要因素之一。因此，必须明确学习目的，正确认识学习的社会意义，把学习与社会的建设结合在一起，从而形成健康的学习动机，培养正确的学习态度，提高学习的自觉性。

（3）具有科学的学习方法是提高科学文化素质的重要途径。现代社会的重要特征之一就是"知识激增"，科学知识总量每过 3—5 年就会翻一番。即使一个人整天 24 小时不停地学习，也无法穷尽某一学科的知识领域。可见，除勤奋外，科学的方法至关重要。因此，我们应掌握科学合理的学习方法，掌握学习的主动权，逐步提高自己的文化和专业知识素质。

（4）培养自学能力、不断拓宽知识面是提高科学文化素质的重要内容。21 世纪是一个信息技术、生物技术、新材料技术、新能源技术、空间技术和海洋开发技术发展的全新时代，这是迄今为止科技发展和社会发展史上规模最大、发展最快、影响最深的科技革命。由于知识更新加快，在学校所学的知识已远不能适应社会、经济发展的需要，因此，应注意培养自学能力，根据自己工作的需要，在实践中不断学习先进的文化专业知识，拓宽知识面。知识丰富了，可以触类旁通，左右逢源，提高自己的文化专业知识素质，适应形势发展的需要。

（四）专业技术素质

1. 专业技术素质的含义

专业技术素质是指任职者从事某种专门职业所必须具备的智力技能和操作技能。智力技能是指借助于言语在头脑中进行的智力活动的方式，如阅读、心算、解题、作文等方面的技能；所谓操作技能，又叫动作技能，指书写、打字、演奏乐器、使用生产工具等，主要是借助骨骼、肌肉运动实现的一系列外部动作。动作技能与智力技能统一存在于人的实践活动中，两者既有区别，又有联系，并可相互转化。

掌握专业技术，是就业的基本条件。对大学生来说，如果动手能力不强，只掌握专业理论知识，就等于纸上谈兵，是不能胜任实践工作岗位的。随着市场经济的发展、竞争的进一步激烈，只有理论知识而无实际动手能力的人将被淘汰。

掌握专业技术，也是开发智力、培养能力，在本岗位上做贡献的需要。俗话说："心灵手巧"，然而，大量的事实证明，手巧也可使心灵。专业技术的形成不仅是领会、巩固和应用知识的重要条件，而且对于学生智能的发展，特别是职业活动中所需的独立工作能力和创造力的发展，具有极大的促进作用。专业技术在一定程度上决定了就业者在本岗位做出贡献的程度。因此，要使自己能在职业活动中为社会做出更大的贡献，就必须掌握一定的专业技术。

2. 提高专业技术素质的途径

（1）理论联系实际，积极参加实习、实验和社会实践活动。要掌握专业技术技能，一方面应该认真学习专业技术理论知识，做到"应知"；同时，必须加强专业技术技能的训练，做到"应会"；最终，"手脑并用，合二为一"。如何把学到的专业技术理论转化为技能技巧，关键在于理论联系实际，积极参加实习、实验和社会实践等各种实践活动。要多动手、勤操作，不放过任何一次动手机会，将技术理论变成自己的实际动手能力，在实践中锻炼自己，不断提高自己的专业技能，进一步培养生产和工作能力。

（2）勤学苦练，精益求精，向一专多能方向发展。学习和掌握现代科学技术不是一件轻而易举的事情。在科学上没有平坦的大道，只有不畏劳苦沿着陡峭山路攀登的人，才有希望达到光辉的顶点。要掌握高超的技术，掌握过硬的本领，必须有谦虚好学、刻苦钻研的精神，必须通过艰苦的劳动，勤学苦练，掌握本专业技能，精益求精，努力向一专多能型方向发展。能否做到这一点，是衡量一个人事业心强弱的重要尺度，也是衡量一个人职业素质高低的重要标志。

（3）取长补短，向一切有经验的人学习。由于科学技术发展迅速，新工艺、新技术层出不穷，更新很快，因此，学习和掌握知识的过程是没有止境的。在刻苦学习的同时，应不断吸收国内外的先进技术和经验，取长补短，不断提高、完善自己。为了做好本职工作，要尊重同行，虚心请教，互相切磋，潜心钻研，使自己成为行业的技术能手，不断攀登技术高峰。

国家国力的强弱，经济发展后劲的大小，越来越取决于劳动者的素质。因此，劳动者的素质是关系到一个国家在未来世界的竞争中立于不败之地的大问题。青年人是祖国的未来，建设富强、民主、文明的社会主义祖国的重担历史地落在他们肩上。他们不仅要有丰富的科学文化知识，还应掌握过硬的专业技术技能，以迎接世界技术革命的挑战，在工作岗位上大有作为。

（五）心理健康素质

1．心理素质与大学生就业

大学生是否具有健康的心理素质，不仅对他们的求职就业有直接影响，而且对大学生的职业发展、人生发展都有着不容忽视的影响作用。充分认识大学生就业心理健康的重要意义，有助于大学生培养良好就业心理、预防不良就业心理、调整就业观念、积极面对就业。

（1）大学生就业心理与大学生的求职择业。就业环节是大学生完成学业后的实践阶段，大学生个人的综合素质、各项能力在这个环节集中展现出来，构成大学生职业素质与职业能力的基本内容。在这个环节，用人单位不仅看重大学生的专业学习水平与实践能力，对大学生的职业道德、职业理念也非常重视、对大学生求职面试中的一言一行都给予关注，这些观念与行为都和大学生的就业心理状况密切相关。

大学生的就业心理健康和求职择业这个人生课题息息相关。健康的就业心理是促进大学生顺利就业和成功就业的保障。健康的就业心理状态下，大学生能够客观地分析个人现实和职业现实，树立科学的人生观和价值观，形成合理的就业观和职业观，更能够经受困难和挫折，在市场竞争中始终勇往直前，积累经验教训，赢得就业机会，获得就业岗位；相反，不良的就业心理状态下，大学生或盲目就业、或犹豫不定、或这山望着那山高、或消极等待机遇出现。

青年大学生要立足社会需求、立足职业发展，充分利用大学期间的理论学习、社会实践、科学研究、实习活动等等，主动培养个人健康的心理素质，积极主动地应对就业问题，迎接社会挑战。

（2）大学生就业心理与大学生的职业发展。就业心理和职业发展互为依托、互为补充。一方面，诸多不良就业心理的形成，多是由于个人定位、职业定位方面的问题而引起的，而这些正是职业发展方面的基础技能。通过职业规划，能够帮助完成个人职业素质的分析、完成社会对应职业的调查和个人职业目标的定位，以此为基础的就业观念的形成就有了更加科学的依据，就能够以良好的心理状态对待就业。

另一方面，拥有健康的就业心理，更是大学生科学规划职业生涯、获得良好职业发展的基础。在进行职业规划阶段，良好的心理状态是完成设计、实施训练的保障，影响到职业规划的实施是否具有主动性、积极性、针对性、科学性，而不良心理状态会造成态度、深度、准确度方面的很多失误。

因此，从大学生活开始之时就要注意健康心理的养成，从职业规划开始之时就要注意健康心理的维护，在职业目标的选择时注意预防和调试不良就业心理，在职业发展的各个阶段都要注意培养和发展健康的就业心理，这样的职业人生才会更加辉煌。

（3）大学生就业心理与大学生的成长成才。就业，这对于大学生的人生发展来讲有着重大意义。这个阶段由于受到"就业"这一事件的刺激，个体在心理和行为上有所波动是正常的，是符合人的心理发展特点的。但是如果忽视健康就业心理的培养与锻炼、忽视不良就业心理的预防与调适，将会由于求职择业和职业发展的失败形成不良心理，加剧心理问题，导致个人心理素质的滑坡，影响个人整体的成长成才。

大学生的成长成才是依托综合素质的发展存在的。就业心理是大学生整体心理素质的重要组成部分之一，也是大学生心理素质在就业问题上的具体体现。就业心理素质是大学生心理素质的有机成分之一，从而成为大学生综合素质的有机组成，成为大学生综合素质在就业过程中的表现途径和表现形式之一。通过这个途径，检验了大学生是否具备良好的心理素质，是否能够拥有良好的工作状态，是否能够胜任职业角色，是否能够为社会创造价值。因此，只有拥有健康的就业心理素质，才能真正地在社会发展与个人发展的有机结合中成长成才。

2. 大学生如何具备良好的就业心理素质

（1）认清就业形势，正视就业现状。据国际劳工组织的研究报告显示：全世界30亿经济活动人口中，失业人口有1至5亿，不充分就业人口有7.5亿至9亿。中国作为发展中国家，如同其他大部分发展中国家一样，就业形势依然严峻。2011—2020年的毕业生人数按照2%—5%的同比增长率逐年增长，近10年间累计毕业生人数达到7603万人。2020年中国全年城镇新增就业1186万人，仍有部分人口未能顺利就业，因此，如何应对巨大的就业压力是一个严峻的考验。"凡事"预则立，不预则废"，大学生只有认清就业形势，正视就业现状，方能做到心中有数，处变不惊。

只有正视就业压力，大学生才会迫使自己积极行动起来，产生求胜的心理和行动。适度的心理焦虑能够使大学生产生压力，这种压力可以变成动力，它是对大学生自身惰性的进攻，可增强大学生的进取心。但是，如果心理过度焦躁、不安，自己又不能在一定时间内调整这些情绪，这些情绪就会成为心理障碍或者心理疾病，会严重影响大学生主观能动性的发挥，甚至会埋没大学生的潜能，给就业带来额外的困难。

（2）转变就业观念，调适就业心态。观念是行动的先导。大学生要改变错误、狭隘的自我认知和社会认知，加强自我理解与分析能力的培养，以平常心面对就业形势，保持冷静的思维来进行生活中所谓重大的抉择；要孕育真、善、美的感受，持有良好心境，构筑完善情绪情感；要排除诸如不满、愤懑、嫉妒、焦虑、恐惧等负性情感对正常思维、决策的干扰；要打破传统意义上的就业"一锤定终生"的陈旧就业观念，建立新型的就业观，强化择业的自主意识，树立正确的就业观。观念决定行动，大学生要进行心理调适，克服焦虑心理，关键是要转变就业的思想观念。应届毕业生要打破传统的事事求稳、事事求顺的思想，树立市场竞争的观念。市场经济就是竞争经济，我们生活在市场经济社会中，竞争就要伴随自己一生。应届毕业生求职过程就是竞争过程，即使你得到了比较理想的职业，如果缺乏竞争意识，不再继续努力，也还会失去这个工作。有竞争就会有风险，确立竞争意识，不怕风险和挫折，焦虑心理就会得到缓解。面对就业焦虑，进行理性思考是基础，根据情况的变化更新自己的思想观念是关键。

（3）把握就业机会，顺利实现就业。就业是大学生人生发展中的重大转折点，是大学生从"自然人"向"社会人"过渡的重要阶段。大学毕业生择业认知心理是指他们在择业过程中对自己、对职业及其周围社会环境等的认识、了解和择业中对事物的推理与判断。当良好的就业机会到来的时候，大学生若不能很好地把握机会，就会导致就业机会丧失。

我国目前的毕业分配制度，有利于拓宽职业选择面，使大学生求职呈现出多元化的趋势。职业选择自由度越大，职业选择行为的责任越大，择业心理压力也相应增大。把求职的自主权送到学生手中，他们面对变幻莫测的市场经济和各种信息的刺激，反而往往感到无所适从，不由自主地会产生就业的危机感、恐惧感。实施双向选择、自主择业政策以来，总有一部分人暂时找不到工作，这是正常现象，要找到本人求职愿望与市场需求的结合点需要时间。有的同学面对用人单位严格的录用程序，不能放松自己的心态，笔试时感到紧张，等到面试时更加紧张；有的毕业生对自己向往的高待遇岗位，参加竞争的人越多，录用条件越严格，就越失去了被录用的信心；有的学生怕求职困难；有的学生因自己学习成绩不佳而烦恼；有的学生因自己有违纪前科而紧张，等等。所有这些问题都是影响顺利就业的桎梏，需要引起重视并尽快解决。

（六）其他职业素质

职业素质在从业者的职业活动和职业行为中发挥着重要作用，职业素质是一个结构完整的统一体，除了上述几方面外，还包括其他素质，如图5-1所示。

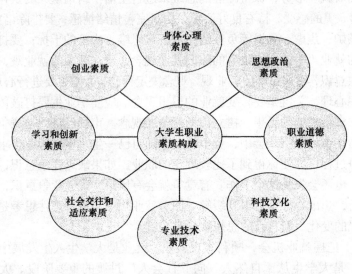

图 5-1　大学生职业素质构成

1．社会交往和适应素质

社会交往和适应素质主要指从业者所具备的语言表达能力、社会交往能力、社会适应能力和沟通能力等。它是后天培养出的个人能力，是职业素质的核心之一，能侧面反映个人能力。如礼貌用语、文明着装、言行举止都能体现一个人的职业化程度。

2．学习和创新素质

学习和创新素质主要指从业者所具备的学习能力、信息能力、创新意识、创新精神和创新能力等。学习和创新是个人价值的另一种形式，能体现个人的发展潜力以及对企业的价值。不善于自我学习的人，很容易被社会所淘汰。

3．创业素质

创业素质主要指从业者所具备的创业意识、创业精神、创业知识与创业能力等。面对日趋严峻的就业形势，大学生只有树立正确的职业理想和择业观念，开发创造性思维，提高多方位的职业转换能力和自主创业能力，才能在社会激烈的竞争中抢占先机。现在全社会都非常重视大学生创业素质的培养，鼓励大学生利用自己的聪明才智自主创业，并为他人提供就业机会。

四、不同职业的素质要求

你选择职业，职业也选择你。一方面求职者根据社会需要、个人意愿、能力和个性特征，选择适合自己发展的职业或工作岗位；另一方面，职业或工作岗位也对从业者进行选择，不同职业对从业者的知识、能力、性格等心理品质等有不同要求。

（一）企业管理人员的素质要求（表5-1）

表5-1　企业管理人员的素质要求

序号	素质要求	具体特征
1	合作精神	能赢得人们的合作，愿与他人一起工作，对人不是压服而是说服
2	决策才能	依据事实而非想象进行决策，具有高瞻远瞩的能力
3	组织能力	能发挥部属的才能，善于组织人力、物力和财力
4	精于授权	能大权独揽，小权分散，自己抓大事，把小事分给部属
5	善于应变	不墨守成规，积极进取
6	勇于负责	对上级、下级、顾客及整个社会抱有高度的责任心
7	敢于求新	对新事物、新环境、新观念有敏锐的感受能力
8	承担风险	对企业发展中不景气的风险敢于承担，有改变企业面貌、创造新局面的雄心和信心
9	尊重他人	重视和采纳他人意见，不武断狂妄
10	品行端正	品德为社会人士、企业职工所敬仰

（二）科技管理人员的素质要求（表5-2）

表5-2　科技管理人员的素质要求

序号	素质要求
1	精通某一学科并有高深的造诣
2	有较广博的专业知识和管理知识

续表

序号	素质要求
3	有较强的政策水平
4	具有判断和预测学科研究方面的决策能力
5	对科学技术有较强的鉴别能力
6	有较强的业务实施能力
7	有较强的信息沟通和社会活动能力
8	知人善任，乐于助人
9	有强烈的社会责任感
10	组织、协调能力强

（三）商业经营人员的素质要求（表5-3）

表5-3 商业经营人员的素质要求

序号	素质要求	具体特征
1	发明能力	头脑灵活，在短时间内能产生各种新颖想法
2	信息处理能力	善于处理市场获得的信息，辨别其价值，及时反馈
3	情绪表达能力	对周围的世界以及商场即战场的感受比较灵敏，在贸易场合善于表达自己的意向
4	文学写作能力	涉及经济合同等经济文书，考虑周到，用词准确
5	组织管理能力	对进销贮运业务活动组织协调得当
6	果断决策能力	及时对经营做出正确的抉择
7	改革挑战能力	不满足于现状，勇于开拓新领域

（四）社会科学研究人员的素质要求（表5-4）

表5-4 社会科学研究人员的素质要求

序号	素质要求
1	性格外向，善于处理自己与他人的关系
2	能有效地观察事实，观察力和预测力很强
3	自立自主，不满足现状，也不因遭受打击与挫折而沮丧
4	对生活总是感到新奇、愉快、有狂热的追求
5	以问题为中心，而不以自我为中心
6	具有济世救人的社会责任感
7	具有民主的气度，对各种各样的人都一视同仁
8	富于幽默感
9	较强的社会责任感和为真理献身的精神
10	富有创造力

（五）工程技术人员的素质要求（表5-5）

表 5-5　工程技术人员的素质要求

序号	素质要求
1	扎实的专业知识和较宽的知识面
2	不满足于现状，有较强的创造革新世界精神
3	试验操作、模型制造、解决操作难题等实践能力强
4	较强的组织能力，保证技术的攻关和实施
5	求知欲旺盛，不断学习新知识、新技术
6	对科技发展、应用有敏锐的洞察力和预测能力
7	严肃认真，实事求是的工作态度

（六）广告策划、设计人员的素质要求（表5-6）

表 5-6　广告策划、设计人员的素质要求

序号	素质要求
1	较强的创造性，能独出心裁
2	丰富的知识，对复杂的事物有鉴别、识别能力
3	有战略眼光和预见能力
4	法制观念强，不制造虚假广告
5	诚实守信，较强的人际交往能力
6	有全局观念和开拓新领域的能力
7	较强的想象能力和绘画能力

（七）推销、采购人员的素质要求（表5-7）

表 5-7　推销、采购人员的素质要求

序号	素质要求
1	独立性和自我管理能力较强
2	善于捕捉信息，灵活应变
3	时间观念强
4	善解人意，劝说能力强
5	诚实、守信用
6	喜怒不形于色
7	性格外向，人际交往能力强
8	口头表达能力和洞察能力较强

（八）教师的素质要求（表5-8）

表5-8 教师的素质要求

序号	素质要求
1	对少年儿童有兴趣，热爱教育事业，有献身精神
2	具有较强的语言表达能力，口齿清楚，发音准确，善于表达
3	专业知识扎实，知识面广
4	较强的组织管理能力
5	观察能力强，善于观察学生的眼神、表情、姿态、行为、穿着和心理
6	较强的记忆力和理解能力
7	对学生态度和蔼、有耐心，平易近人
8	作风正派
9	兴趣广泛
10	良好的仪表

（九）金融财会人员的素质要求（表5-9）

表5-9 金融财会人员的素质要求

序号	素质要求
1	廉洁奉公，有正义感，能抵制各种诱惑，坚持原则
2	责任心强，时间观念强，慎重细致
3	有较强的数字反应能力和汇总、规划能力
4	具有较强的社交能力
5	具有扎实的专业知识和宽广的知识面，要学习有关经营、制造、推销、采购等方面的知识
6	较强的理解、分析、综合、判断和推理能力

（十）外贸工作人员的素质要求（表5-10）

表5-10 外贸工作人员的素质要求

序号	素质要求
1	保守国家机密，责任心强。坚守国格人格
2	反应灵敏，待人热情，有较强的社交、涉外能力
3	外语水平高，语言表达能力强
4	具有扎实的外贸专业知识和较宽的知识面
5	具有较强的协调能力、合作共事能力

（十一）政府机关公务员的素质要求（表 5-11）

表 5-11　政府机关公务员的素质要求

序号	素质要求
1	有较高的政治素质，坚持四项基本原则，坚持改革开放；执行党的路线、方针、政策；全心全意为人民服务，遵纪守法，保守国家秘密；公正廉洁；高度的责任感和强烈的事业心
2	具有扎实的基础知识、专业知识、管理知识和宽广的知识面
3	具有较强的组织管理、协调能力和决策能力
4	具有较强的调研能力和较高的政策水平
5	具备良好的思维能力，分析、综合、比较、抽象概括能力要有一定的发展水平。思维的广度、深度、独创性、灵活性等应有相当的发展水平
6	具有较强的文字能力和应变能力
7	具有一定的社会交往能力，且能坚持原则性和灵活性的统一

第二节　大学生职业素质培养的意义和途径

作为大学生，必须考虑如何才能较为顺利地进入职场、如何在职场上站稳脚跟继而在事业上取得成就，也必须考虑个人的职业生涯如何发展、个人的事业如何发展。解决问题的核心就是要客观地认识自我、不断提升自我，要努力地训练和提高自己的职业素质，从而为将来走进职场、立足职场、成就事业打下坚实的基础。

一、大学生职业素质培养的意义

一个人职业素质的高低，关系到他一生的成就。我们面对工作的态度以及在工作中体现的素质和智慧，是取得成就的最关键因素。因此，大学生全面加强职业素质培养与训练意义重大。

（一）职业素质培养是大学生就业创业的必备条件

随着高等教育由精英教育转向大众教育的进程，大学毕业生人数倍增，用人单位对人才需求的标准也水涨船高，这一方面加大了毕业生就业的压力，另一方面又给毕业生提供了难得的机遇和挑战。大学生要想在竞争中夺胜，在机遇中奋起，就必须利用在校期间锻炼职业素质，自觉形成优秀的职业道德品质，追求高尚的职业理想，培养热爱本职工作的敬业精神和奉献意识，深刻感受到自己肩负的社会责任和使命，树立正确的就业观念和创业理念，才能立于不败之地。

案例：应届毕业生小徐，在校期间学习中等。在一次招聘会上，小徐决定竞聘沿海某知名企业人力资源部的职位，薪水很高。招聘当天，这家企业的招聘台前人满为患，几乎每个人手里都拿着厚厚的简历和成摞的证书。轮到小徐时，只递上一张纸的简历。招聘方问："你有什么证明自己优秀的证书吗？""除了学生证，我只有一本《献血证》。"小徐话音刚落，应聘的同学随即笑声四起。招聘方看了看小徐递过来的《献血证》，上面记录着小徐三年来的六次献血记录。接下来招聘方问："英语四级还没过？""是，不过，毕业前还有两次考试，不会影响毕业，"小徐回答。"好，你被录用了，现在就可以签约。"此时招聘台前的笑声，变成了惊呼，手握 11 本各种证书的两位同学，则流露出了不解的表情。

小徐在高手如云的招聘台前胜出，首先表现出了做人最基本的诚实品格。没有英语四级证书，能够如实承认，并能改正。其次小徐多次参加义务献血，表明他具有奉献精神和社会责任感。企业当然偏爱这样的员工。

（二）职业素质培养是大学生事业成功的内在支撑

一个人要赢得职业生涯的发展，除了正确地把握时机，做出恰当的职业选择之外，更重要的是具备良好的职业素质。"三百六十行，行行出状元"。只有在大学阶段，打下良好的专业基础，锻炼各方面的能力，培养出良好的职业素质，日后才有机会在自己的行业里崭露头角，赢得职位上的晋升、事业上的发展。所以，职业素质培养也是个人事业成功的关键。

案例：新年伊始，上海某西服厂分管后勤的琪，一下子被提拔为总经理助理，令人刮目。这与去年公司成交的一笔生意有关。2019 年 9 月，公司得知一个阿联酋外商要来上海采购一批西服，并且从内部消息获知，这位外商要来考察好几家公司，然后再确定最后的合作伙伴。但欣慰的是，该公司是这位外商来考察的第一家公司。那天下午，正好是琪去迎接这位客人。浦东国际机场，这位客人刚下飞机走到出口，就看到穿着得体、端庄秀丽的琪抱着鲜花来迎接他。琪替客人拉着行李箱，一边笑盈盈地用英语与客人交谈。当时，天气依然闷热难当，客人额头渗出细小的汗珠，琪拿出一小包面巾纸微笑着递给客人，客人感到分外亲切，连声说："谢谢！谢谢！"上了车，客人发现车内一尘不染，香喷喷，十分凉爽。显然，飞机快到达前，琪又特地开了空调。此时，琪又拿出一瓶冰红茶，说："您先喝水。"又问："您晕车吗？""不晕。""不晕我就开快点，晕车我就开慢点。"

车开之后，琪又说："您累了，给您听点杰克逊的轻音乐。"这令客人十分感动。车到了云台路，突然慢了下来，琪打开了右边的车窗，对客人说："您看，那就是上海的世博会场馆，那个高大红色如冠盖的是中国馆，你们的阿联酋国家馆离中国馆不远。我已给您准备了后天的世博会门票，欢迎您光临我们的世博会。"这令客人喜出望外。客人心想，有这样好的员工，企业赖不了。琪把客人接到预定好的宾馆，一直把客人送到房间，然后微笑着说："您先休息一下，晚上我们老总为您接风洗尘。"然后轻轻地拉上门离开。

当天晚上，客商见到公司老总非常高兴，晚宴刚刚开始，令人意外的是，客商竟郑重地宣声，明天即与公司签署西服供需合同，价值百万美元，足够公司半年的生产量。公司老总有些惊讶地问："您不是来考察的吗？还没有考察怎么就签合同？"客商笑着说："我已经考察完了，我很满意。"后来，老总得知了事情的原委，对琪大为赞赏。是呀，是琪完美的接待，让客商感慨不已，从而认定这个公司一定是个管理非常到位的公司，是一个员工素质非常过硬的公司，其产品质量也一定毋庸置疑，跟这样的公司合作，可以放一百个心。事后在公司的员工大会上，老总讲了琪的这件事情，这也是提拔琪的主要原因。他说："琪一次接待，就拿来了一个百万订单。她良好的职业形象为公司赢得了声誉，也赢来了商机。一个员工，你的形象代表了整个公司的形象，你就是公司的形象大使。琪就是大家的榜样。"

每个员工都是公司的形象大使，你在为公司增光添彩的同时，也在为自己的飞黄腾达积蓄力量。

（三）业素质培养是企业赢得市场竞争力的核心

人力资源是形成企业核心能力的重要源泉。随着知识经济时代的到来，员工职业素质对于企业发展的影响作用越来越大。一个企业有没有竞争力，关键在于其产品的质量、设计、价格和服务有没有竞争力。而这一切都受制于企业员工素质的高低。企业招聘具有良好职业素质的大学生，有利于优化企业劳动力素质构成，增强企业的创新能力，培育企业的核心竞争力，赢得竞争优势。

（四）职业素质培养是提高国家全民素质的关键

国家兴旺，民族振兴，匹夫有责。在坚决实施科教兴国和人才强国战略中，加强大学生职业素质培养，有助于提高国民整体的素质，使人口大国发展为人才资源强国。

二、大学生职业素质培养的途径

任何一个高效团队的发展都需要有一批高素质的成员来支撑，这些高素质的成员不仅要具有高技能，还要具备高品德。因此，大学生必须要有多方学习和培养自己的职业素质的意识。

（一）树立职业理想，重视人生价值的实现

职业理想是人生对未来职业的向往和追求。职业不单纯是谋求生存的手段，更是一生所追求的事业，它蕴涵着人生的理想和信念。大学生的职业理想是他们人生职业实现的精神支柱，是他们成人、成才、成就人生目标的不竭动力。大学生要正确处理国家、社会和个人之间的关系，树立合理的求职期望值，在学业上奋发进取，锲而不舍地按照自己的职业需要充实、完善自我，才能实现未来人生的职业目标。

案例：美国社会学家怀兹等人曾对数百名美国人问过这样一个问题：当你拥有一笔不必工作也能维持生计的遗产时，你会不会脱离职业人的行列？结果发现，竟然有80%的人回答："即使自己生活富裕，仍然愿意继续工作。"至于理由，则有下列几种：工作是一种乐趣；希望自己的内心经常保持充实感；以此维持自己的健康；通过工作可以促进人际交往；证明自己是活生生的人；保持自尊心。

由此可见，职业除了谋生的功能外，还具有更为重要的意义，即证明自己的社会存在、实现自我价值。

（二）强化职业意识，养成良好职业习惯

职业意识是对职业活动的认识、评价、情感和态度等心理成分的综合。大学生在进校之前，对所选专业未必有全面的了解，容易存在一定的盲目性；入校后，大学生对未来将要从事的职业也认识不深，容易准备不足。因此，大学生要了解专业的职业内涵，专业的发展前景、社会地位及所需知识技能，知道将来要从事的职业岗位，从而形成初步的职业认识，对未来职业生活产生初步设想。更重要的是养成热爱专业的思想情感、学好专业本领的坚定信心、吃苦耐劳的精神、责任意识和安全生产意识，以及遵守纪律、恪尽职守的职业习惯，成为"准职业人"。

（三）夯实专业基础，努力提高职业能力

大学生择业、就业、创业需要以自身能力和素质为基础，因此要充分

利用大学美好时光，既注重系统的专业知识的学习，较完整地了解和掌握专业领域内的状况，把握自己未来的职业定位，在此基础上形成良好的职业情感，还要注重课堂外非专业知识的学习，扩展知识面，开阔视野，锻炼职业能力。机会总是青睐有准备的人，一个人有了真才实学，能够适应多种岗位，才有利于就业，有利于事业成功。

案例：小李接到了某报社的面试通知。参加面试的人很多，面试过程中报社的电脑出了故障，导致面试无法正常进行。时间一分一秒地过去，电脑还是没有修好。面试的学生中不少人在议论纷纷，有的已经对报社耽误时间表示不满。报社的招聘人员查看了应聘者的简历，让写着"精通电脑"的应聘者试一试，看能否把电脑修好。但是，到了这个关键时刻，大家都退缩了。只有学中文的小李毛遂自荐。在众人怀疑的目光中，他利用自己平时积累的电脑知识，沉着地进行各种测试，终于找到了电脑出现的问题，并很快把电脑修好。小李出色的表现，最终赢得了报社的职位。

小李的成功表明，合理的知识结构在就业中非常重要，大学生不仅要学好专业知识，还要注意扩大知识面，养成良好的学习习惯，尽可能掌握更多更新的知识。

（四）重视职业实践，自觉锤炼职业精神

首先，大学学习虽不是一种职业，但我们可以把大学生活作为一种职业来做，按照职业化的要求，制订计划，加强管理，节约成本，讲究效益；遵守规章制度，遵循道德规范，提高道德修养；勤奋刻苦学习，构建知识结构，锻炼工作能力；强化责任意识，加强团队合作，培育职业精神等。

其次，积极参加校内的实训实践活动，把它当作一种职业训练，在专业老师的指导下，在模拟的工作环境中，运用理论知识，解决实际问题，锻炼职业能力。

最后，积极利用假期参加社会实践，多接触社会，多接触职业生活，多积累职业经验，提高职业素质。

第三节　大学生职业意识的训练

职业意识是人们对职业岗位的认同、评价、情感和态度等心理成分的总和，其核心是爱岗敬业精神，在本职岗位上能够踏踏实实地做好工作。

良好的职业意识可以最大限度地激发人的活力和创造力，是企业赢得顾客与利益的砝码，它不但能成就优秀的员工，而且能成就卓越的企业。大学生要想成为企业的人才，创造辉煌的人生价值，不仅要努力培养过硬的职业能力，还必须努力培养良好的职业意识，并按照职业意识的基本要求进行自我约束。

职业意识是人们对职业的认识、意向以及对职业所持的主要观点，是作为职业人所具有的意识，又称做主人翁精神。具体表现为：工作积极认真、有责任感，具有基本的职业道德。

一、职业意识内涵

职业意识，是指从业者在特定的社会条件和职业环境影响下，在教育培养和职业岗位任职实践中形成的某种与所从事的职业有关的思想和观念，是从业者在职业问题上的心理活动，是自我意识在职业选择领域的表现。而且，职业意识的形成不是偶然的，它会经历一个由肤浅趋于深刻、由模糊趋于鲜明、由幻想趋于现实的发展过程。

职业意识既影响个人的就业和择业方向，又影响整个社会的就业状况。职业意识由就业意识和择业意识构成。就业意识指人们对自己从事的工作和任职角色的看法；择业意识指人们对自己希望从事的职业的看法。

职业意识是约定俗成、师承父传的，是用法律、法规、行业自律、规章制度、企业条文来体现的。它是每一个从业者从事工作岗位时最基本，也是必须牢记和自我约束的。

二、职业意识构成

职业意识是指一个人对于职业的根本看法和态度，包括职业认知、职业情感、职业意志以及职业行为等。职业意识不仅具有一定的社会性，而且具有行业或企业的相通性。

（一）职业认知

职业认知，简单地说就是对职业的认识，对职员和团体的认识。

1. 职业的内涵

俗话说"三百六十行，行行出状元。"这里的"行"，一是指行业，二是指职业，行业产生于职业，职业存在于行业。那么，什么是职业？

在《中华人民共和国职业分类大典》里，中华人民共和国人力资源和社会保障部明确规定了职业的一个要素：一是职业名称，它是职业的符号特征；二是工作的对象、内容、劳动方式和场所；三是特定的职业和能力；四是职业所提供的各种报酬；五是在工作中建立的各种人际关系。因此，所谓职业，就是人们为了谋生和发展而从事的相对稳定的、获得相应经济收入或报酬的、专门类别的社会活动，通常又称作工作或工作岗位。从事一份职业，实际上是维持生计、承担社会分工角色、发挥个人才能的一种持续进行的社会活动。

职业的产生和发展是同生产力的发展一致的，是随着生产力水平提高和社会分工的发展而产生和发展的。在原始社会，水平低下的生产力还不足以使人们形成职业，只有到了原始社会末期，才逐渐出现手工业和商业，人们在社会中不得不承担一定责任，从事专门的业务，从而形成职业。

随着人类社会、生产力、科学技术的迅猛发展，职业也在不断发展，旧职业逐渐淘汰，新职业不断产生，职业向更专业化、智能化、综合化的方向发展。

2. 职业的特征

（1）经济性。人们从事职业活动的主要动机就是获取一定的经济收入作为谋生的经济来源。对于大学生来说，大学毕业就意味着具备了独立生存的基本能力，而选择职业、从事职业活动会为新的生活奠定必需的基础，这个基础就是经济收入。

职业的经济性将职业活动和个人出于兴趣爱好或出于某种责任感而从事的活动区别开来，如集邮、志愿者等。

（2）专门性。职业是社会分工的必然产物和具体表现。每一种职业都有自己特定的活动内容和活动方式，每一个岗位都有自己相应的知识要求和能力要求。

职业的专门性，一方面形成了不同的职业技能，需要人们学习和掌握，才能胜任某项工作；另一方面形成了不同的职业道德和职业规范，要求人们必须遵守和养成习惯。

（3）社会性。职业是个人与社会相结合的具体方式之一，是一种正式的、稳定的结合方式，是除家庭之外最重要的社会结合方式。

职业是从业者在特定社会生活环境中所从事的一种与其他社会成员相互关联、相互服务的社会活动。因此，必须建立合作意识、团队意识、组织意识，不能以自我为中心或个人至上。

（4）稳定性。职业一旦形成，便会在一定的生命周期内存在和发展。有些职业存在的历史比较久远，如农业种植活动等；有些职业存在的历史则比较短暂，如小货郎；有些职业是新近刚刚形成的，如汽车美容师等。

（5）地域性。职业在地域分布上具有相对的地域集。中性。如汽车制造业的集团主要分布在长春、上海、广州、湖北、重庆、北京、南京等地，相应的也就集中了相关职业和职业群。

职业的地域性反映了地区或地域之间经济与社会发展的不同特征，一般情况下，经济与社会发展水平越高、速度越快的地方，就越能吸引和聚集相关的职业和从业人员。

（6）时代性。随着社会的发展和进步，尤其是科学技术的日益更新，职业活动也变化迅速，除了弃旧更新外，同一种职业的活动内容和方式也发生了变化，所以职业的划分也带有明显的时代性。不同时代有不同的热门职业，如我国曾出现的"当兵热""经商热"，都反映出特定时期人们对某种职业的热衷程度。

3. 职业与人生

职业与人的一生密切相关，是人安身立命之所在。人通过职业生活立足于社会，服务于社会、实现自我。职业可以左右人生，拥有一个适合自己的理想职业，人生就会变得更加充实、美满，人就可以从中获得幸福。

在工作中，除非纯粹机械性的工作，没有人不想表现自己。凡是经过人劳动生产的东西，他的个人价值也必在里面。这种表现力是与生俱来的，是促使人类做事的原动力。

人需要在工作中寻找其归宿和价值，实现其理想。人必须找到寄托，能够把工作同理想、兴趣、爱好融合起来的人是幸福的。

（二）职业情感

职业情感，是指人们对所从事的职业所具有的稳定的态度和体验。有强烈职业情感的人，能够从内心产生一种对所从事职业的需求意识和深刻理解，因而无限热爱自己的职业和岗位。

1. 点燃工作热情

热情，就是一个人保持高度的自觉，把全身的每一个细胞都调动起来，完成内心渴望完成的工作。热情是对人、事、物和信仰的一种强烈情感。内心充满热情，工作时就会振奋，同时也会鼓舞和带动周围的人提高工作效率，这就是热情的感染力量。任何事业，要想获得成功，首先需要的就是满腔热忱。

IBM 中国台湾分公司工商事业群总经理黄慧珠在接受采访时曾说："热情是一切的基础。能进 IBM 工作的人都不会是没有才能的人，我觉得区别就是工作的热情与责任感。你要热爱你的工作，也就是说。什么工作交到你手上，你都要做到最好。因为有热情，你才会负责任；因为有热情，其他的东西才会跟着来。"

除非你不选择任何工作，一旦选择了，你就要对自己的选择负责到底，而热爱你自己的选择是一切负责任行动的开始。热爱你选择的工作意味着：以高度的工作热情，忘我、全身心地投入到工作中去。

2. 享受工作乐趣

每一份工作都提供了许多个人成长的机会，这些和薪水相比，其价值要高出千万倍，因为它们能够使你终身受益。

福布斯曾经说过："工作对我们而言究竟是乐趣，还是枯燥乏味的事情，其实全要看自己怎么想，而不是看工作本身。"

仔细想想，工作给我们的回报是什么？多数人回答可能是工资、奖金、福利，其实，在你的工资单外，还有以下更为重要的东西：认识朋友，改善人际关系；充实自我，开拓生活领域；加强工作技能，提升自身附加价值；肯定自我，享受自我实现的满足感；其他你想得到的东西。

案例：获得诺贝尔物理学奖的费曼教授有句名言——"享受物理"，所谓"享受"就是乐在其中，把工作的焦点放在获得乐趣上。他的研究总是随兴所至。

一天，费曼坐在餐厅里，旁边有些人在玩耍，把一个餐碟抛到空中。碟子冉冉升起时，他注意到餐碟边飞边摆动，边缘上的校徽也随着转动，而且转动的速度比碟子转动得更快。于是费曼开始着手计算碟子的运动速度。结果发现当角度很小时，校徽转动的速度是摆动速度的两倍，刚巧是 2∶1。

他跑去告诉他的同事贝特："嘿!我发现了一个很有趣的现象。当餐碟这样转时……是 2∶1，原因是……"

贝特说："费曼，那很有趣，但那有什么重要？你为什么要研究它？"

费曼答道："那没什么重要的，我只是觉得好玩而已。"他继续推算出盘子转动的方程式。由这个方程式他又联想到电子轨道在相对论发生作用的情况下如何运动，接着是电动力学里的狄拉克方程式，再接下来是量子电动力学。而后来他获得诺贝尔奖的原因全部来自这天他兴味十足地把时光"浪费"在一个转动的餐碟上！

当我们把焦点放在乐趣以外的收获上时，就会给快乐设下条件："等我换了工作就会快乐"，"等我赚够了钱就会开心"或"等我换了上司就会高兴"，这样就无法找到快乐。能够体会工作的乐趣，才会愈做愈有趣，愈做愈有劲，才能获得意想不到的收获。

心理学家发现，没有所谓"通往快乐的道路"，因为快乐本身就是道路。一个无法感受快乐的人，即使中了六合彩也依旧找不到乐趣。而一个拥有体会快乐能力的人，不论外在环境状况如何，都能时时感受到轻松与喜悦。所以，快乐工作的动力来自心底，而非建立于外在的收获。

工作不仅仅是谋生的手段，更是人内在的需要，是源自人性深处的一种渴望。不管将来从事什么职业，都应该抱着一种积极乐观的态度对待，其实只要愿意去寻找，总会找到工作中的乐趣。学会带着兴趣去工作，就可以做得更好，成为一个快乐的工作者。

（三）职业意志

职业意志，是指人们在职业实践中所表现出来的克服困难的毅力和坚持的精神。它表现在持之以恒的自觉性和始终如一地忠于职守。从事任何职业都不是轻而易举的事，免不了遇到困难和挫折，只有意志坚强的人，才能经得住考验和锻炼，保证职业活动的正常进行。缺乏意志力，常常经不住困难的考验，很难完成自己的职业使命。

1. 专注与坚持

所谓"专注"，就是集中精力、全神贯注、专心致志。一个专注的人，往往能够把时间、精力和智慧凝聚到所要做的事情上，从而最大限度地发挥积极性、主动性和创造性，努力实现目标。

坚持，在现代汉语词典中解释为：坚决保持、维护或进行；坚持是意志力的完美表现。坚持常常是成功的代名词。

案例：这是世界首富比尔·盖茨和第二富豪巴菲特第一次见面的故事。两人在各自的行业里叱咤风云：盖茨在 IT 界，巴菲特在金融界，都是响当当的角色。在此之前，两人只是互闻其名而未见其人。由于隔行如隔山，两者对对方的行业都不感兴趣。

在一次特意安排的鸡尾酒会上，他们第一次见面。而这一次见面对双方来说还是勉强的。但是，见面之后他们就成了莫逆之交。巴菲特后来还把自己大部分财产捐献给了盖茨和他夫人成立的慈善基金会。

他们怎么会见一次面就成了莫逆之交呢？这跟他们的为人处世和行事风格有很大的关系。在鸡尾酒会上，盖茨的父亲老盖茨问大家一个问题：人的一生中最重要的是什么？

巴菲特的答案是：专注！

比尔·盖茨的答案也是：专注！

在事业上，巴菲特专注于金融投资，他的外号叫"股神"，他在股市的投资鲜有失败的案例，他总能够慧眼选出有投资潜力的个股然后进行大额投资。他的投资方向在某种程度上成为股市的风向标，在中国，几年前他投资中石油，中石油一路飘红，后来他投资比亚迪，比亚迪的市价也立刻飙升。但是，从来没有见他把钱投在别的行业。这就是巴菲特的专注。

比尔·盖茨创办了微软，开发出视窗系列操作软件，占据全球操作软件销售市场之牛耳，也成就了他世界首富的地位。但也没发现他把钱投到IT业以外的行业。这就是比尔·盖茨的专注。

专注就是巴菲特、比尔·盖茨成功的指南。专注是什么？是对于完美的追求，是对于专业精益求精的追求。由此看来，正是对事业的专注才成就了无数商界精英。

2. 勇对挫折

挫折是指人们在从事有目的的活动时，由于遇到无法克服或自以为无法克服的障碍或干扰，使其动机不能实现，需要不能满足时产生的情绪反应。

社会心理学上指个体在有目的的活动过程中遇到障碍或干扰而产生的心理状态。表现为失望、痛苦、沮丧、不安等。挫折可使意志薄弱者消极、妥协；也可使意志坚强者接受教训，在逆境中奋起。挫折是对勇气的最大考验，检验一个人能否做到败而不馁。

生活中必然会面对困难和挫折，怎样才能使自己坚强呢？

（1）发泄：心中有痛苦，可以选择多种方法发泄，如倾诉、唱歌、旅游等。

（2）信念：坚信自己的信念和生存的精神支柱，坚信自己是好人，比别人强。

（3）责任：看到承担的责任，知道自己被需要。

（4）人生意义：生存本身就是人生意义，生存就有希望。看看自然界的事物，不管在怎样恶劣的困境，都会顽强地生存。

（5）积极情绪：激活正面的积极的情绪，相信自己是坚强的!

（6）相信明天：相信会走出困境、明天会更好。相信时间会医治好创伤。

（7）人生舞台：困难是一个良好的锤炼、磨砺和洗礼自己的机会，要以乐观、自信、坚韧、坦然的心态去竭力拼搏。

案例：英国劳埃德保险公司曾从拍卖市场买下一艘船，这艘船 1894 年下水，在大西洋上曾 138 次遭遇冰山，116 次触礁，13 次起火，207 次被风暴扭断桅杆，然而它没有沉没。

劳埃德保险公司基于它不可思议的经历及在保费方面带来的可观收益，最后决定把它从荷兰买回来捐给国家。现在这艘船就停泊在英国萨伦港的国家船舶博物馆里。

不过，使这艘船名扬天下的并非劳埃德保险公司，而是一名来此观光的律师。当时，他刚打输了一场官司，委托人也于不久前自杀了。尽管这不是他的第一次失败辩护，也不是他遇到的第一例自杀事件，然而，每当遇到这样的事情，他总有一种负罪感。他不知该怎样安慰这些在生意场上遭受了不幸的人。

当他在萨伦船舶博物馆看到这艘船时，忽然有一种想法，为什么不让他们来参观参观这艘船呢？于是，他就把这艘船的历史抄下来和这艘船的照片一起挂在他的律师事务所里，每当商界的委托人请他辩护，无论输赢，他都建议他们去看看这艘船。它使我们知道：在大海上航行的船没有不带伤的。

（四）职业行为

职业行为，是指人们对职业劳动的认识、评价、情感和态度等心理过程的行为反映，是职业目的达成的基础。它是由人与职业环境、职业要求的相互关系决定的。职业行为包括职业创新行为、职业竞争行为、职业协作行为和职业奉献行为等方面。

职业行为规范，是指从业者的言谈举止和行为礼仪，它能体现一个人的性格和人格。性格反映的是一个人的深层世界观，而人格反映的是其为人处世的态度。两者相互影响，表现出一个人应有的举止礼仪。因此，要从世界观和道德观去认识行为规范，平时加强学习，注重个人修养，使举止符合主观想法，完美地表现出一个人的职业行为规范。

职业行为规范，主要包括仪表规范、用语规范、电话礼仪、名片礼仪、交谈礼仪及其他相关礼仪。礼仪作为职业行为规范的重要组成内容，在职业行为的优化中具有非常重要的作用。

三、职业意识的训练

职业意识是人们对职业劳动的认识、评价、情感和态度等心理成分的综合反映，是支配和调控全部职业行为和职业活动的调节器，它包括规范意识、诚信意识、团队意识、责任意识、质量意识、服务意识和创新意识等方面。职业意识的核心是爱岗敬业精神。

（一）规范意识

规范意识是指从业者按照所在企业成文的规章制度和企业文化所认同的不成文的习惯性规定，自觉地履行岗位职责、规范自身行为的意识。市场经济的发展，使生产现代化的程度越来越高，如果没有严格的纪律约束，就很难对生产进行协调，而任何违反纪律的行为都会影响全局。所以，规范意识是求职者必备的重要职业意识。

有些公司在工作中应遵守的基本规范有：

电话：办公室电话一般不准接打私人电话。如有特殊情况必须使用时，时间不能超过 3 分钟。否则，请改用私人通信工具。

上下班时间：准时上下班，否则按规定扣工资或奖金。有私事外出，必须跟上级请示，经批准，填写假条后才能外出。

上网：上班时间在办公室上网只能查阅工作中的相关资料，禁止上 QQ、看小说等。

卫生：在工作区域内，自己负责的清洁工作，下班前 5 分钟整理到位。自觉维护单位公共场所、卫生间的卫生。

穿着：上班时应按照工作岗位的要求着装，做到整洁，大方，得体。如男士在办公室应该穿着衬衫、皮鞋等较正式的装束，不穿圆领衫，拖鞋；女士不能穿紧、透、露的服装，忌穿松糕鞋。在工厂，应该穿统一的制服，戴安全帽等。

推行"5S"培养规范意识。5S 就是整理（SEIRI）、整顿（SEITON）、清扫（SEISO）、清洁（SEIKETSU）、素养（SHITSUKE）五个项目，因日语的罗马拼音均以"S"开头，简称为 5S。没有实施 5S 的工厂，触目可及地就可感受到职场的脏乱，例如地板粘着垃圾、油渍或切屑等，好不容易引进的最新式设备因未加维护数月后也变成了不良的机械，要使用的工夹具、计测器也不知道放在何处等等。员工在作业中显得松松垮垮，规定的事项也只有起初两三天遵守而已。改变这样工厂的面貌，实施 5S 活动最为适合。

1）将工作场所内的东西划分为必要与不必要的，并明确、严格地区分开来，不必要的东西尽快处理掉。这样，才能腾出空间、活用空间，防止误用、误送，从而打造清爽的工作场所。

2）整顿：对整理之后留在现场的必要的物品分门别类放置，排列整齐；明确数量，并进行有效的标识。这样，才能打造整整齐齐的工作环境；消除找寻物品的时间，消除过多的积压物品。这是提高效率的基础。

整顿的"3 要素"：场所、方法、标识。物品的放置场所，原则上要100%设定；放置方法是，易取；标识方法是，放置场所和物品原则上一对一表示。

整顿的"3 定"原则：定点、定容、定量。定点即放在哪里合适，定容即用什么容器、颜色，定量即规定合适的数量。

3）清扫：将工作场所清扫干净，保持干净、亮丽的环境。这样，才能消除脏污，保持职场内干干净净、明明亮亮；稳定品质；减少工业伤害。此工作要责任化、制度化。

4）清洁：将上面的 3S 实施的做法制度化、规范化，并贯彻执行及维持结果。关键是要制度化，定期检查。

5）素养：努力提高人员的修养，养成严格遵守规章制度的习惯和作风。

（二）诚信意识

古人曰："人无信不立，人而无信，不知其可。"经济是信用经济，一个企业、一个职业人、市场信誉是可以用价值（金钱）来度量的（信誉度）。所谓名牌、品牌可以作为无形资产、产权交易就是这个道理。

一般而言，"诚"即诚实诚恳，指主体真诚的内在道德品质，侧重于"内诚于心"；"信"即信用信任，是主体"内诚"的外化，侧重于"外信于人"。"诚信"，则是一个内外兼备、内涵丰富的词汇，主要是指诚实无欺，讲求信用。千百年来，中华民族视诚信为自身的行为规范和道德修养，形成了独具特色并具有丰富内涵的诚信观。

案例：2008 年 6 月 28 日，位于兰州市的解放军第一医院收治了首例患"肾结石"病症的婴幼儿，据家长们反映，孩子从出生起就一直食用河北石家庄三鹿集团所产的三鹿婴幼儿奶粉。7 月中旬，甘肃省卫生厅接到医院婴儿泌尿结石病例报告后，随即展开了调查，并报告卫生部。随后短短两个多月，该医院收治的患婴人数就迅速扩大到 14 名。截止到 9 月，除甘肃省外，陕西、宁夏、湖南、湖北、山东、安徽、江西、江苏等地都有类似案例发生。

9 月 11 日晚，卫生部指出，近期甘肃等地报告多例婴幼儿泌尿系统结石病例，调查发现患儿多有食用三鹿牌婴幼儿配方奶粉的历史。经相关部门调查，高度怀疑石家庄三鹿集团股份有限公司生产的三鹿牌婴幼儿配方奶粉受到三聚氰胺污染。卫生部专家指出，三聚氰胺是一种化工原料，可导致人体泌尿系统产生结石。当晚，石家庄三鹿集团股份有限公司发布产品召回声明称，经公司自检发现 2008 年 8 月 6 日前出厂的部分批次三鹿牌婴幼儿奶粉受到三聚氰胺的污染，市场上大约有 700 吨。为对消费者负责，该公司决定立即对该批次奶粉全部召回。

13 日，中央、国务院对严肃处理三鹿牌婴幼儿奶粉事件作出部署，立即启动国家重大食品安全事故 I 级响应，并成立应急处置领导小组。15 日，甘肃省政府新闻办召开了新闻发布会称，甘谷、临洮两名婴幼儿死亡，确认与三鹿奶粉有关。

1 月 22 日，三鹿系列刑事案件，分别在河北省石家庄市中级人民法院和无极县人民法院等 4 个基层法院一审宣判。原三鹿集团高级管理人员田文华被判生产、销售伪劣产品罪，判处无期徒刑，剥夺政治权利终身。并处罚金人民币 2 468.74 万元。生产、销售含有三聚氰胺的"蛋白粉"的被告人高俊杰以危险方法危害公共安全罪被判处死缓，被告人张彦章、薛建忠以同样罪名被判处无期徒刑。其他 15 名被告人各获二年至十五年不等的有期徒刑。

诚信是一种人人必备的优良品格，讲诚信，就代表是一个讲文明的人。讲诚信的人，处处受欢迎；不讲诚信的人，人们会忽视他的存在；所以，每个人都要讲诚信。

（三）团队意识

中国有句俗话：一个和尚挑水喝，两个和尚抬水喝，三个和尚没水喝。英国有句谚语：一个人做生意，两个人开银行，三个人开殖民地。两者的区别在于以下几个方面（见表 5-12）

表 5-12 中英谚语的内涵差别

中国谚语	英国谚语
个人主义，无共同责任感	责任共同承担
满足自我要求为目的，无共同目标认同	共同目标认同，自我价值感增强
自我意识，排斥他人	能够相互融入，相互影响
无长远目标，只求眼前利益，无奉献意识	奉献回报与赏识共享
不懂双赢，只讲输赢，无共同目标	共同目标实现，均体验到成就感

团队意识，是具有集体意识和协调合作能力的一种综合表现，是指为

了统一的目标，大家自觉地认同必须负担的责任并愿意为此共同奉献。所有个体在被尊重的氛围中，上下齐心，团结合作，为了团队的利益而追求卓越。团队意识包括两层含义：一是集体意识，个体与同事构成一个为公司利益而共同努力的集体，目标共同，利益一致。二是合作能力。将集体意识深入发展，应用到实际工作中就表现为合作能力。企业有了团队精神就有了核心竞争能力，它是单位和个人成功的保证。

案例：秋天，雁群为了过冬而飞向南方，当你看到它们以"V"字队形飞行时，你也许已经想到某种科学论点可以说明它们为什么会这样飞。当某只大雁展翅拍打时，其他大雁会立即跟进，整个雁群的飞行会抬升。凭借着"V"字队形，整个雁群群飞比一只单雁单飞至少增加了 71%的飞行能力。

当一只大雁脱队时，它会立刻感到独自飞行时的吃力和迟缓，所以它很快又回到队列中，继续利用前一只大雁所造成的浮力，朝着共同的目标飞行。

当领队的大雁疲倦了，它会退到侧翼，另一只大雁则会马上接替它的位置。飞行在后的大雁会利用叫声鼓励前面的同伴保持整体的速度。

当一只大雁生病了，或是因枪击而受伤落队时，另外两只大雁会脱队跟随它，帮助并保护它。它们跟着落下的大雁降到地面，直到它能够重飞或死去。只有在那时，这两只大雁才会飞走，或者随着另一队雁群赶上自己的队伍。

美国社会学家史密斯在《团队智慧》中指出："团队是拥有不同技巧的人员的组合，他们致力于共同的目的、共同的工作目标和共同的相互负责的处事方法。"团队成员都拥有自己的性格、特长和经验，只有充分实现人员能力的互补，形成一个类似球体的结构，才能更快地向前滚动。

团队中每个人的工作都对他人起到重要作用。那么,怎样培养团队意识?

（1）能够包容他人的不同文化背景和工作方式。

（2）由衷地欣赏并赞美他人的优点和成绩。

（3）当面交流对同事的看法，而不背后议论他人。

（4）主动与他人分享对工作有用的信息。

（5）对自己的行为和结果负责任，主动承担工作失误的责任，并及时改正。

（6）面对问题，首先考虑解决问题的方法，而不是指责他人。

（7）以足够的耐心和兴趣，倾听他人的观点和看法。

（8）通过主动说服和利用实际工作效果的影响，赢得同事对自己工作的理解和支持。

（9）以双赢的态度与合作伙伴共谋发展。

（10）相互信任、谅解，相互沟通、关爱，相互尊重。

（11）学会换位思考。站在他人的角度思考问题或换位情感体验，设身处地为他人着想，想人所想，理解至上。在矛盾冲突中学会换位思考是解决问题的前提，见图5-2。

图 5-2　换位思考

（四）责任意识

责任意识，是指自觉履行岗位职责，按照岗位要求认真落实各项任务的意识。责任意识是成就事业的基本保证，也是职业造福社会的前提。缺乏坚定的责任心，就容易在逆境中跌倒，在诱惑前不能自控。

案例：野田圣子 1983 年进入东京帝国饭店工作。但没想到上司竟安排她做洗厕工，每天都必须将马桶擦洗得光洁如新。心理作用使她几欲作呕。本想立即辞去这份工作，但她又不甘心自己刚刚走上社会就败下阵来。因为她初来时曾经发誓：一定要走好人生的第一步！

就在圣子的思想十分矛盾的时候，酒店里一位老员工出现在她面前，二话不说，拿起工具亲手演示起来：一遍又一遍地擦洗马桶，直到光洁如新，然后将擦洗干净的马桶装满水，再从马桶中盛出一杯水，连眉头都没皱一下就一饮而尽，整个过程没有半丝做作。野田圣子从此暗下决心，即使一辈子洗厕所，也要洗出成绩来。

此后，野田圣子为了检验自己的自信，她曾多次喝过自己擦洗过后的马桶里装的水。就是凭借着这种做事一丝不苟的精神，1987 年野田圣子当选为岐阜县议会议员，是当时最年轻的县议员。1998年7月，时年37岁的她担任小渊惠三内阁的邮政大臣，成为二战以来日本最年轻的阁员。

培养责任意识的"7C"准则：

"Clock"：控制时间，是指合理利用时间，以达到最佳利用的效果。可以通过制定合理的时间表格等方式来实施。

"Concepts"：控制思想，指在生活工作中多吸纳对成长有益，或开拓思想有益的知识。

"Contacts"：控制接触对象，指了解身边的人，学习他人的优点和长处。

"Communication"：控制沟通方式，指在不同的场合与不同的人交流采取不同的方式，选择不同的内容。

"Commitments"：控制承诺，指不承诺做不到的事情，树立自己的责任形象。

"Causes"：控制目标，指确定一个长期目标，并制定实施计划和实现期限。

"Concern"：控制忧虑，指不把消极的情绪带到工作中，影响工作效率。

（五）服务意识

服务，是指为他人做事，并使他人从中受益的一种有偿或无偿的活动。服务不但是一种形式，更是一种态度，一种真诚服务顾客，把服务做到位的态度。

服务意识，是指企业全体员工在与一切企业利益相关的人或企业的交往中所体现的为其提供热情、主动、周到的服务的欲望和意识。即自觉主动做好服务工作的一种观念和愿望，它发自服务人员的内心。具有强烈的服务意识，才能把工作当成快乐的事去做。

优质服务主要体现为：优良的服务态度，娴熟的服务技能，快捷的服务效率，建立良好的客户关系。

案例：因工作需要，刘先生准备在某饭店长住一年，该饭店没有单人间，刘先生就租用了一间标准间。一周后，刘先生觉得自己一个人住在标准间挺不舒服，床太小，两张床又占地方，就向客房部黄经理提出能否给他换张大床，黄经理认为客人的要求是合理的，就专门购置了大床，满足了刘先生的需求。

又一周后，刘先生找到黄经理，提出能否给他的房间多加一个衣柜，因为刘先生一年四季的衣服在壁橱里根本放不下，于是，黄经理就与刘先生商量："您可以把衣服寄放在饭店洗衣房的衣帽间里？"但刘先生不同意，他说："每次穿衣时都要与你们联系，岂不麻烦死啦！"黄经理认为刘先生也有道理。就给他专门添置了衣柜。

再一周后，刘先生又找到黄经理，要求长借一块烫衣板和一只熨斗，他说："每次我刚借来熨斗，你们的服务员就来催问我什么时候还，我总想在自己最方便的时候熨衣服。"黄经理想了想，就对刘先生说："我会通知服务员满足您的要求。"

刘先生离开后，黄经理就在嘟哝："这么麻烦的客人，还不如不接！"

是刘先生麻烦，还是黄经理没做好？目前许多饭店的员工都抱有黄经理这样的态度，问题的根源即是在实际工作中没有从客人的角度出发，而只是考虑到自己工作的方便，因而使客人认为饭店的服务质量平平。如果饭店服务人员的工作都是从客人角度出发，站在客人的立场上考虑问题，并预测其实际需要，事先就给予满足，那么客人的满意程度便会大大提高。

抓住机会，成功实现财富梦想。

第六章　大学生心理素养培育

心理健康（mental health）既是指一门学科，也是指一种实践活动，又是指一种心理状态，是探索和研究人的心理健康的形成、发展、变化的规律，以及如何维护和增进心理健康的学问。心理健康与大学生成长成才息息相关。许多学生进入大学后，一直苦苦挣扎在学业成绩、两性交往、人际关系、情绪调控、前途命运等人生课题中，生活中充满困惑和烦恼，出现诸多不适感、焦虑感、压抑感、紧张感等消极心理体验。如果这些消极心理体验长期积累得不到缓解，就容易出现心理障碍，轻则影响正常的学习与生活，重则导致心理疾病，影响今后的发展。因此，保持心理健康。优化心理素质，不仅仅是大学期间正常学习，生活的基本保证，也是促进人格完善和德、智、体全面发展的重要条件。

第一节　大学生心理健康的标准

大学生，尤其是大学新生，由于其不具有完全的独立性，因此具有较大的依赖性；他们对社会的了解不多，对他人对社会都抱有过于理想的心态，因此在环境适应能力上比较弱；他们的自我意识强烈，但对自我的认识不足因此很难对自己有一个明确的定位。这些原因使得大学生在心理上显露出一系列的矛盾与冲突。准确界定大学生心理健康的含义，对于引导大学生提高心理健康水平意义重大。

一、新健康观

社会的发展和人类自身认识的深化使得人类对健康概念的认识也在不断地增加。在生产力水平低下时，人类只关注如何适应和征服自然来维护自身的生存。生产力水平的不断提高，人类对身体健康的关注也逐渐增加，产生了防病治病的医学科学。发展到现代，人类对健康的认识不再局限于身体机能的正常与否，而是有了一个质的飞跃。联合国世界卫生组织（WHO）在 1948 年成立时，认为健康除了是没有疾病，还包含身体上、心理上和社会上的完好状态或完全安宁。为了加深人们对健康的认识，世界卫生组织规定了健康的 10 条标准：

（1）有足够充沛的精力，能从容不迫地应付日常生活和工作压力，而不感到过分紧张。

（2）态度积极，乐于承担责任，不论事情大小都不挑剔。

（3）善于休息，睡眠良好。

（4）能适应外界环境的各种变化，应变能力强。

（5）能够抵抗一般性的感冒和传染病。

（6）体重得当，身体均匀，站立时，头、肩、臂的位置协调。

（7）反应敏锐，眼睛明亮，眼睑不发炎。

（8）牙齿清洁、无空洞、无痛感、无出血现象，齿龈颜色正常。

（9）头发有光泽、无头屑。

（10）肌肉和皮肤富有弹性，走路轻松。

由此可以看出，健康包括身体健康和心理健康两个方面，它们是相辅相成的，是紧密联系的一个整体。严格意义上讲，任何一种病都不是纯粹身体或心理单方面的。因此，在考虑自身的健康和疾病时，要从身心两个方面来看。

二、心理健康的等级

心理健康与生理健康是健康概念不可分割的部分，但是心理健康的标准并不具体和绝对。因为心理现象是主观精神现象，它的度量很难有一个固定而清晰的界限。根据中外心理健康专家们的研究，可将人的心理健康水平大致分为以下几个等级。

（一）健康状态

（1）本人不觉得痛苦：即在一个时间段中（如一周、一月、一季或一年）快乐的感觉大于痛苦的感觉。

（2）他人不感觉异常：即心理活动与周围环境相协调，不出现与周围环境格格不入的现象。

（3）社会功能良好：即能胜任家庭和社会角色，能在一般社会环境下充分发挥自身能力，利用现有条件（或创造条件）实现自我价值。

（二）不良状态

又称第三状态，是介于健康状态与疾病状态之间的状态。这是正常人群组中常见的一种亚健康状态，它是由个人心理素质（如过于好胜、孤僻、敏感等）、生活事件（如工作压力大、晋升失败、被上司批评、婚恋挫折等）、身体不良状况（如长时间加班劳累、身体疾病）等因素的影响引起。它的特点是：

（1）时间短暂。此状态持续时间较短，一般在一周以内能得到缓减。

（2）损害轻微。此状态对个体社会功能影响比较小。处于此类状态的人一般都能完成日常工作学习和生活，只是感觉到的愉快感小于痛苦感，"很累""没劲""不高兴""应付"是他们的常用词汇。

（3）能自己调整。此状态者大部分人通过自我调整，如休息、聊天、运动、钓鱼、旅游、娱乐等放松方式能使自己的心理状况得到改善。

（三）心理障碍

心理障碍是因为个人及外界因素造成心理状态的某一方面（或几方面）发展的超前、停滞、延迟、退缩或偏离。它的特点是：

（1）不协调性。个体心理活动的外在表现与其生理年龄不相称或反映方式与常人不同。

（2）针对性。处于此类状态的人往往对障碍对象（如敏感的事、物及环境等），有强烈的心理反应（包括思维、信仰及动作行为等），而对非障碍对象可能表现很正常。

（3）损害较大。此状态对个体的社会功能影响较大。它可能使当事人不能按常人的标准完成某项或某几项社会功能，大部分不能通过自我调整和非专业人员的帮助从根本上解决问题，而需要心理医生的专业帮助。

（四）心理疾病

心理疾病是由于个人及外界因素引起个体强烈的心理反应（思维、情感、动作行为、意志）并伴有明显的躯体症状和不适感。

（1）强烈的心理反应。可出现思维判断上的失误，思维敏捷性的下降，记忆力的下降，头脑黏滞感、空白感、强烈自卑感及痛苦感，缺乏精力、情绪低落成忧郁，紧张焦虑等等。

（2）明显的躯体不适感。由于中枢控制系统功能失调可引起所控制人体各个系统功能失调：如影响消化系统则可出现食欲不振、腹部胀满、便秘或腹泻（或便秘—腹泻交替）等症状；影响心血管系统则可出现心慌、胸闷、头晕等症状；影响到内分泌系统可出现女性月经周期改变、男性性功能障碍等等。

（3）损害大。此状态之患者不能或勉强能完成其社会功能，缺乏轻松、愉快的体验，痛苦感极为强烈，"哪里都不舒服""活着不如死了好"是他们内心的真实体验。

（4）需心理医生的治疗。此状态之患者一般不能通过自我调整和非心理科专业医生的治疗而恢复健康状态。心理医生对此类患者的治疗二般采用心理治疗和药物治疗相结合的综合治疗手段。在治疗早期通过情绪调节药物快速调整情绪，中后期结合心理治疗解除心理障碍并通过心理训练达到社会功能的恢复并提高其心理健康水平。

三、界定心理健康标准时需要遵循的基本原则

心理健康标准界定时要遵循以下三个原则：

（1）心理活动与外部环境是否具有同一性，即一个人的所思所想、所作所为是否正确地反映外部世界，有无明显的差异。

（2）心理过程是否具有完整性和协调性，即人在心理活动中认识、情感、意志三个过程，内容是否完整，是否协调一致。

（3）个性心理特征是否具有相对稳定性，即人的个性心理特征在没有重大的外部环境改变的前提下，人的气质、性格、能力等个性特征相对稳定，行为表现出一贯性。

由此可见，在具体界定心理健康标准时，一般应该从环境适应能力、挫折耐受能力、情绪调控能力、社会交往能力、自我意识水平等方面提出明确的标准。

四、判断心理健康与否的方法

人的心理是人脑的内部活动。科学无法直接测量人的心理，只能根据人的具体活动加以推测，通过测量作为心理外部表现特征的行为（如人的言行），间接知道人的心理特征和心理健康水平。

（一）精神检查法

精神检查法原指精神科医生收集精神科病史时，通过交谈与观察检查患者精神活动的一种常用方法。在这里引申其为对心理健康状况进行评判的一种方法。通常由具有心理健康专业知识的专业人员，在心理咨询或治疗中，对当事人做出心理健康问题的性质、类型、程度的评判。精神检查法多用于个别检查，要求评定人员具有较丰富的专业知识和经验，否则容

易误判，尤其当症状不典型、不明显或时好时坏时，更需谨慎。

（二）心理测验法

心理测验法是运用各种标准化的心理健康量表对个体进行测试，把测试结果与常模进行比较，若某项测试结果超出该项常模过多，一般认为是异常的。此方法除个别使用外，还大量地用于团体测验和心理健康的流行病调查，其目的是为了把握某一人群的心理健康分布状况。目前心理健康测定中心理测验法是使用最广泛的一种方法，其用途很广：在教育工作上，它可以测量学生的智能、品德、个性发展，学习动机及兴趣爱好，便于因材施教；在人才选拔和职业指导上，有利于实现人职匹配。每一种职业往往对就业人员的心理结构都有一定的要求，心理测验便是了解一个人心理结构的一种简洁、可靠的方法。常用的心理测验有智力测验、能力倾向测验、人格测验、成就测验及各类职业测验等。心理测验法虽然比较科学、可靠，但必须有相应的量表，而且使用者要经专业培训。目前有关心理健康方面的量表使用的范围、测定的内容有限，还不能满足需要，因此，人们也常用精神检查法。

在实际的心理健康测定操作中，尤其在面临难以判断的情形时，为了增加结论的可靠性，常将心理测验与精神检查两种方法结合使用，或先做心理测验，对提示可能有异常者再进行面谈和深入了解，或先做一般性精神检查，再用适宜的量表做专门评定。

（三）统计学方法

统计学方法是心理测验中经常使用的一种判定方法。如同人的身高、体重、红细胞数、血压等都有一个大致正常的范围，尽管个体心理活动的特征有较大的差异，但正常人心理活动的各个层面总体上有一个分布比较集中的区域，即常态区域。如果偏离常态分布，超过或低于某个临界限值，就可以视为心理异常。这种判定方法的好处是操作比较简便，有客观的统计学指标。但缺点是人群中的少数人（如智商特别高的天才）就可能被当作是偏离正常范围而被错误地诊断为心理障碍。而且，无论社会如何进步，即使是全体社会成员的心理健康水平全部有了很大的提高，只要个体间有差异，这些差异就会当作是心理障碍，就总是有 1%~5% 的个体被认为存在心理障碍。

（四）生物学方法

生物学方法是通过对躯体进行生物学检查来判定心理是否健康的方

法。这种方法在诊断躯体疾病时经常使用，如通过心电图可以对心肌梗死进行诊断；通过转氨酶升高可以对肝炎进行诊断等。由于临床工作中经常使用这种方法对躯体疾病进行诊断，所以人们希望能够使用某些生物学的指标对心理是否健康或者疾病进行判定。尽管具有想法的科学工作者进行了多年的艰苦努力，但至今仍未能发现对诊断心理是否障碍确实可靠的生物学指标。其主要原因是，尽管心理是脑的功能，但心理同时又是对客观世界的能动反映。因此，单纯采用躯体生物学检查的方法难以对心理活动做出全面的解释，也就难以准确判定一个人是否存在心理障碍。其次，目前的生物学指标的精确度仍然不够，比如人在睡眠做梦的时候，大脑的生物化学及脑电在同时变化着，可是目前的生物学检查还不能精细到把这些生物学变化信息全部检测出来并收集起来重建出做梦者的梦境内容。如医生只根据病人脑 CT 检查发现有脑萎缩，无视病人实际上并没有智能下降的临床表现，而草率地诊断病人患有老年性痴呆。这是临床工作中容易出现的错误。目前看来，生物学判定方法是不足取的，至少是不够精确的。

五、心理健康的一般标准

心理健康是从人的"健康"内涵中扩展和升华出来的现代文明概念。传统概念仅把"健康"理解为躯体健康，这是不全面的。现代健康的价值标准与传统健康的价值标准相比，有了很大的发展。

（一）国外学者提出的心理健康标准

心理健康标准说来简单，其实是一个非常复杂的问题。出于不同的理论背景与方法论角度，关于心理健康的标准，学术界众说纷纭，仁者见仁，智者见智，主要有以下几种：

1. 马斯洛和密特尔曼提出的标准

20 世纪 50 年代，美国心理学家马斯洛和密特尔曼（H. A. Maslow& Mittelman）提出了十条心理健康的标准：

（1）是否有充分的安全感；

（2）是否对自己有充分的了解，并能恰当地评价自己的能力；

（3）自己的生活理想和目标能否切合实际；

（4）能否与周围的环境保持良好的接触；

（5）能否保持自身人格的完整与和谐；

（6）能否具备从经验中学习的能力；

（7）能否保持适当和良好的人际关系；

（8）能否适度表达和控制自己的情绪；

（9）能否在集体允许的前提下，有限度地发挥自己的个性；

（10）能否在社会规范的范围内，适度地满足个人的基本需要。

2. 斯柯特提出的标准

1968 年，斯柯特（Scott）也提出了关于心理健康的十条标准：

（1）一般的适应能力：适应性、灵活性，把握环境的能力，适应和应付变化多端的世界的能力，阐明目的并完成目的的能力，成功的行为，顺利改变行为的能力。

（2）自我满足的能力：生殖性欲（获得性感高潮的能力），适度满足个人需要，对日常生活感到乐趣，行为的自然性，放松片刻的感觉。

（3）人际间各种角色的扮演：完成个人社会角色，行为与角色一致，社会关系适应，行为受社会的赞同，与他人相处的能力，参与社会活动，利用切合实际的帮助，托付他人，社会责任，稳定的职业，工作和爱的能力。

（4）智慧能力：知觉的准确性，心理功能的有效性，认知的适当、机智、合理性，接触现实，解决问题的能力、智力，对人类经验的广泛了解和深刻的理解。

（5）对他人的积极态度：利他主义，关心他人，信任、喜欢他人，待人热情，与人亲密的能力，情感移入。

（6）创造性：对社会的贡献，主动精神。

（7）自主性：情感的独立性，同一性，自力更生，一定的超然。

（8）完全成熟：自我实现，个人成长，人生哲学的形成，在相反力量之间得以均衡，成熟的而不是自相矛盾的动机，自我利用，具备把握冲动、能量和冲突的综合能力，保持一致性，完整的复杂层次，成熟。

（9）对自己的有利态度：控制感，任务完成的满足，自我接受、自我认可，自尊，面对困难，解决问题充满信心，积极的自我形象，自由和自决感，摆脱了自卑感，幸福感。

（10）情绪与动机的控制：对挫折的耐受性，把握焦虑的能力，道德，勇气，自制力，对紧张的抵抗，道义，良心，自我的力量，诚实，清廉正直。

（一）国内学者提出的心理健康标准

1. 许又新提出的标准

我国许又新提出心理健康可以用以下三类标准（或从三个维度）去衡量。

（1）体验标准：是指个人的主观体验和内心世界的状况，主要包括是否有良好的心情和恰当的自我评价等。

（2）操作标准：是指通过观察、实验和测验等方法考察心理活动的过程和效应，其核心是效率，主要包括个人心理活动的效率以及个人的社会效率和社会功能，如工作、学习效率高低，人际关系是否和谐等。

（3）发展标准：是指着重对人的个体心理发展状况进行纵向考察与分析。

2．王极盛等学者提出的标准

王极盛等认为，人的心理健康标准应包括以下几个方面：

（1）智力正常；

（2）情绪健康：情绪稳定与心情愉快是情绪健康的重要标志；

（3）意志健康：行动的自觉性和果断性是意志健康的重要标志；

（4）统一协调的行为：一个心理健康的人，他的行为是一致的、统一的，思想与行动是统一的、协调的，他的行为有条不紊，做起事来按部就班；

（5）人际关系的适应。

3．颜世富提出的标准

颜世富对健康提出 12 条标准：

（1）智力正常；

（2）有安全感；

（3）情绪稳定，心情愉快；

（4）意志健全；

（5）对自己有充分的了解，并做出恰当的评价；

（6）适应能力强；

（7）能够面对现实，乐于工作、学习、社交；

（8）人际关系和谐；

（9）人格完整和谐；

（10）睡眠正常；

（11）生活习惯良好；

（12）心理和行为与年龄相符合。

4．樊富珉提出的标准

樊富珉提出大学生心理健康的 7 个标准：

（1）能保持对学习较浓厚的兴趣和求知欲望；

（2）能保持正确的自我意识，接纳自我；

（3）能协调与控制情绪，保持良好的心情；

（4）能保持和谐的人际关系，乐于与人交往；

（5）能保持完整统一的人格品质；

（6）能保持良好的环境适应能力；

（7）心理行为符合年龄特征。

5. 黄珉珉提出的标准

黄珉珉认为，心理健康的标准有 8 个方面：

（1）能进行正常的学习、生活和工作；

（2）能与他人和睦相处，保持良好的人际关系；

（3）具有健全的人格；

（4）具有良好的情绪体验；

（5）具有正常的行为；

（6）有正常的心理意向；

（7）有良好的适应能力及对紧急事件的适应能力；

（8）有一定的安全感，有信心和自立性。

6. 郭念锋提出的标准

郭念锋教授在《临床心理学概论》一书中提出了以下评估心理健康水平的十个标准。

（1）心理活动强度；

（2）心理活动耐受力；

（3）周期节律性；

（4）意识水平；

（5）暗示性；

（6）康复能力；

（7）心理自控力；

（8）自信心；

（9）社会交往；

（10）环境适应能力。

（三）心理健康的一般标准

造成不同的人对心理健康标准产生不同的看法的原因主要有以下三个

方面：

一是不同的人有不同的依据来确立心理健康标准。通常人们采用的依据有统计常模、社会规范、生活适应、心理成熟状况、主观感受。

二是在对健康进行描述时不同的人所关注的焦点不同。如有人强调积极自我概念，有人强调良好习惯；有人重视生活适应状况。

三是不同的人对心理健康标准把握的尺度宽严是不相同的。如马斯洛提出的心理健康标准，他是从世界近代史上 38 位成功名人的人生历程中归纳出来的，说得上是一种尺度精英标准；但在精神科医师的眼中，凡无心理症状的人都被视为心理健康的人，这则是一种最宽的、低水平的临界标准。还有许多学者以人格各个准度的量值在总体平均数附近、统计学上占大多数的人的主要行为特征作为心理健康的标准，这个可以称为众数标准。

通过以上国内外心理健康标准可以看出，虽然世上不可能有适用于任何人的任何心境的心理健康标准，但人们仍在不断探究，总结出如下心理健康的一般标准：

（1）充分的安全感；

（2）了解自己、并对自己的能力进行适当的评价；

（3）生活的目标能切合实际；

（4）与现实环境保持接触；

（5）能保持人格的完整与和谐；

（6）具有从经验中学习的能力；

（7）能保持良好的人际关系；

（8）适度的情绪表达及控制；

（9）在不违背团体的要求下，能做有限度的个体发挥；

（10）在不违背社会规范的情况下，对个人的基本需求能适当地满足。

六、大学生心理健康的标准

大学生的普遍年龄一般在 18～25 岁之间，从心理学的观点来看，正处于青年初期。大学生的心理具有青年中期的许多特点，但作为一个特殊群体，大学生又不能完全等同于社会上的青年。心理是否健康一般采用量表测量，其标准不是固定不变的。心理健康标准随着时代变迁、文化背景变化而变化。根据我国大学生的实际情况，评判大学生的心理健康水平应从以下几个标准给予着重考虑。

（一）正常的才智

正常的才智者具有一定的学习能力，能有限度地发挥自己的才能与兴趣爱好。现代社会知识更新很快，为了适应新的形势，就必须不断学习新的东西，使生活和工作能得心应手，少走弯路，以取得更多的成功。人的才能和兴趣爱好应该充分发挥出来，但不能妨碍他人利益，不能损害团体利益；否则，会引起人际纠纷，徒增烦恼，无益于身心健康。

（二）健康的情绪

其标志是情绪稳定和心情愉快，包括的内容有：愉快情绪多于负面情绪、乐观开朗、富有朝气，对生活充满希望；情绪较稳定，善于控制与调节自己的情绪，既能克制又能合理宣泄自己的情绪，情绪的表达既符合社会的要求又符合自身的需要，在不同的时间和场合有恰如其分的情绪表达；情绪反应与环境相适应，反应的强度与引起这种情境相符合。

（三）完整的人格

人格是个体比较稳定的心理特征的总和。人格完善就是指有健全统一的人格，个人的所想、所说、所做都是协调一致的。人格完善包括人格结构的各要素完整统一，要具有正确的自我意识，不产生自我同一性混乱，以积极进取的人生观作为人格的核心，并以此为中心把自己的需要、目标和行动统一起来。

（四）健全的意志

意志是人在完成一种有目的的活动时进行的选择、决定与执行的心理过程。意志健全者在行动的自觉性、果断性、顽强性和自制力等方面都表现出较高的水平。意志健全的大学生在各种活动中都有自觉的目的性，能适时地做出决定并运用切实有准备的方式解决所遇到的问题，在困难和挫折面前，能采取合理的反应方式，能在行动中控制情绪，而不是行动盲目、畏惧困难、顽固执拗。

（五）正确的自我评价

自我意识是人格的核心，指人对自己以及自己与周围世界关系的认识和体验。人贵有自知之明。心理健康的学生了解自己，接受自己，自我评价客观，既不妄自尊大而做力所不能及的工作，也不妄自菲薄而甘愿放弃可能发展的一切机会。自信乐观，生活目标与理想切合实际，不苛求自己，能扬长避短。

（六）环境适应能力强

个体应与客观现实环境保持良好秩序，既要进行客观观察以取得正确认识，以有效的办法应付环境中的各种困难，不退缩，又要根据环境的特点和自我意识的情况努力进行协调，或改变环境适应个体需要，改造自我适应环境。

（七）和谐的人际关系

良好而深厚的人际关系，是事业成功与生活幸福的前提，其表现为：乐于与人交往，既有广泛而深厚的人际关系，又有知心朋友；在交往中保持独立而完整的人格，有自知之明，不卑不亢；能客观评价别人和自己，善于取人之长补己之短，宽以待人，乐于助人，交往的积极态度多于消极态度，交往动机端正。

（八）心理行为符合大学生的年龄特征

在人的生命发展的不同年龄阶段，都有相对应的不同的心理行为表现，从而形成不同年龄阶段心理行为模式。大学生应具有与年龄和角色相应的心理行为特征。心理健康的大学生精力充沛、思维敏捷、情感活跃，与之相适应，行为上应该表现为朝气蓬勃、热情洋溢、生龙活虎、反应敏捷、勇于探索、勤学好问。如果出现那种所谓的"少年老成"、萎靡不振、喜怒无常，或过于幼稚、过于依赖等现象，都是心理不健康的表现。总之，若心理和行为经常严重的偏离自己所属的年龄特征，则有可能是心理不健康的表现。

七、正确理解和运用大学生心理健康标准应注意事项

（一）标准的相对性

心理不健康和不健康的心理不能等同。事实上大学生心理健康与不健康也并无明显界限，而是一个动态化、连续化的过程，如果将正常比作白色，将不正常比作黑色，那么在白色与黑色之间存在着一个巨大的过渡带——灰色区域，对大多数学生而言，在他们人生发展的过程中面临一些心理问题是再正常不过的，不必大惊小怪。发现问题时应积极加以矫正。与此同时，大学生应提高心理自我保健意识，及时进行自我调整。

（二）心理健康的发展性

心理健康并不是一种静态的平衡，而是一个动态变化的过程，随着人的成长，经验的积累，环境的改变，心理健康是会发生改变的，既可以从不健康转变为健康，也可以反之。因此，心理健康与否只能反映某一段时间内的特定状态，而非永远。所以，判断大学生的心理健康状况应具有发展的眼光。

（三）整体协调性

把握心理健康的标准，应以心理活动为本考察其内外关系的整体协调性。从心理过程看，健康的人的心理活动是一个完整统一的协调体，这种整体协调保证了个体在反映客观世界的过程中的高度准确性和有效性。事实表明，认识是健康心理结构的起点，意志行为是人格面貌的归宿，情感是认识与意志之间的中介因素。从心理结构的几方面看，一旦不能符合规律地进行协调运作时，可能产生一系列的心理困扰或问题，从个性角度看，每个人都有自己长期形成的稳定的个性心理，一个人的个性在没有明显的剧烈的外部因素影响下是不会轻易发生变化的，否则说明其心理健康状况发生了变化。从个体与群体的关系看，每个个人在其现实性上划分成不同的群体，不同群体间的心理健康标准是有差异的。

第二节　当代大学生心理素养现状

在竞争压力面前，许多大学生感到不知所措，于是产生了心理上的不适应。面对学习、生活、人际交往、自我意识和就业等问题，不少大学生感到苦闷、孤独、焦虑，甚至出现精神崩溃。由此可以看出，大学生的心理健康状况不容乐观。因此，开展和加强大学生的心理健康教育工作，维护和提高大学生的心理健康水平，避免和减少各种心理问题、心理疾病的发生，就成为高等教育的内容之一。

一、大学生心理健康现状

（一）大部分学生的心理是比较健康的

作为青年中文化层次最高的社会群体，大学生一向被认为是风华正茂和年轻力壮的一族。根据对全国各地大学生心理健康状况进行测评，可以看出多数大学生的心理是比较健康的。他们具有较高的智力水平，有强烈的求知欲；有较稳定的情绪，乐观自信，有年轻人的朝气和活力，对未来满怀憧憬；有较健全的意志，不怕困难，果断、顽强，有自制力；人格基本完整统一，敢于竞争，努力向上、积极进取；有较完善的自我意识，能较好地认识自己，悦纳自己；有较好的人际关系，对社会现实有比较客观的认识，适应较好。

（二）大学生心理健康总体水平偏低

大学生的心理健康状况受到多方关注。1989 年，原国家教委以 12.6 万名大学生为对象做过心理健康调查，结果发现 20.23％的大学生有着不同程度的心理障碍。从 1992 年起，清华大学每年对新生进行心理健康状况调查，结果发现大学生中有 20％左右的人心理素质不良，存在不同程度的障碍。2003 年近期王建中和樊富珉对北京市大学生的测查，以及 2006 年王君等对安徽省大学生的测查也发现，大学生的心身症状以人际关系敏感、强迫、偏执、敌对、抑郁等问题较为严重。大多数的调查结果显示，目前我国大学生的心理健康状况令人担忧。从总体水平看，在校大学生出现心理问题的比例在三成左右，而存在较严重心理障碍的约占一成。

（三）大学生心理问题分布具有一定的特点

调查发现，大学生日常所遇到的心理问题在年级、性别、城乡等方面均显示出一定的分布规律，这与他们的心理特点、生活方式及所遇问题的性质等因素密切相关。

大学生不同年级出现的问题不同。一年级主要是新生适应不良问题，如对人际关系、生活、学习方法等的不适应。二年级时大学生对校园生活、环境熟悉了，其他各种问题开始暴露，发生率在大学各年级中最高。大三的突出问题是恋爱情感问题。大一、大二刚开始恋爱时问题似乎比较简单，到大三有找新朋友、与旧的分手，失恋问题，找不找朋友问题外。另外，大三除了情感问题外，考学、就业压力增大，对未来规划、职业选择等问题也比较突出。

从性别看，女生多集中在人际交往问题、恋爱和情感问题上；男生的问题比较分散，表现为人际交往、恋爱、自我发展、能力培养、个性塑造、自我评价等，各项比例均较低；此外，情绪问题（尤其是自卑问题）、学习问题等也占有一定比例。

从城乡生源看，城市学生涉及的心理问题较广泛，但比例均较低，如人际交往、个性塑造、能力培养、事业发展、情感问题等；而农村学生的问题则多集中在人际交往、自卑情绪和环境适应上。

二、大学生常见的心理健康问题

（一）适应大学生活方面的问题

1．生活方面问题

大学生生活方面的问题主要体现在生活方式、生活习惯、生活范围等各个方面生活环境的变化。从生活方式来看，中学生大多居住在家里，不少人拥有属于自己独立的生活空间，生活上的事情绝大多数由父母包办打理，从做饭、洗衣服到理发，有的家长甚至每天给孩子收拾床被、打洗脸水等；进入大学后是集体生活，住集体宿舍，没有了父母、长辈每日的悉心照料，凡事都要靠自己安排处理。从生活习惯来看，饮食方面存在差异，气候与语言环境存在变化，作息制度与卫生习惯也均有不同，而且昔日的同窗换成了来自不同地方完全陌生的同学，每个人都有自己的生活风格和生活习惯，对于中学时住在家里的同学，这时必须适应集体生活的要求。从生活范围来看，中学生生活的中心内容是学习，基本上是从家门到校门，而进入大学则如闯进"大世界"，生活领域大大开拓。这些都会给大学生带来不同程度的环境应激。

2．学习方面问题

大学与中学相比，学习特点与方式、学习习惯、学习要求都发生了实质性的变化。从目前中学生的现状来看，中学的教育方式一般还是以灌输为主，学生的学习目标明确，学习内容具体有限。学生在老师的安排下去完成学习任务，学生处于被动状态，只要把老师规定的学习内容完成即可，学习结果多以考试的分数来衡量。而在大学里这些都有了根本的变化，大学教育是高等教育、定向教育，是在普通的文化教育基础上给学生以高级的专门教育。老师每天上课赶来，下课即走，讲课也不像高中教师那样深入浅出，常常是提纲挈领式教学或引导学生自学。这种情况可能导致一些学生的不适应，学习成绩不是很理想，出现一些心理问题。

3．对自身社会角色的不适应

社会角色对大学生的挑战主要表现在两方面。

一是社会对大学生提出了更高的要求和期望，中学生的成才目标主要是考上大学，而大学生的成才目标是沿着自己选择的专业方向发展，把成才的期望值确定在争取成为本专业领域中的专家、研究人员等价值目标上。

二是大学生的人际关系发生了变化，，主要表现在人际的交往方式与对象、人际的交往要求等方面。从人际的交往方式与对象来看，中学阶段大多处于同一社区、地域，比较集中，受同一种城市文化的影响，可供交换的信息量较少，价值观念差异小，对成才的心理趋向一致；人际交往的对象主要是同窗好友、父母亲朋、老师，大多以家庭为根据地，群体关系比较简单，接触的同学在语言、生活习惯等方面没有多大差别，相互之间充满了单纯、坦诚的气氛。进入大学后，从各地来的同学素昧平生，重新组成班级，共同生活在集体宿舍里，地域的差别、语言、生活习惯、性格的差异，形成了比较复杂的群体关系。由于地域跨度增大和社区文化不同，可供交换的信息量大幅度提高，学识水平以及价值观念在一个更高层次上表现出地域文化的差异性，这种群体环境的变化带来人际交往方式的变化。从人际交往的要求看，中学生大多依赖性较强，不善于交往，由于父母的照顾和学习的压力，对友谊的渴望不那么强烈；进入大学后，新的生活环境要求大学生独立、主动地与各种陌生人交往，社会化要求显著提高，要求大学生掌握更多的人际交往的技巧，建立起友好协调的人际关系。

（二）人际关系及人格问题

1. 以自我为中心

以自我为中心，指的就是凡事都只希望满足自己的欲望，要求人人为己，却置别人的需求于度外，不愿为别人做半点牺牲，不关心他人痛痒。其主要表现为自私自利和损人利己。这种人只要集体照顾，不讲集体纪律；强烈希望别人尊重他，却不懂得尊重别人。只从自己的经验角度去认识人和事，而不能意识到别人对同——事物的看法和观点，对人和事的看法带有强烈的主观性。

2. 人格障碍

这类障碍是指明显偏离正常人格并与他人和社会相悖的一种持久、牢固的适应不良的情绪和行为反应方式。它一般始于童年或青少年，而持续到成年或终生。依据"国际疾病与分类"中"精神障碍的分类"，人格障碍有偏执型、分裂型、情感高涨或低落型、冲动型、强迫型、病痛型、衰弱型、反社会型等。大学生中常见的人格障碍及特征如下：

（1）强迫型人格：常有个人的不安全感和不完善感，易焦虑、紧张，过分地克制自我和关注自我，事事追求完美，同时，又墨守成规、处事拘谨，缺乏应变能力。

（2）偏执型人格：易产生偏执观念，对自己的能力估计过高，固执己见，有极强的自尊心，同时又很自卑，好嫉妒，看问题主观片面，常常言过其实，乖僻褊狭，失败时常迁怒或归咎于他人。

（3）冲动型人格：表现为情绪不稳，常因微小的精神刺激而突然爆发非常强烈的愤怒情绪和冲动行为，且自己不能克制。

（三）自我定向和发展的问题

1. 自我定向混乱

自我定向是青年期的重要课题之一，对某种社会职业的选择，个人终生目标及其展望的形成以及人生观的建立，通常需要在这一时期完成。但在这个过程中，有一些大学生的自我定向会陷入混乱，产生心理健康问题。他们在多元化的价值体系中很难找到自己的目标及人生观，失去了生命的存在感，不知道自己究竟是什么，结果使自己陷入苦闷甚至绝望之中。

2. 自我发展的不适应

处在大学阶段的青年人自我意识增强，并有着强烈的充实自我、发展自我和强化自我的需求。但在追求自我发展的过程中，有的同学顾此失彼，没能达到期望的目标，并因此产生了不良心理反应。还有的同学过分放大了自我的"劣势"，忽略了自我的优势，且由于害怕暴露自己的弱点而采取了回避和压抑的心态，性格变得孤僻、多疑、嫉妒，产生严重的烦恼和恐惧不安等。

（四）情绪情感方面的问题

稳定的情绪、积极良好的情绪反映，是学生成才很重要的因素，也是学生心理健康中值得重视的问题。有关调查表明，大学生的负向情绪高于正向情绪。感到舒畅的约占 31.7%，感到压抑的占 41.6%；感到愉快的占 21.9%，感到烦恼的占 47.6%；感到充实的占 14.2%，感到空虚的占 63.9%；感到平和的占 3.3%，感到烦躁的占 78.1%。情绪情感主要有以下方面：

（1）情绪失衡。大学生的社会情感丰富而强烈，具有一定的不稳定性与内隐性，表现为情绪波动大，高低不定，喜怒无常。会因一点小小的胜利而沾沾自喜，也易为一次考试失败、情感受挫而一蹶不振，甚至无法控制自己的情绪反映。特别是负面情绪的控制相对较弱，个体负面情绪表现为情绪高低不定，易怒，难以驾驭自己的情感，不能保持一种常态的情绪。

（2）抑郁。它是指个体心中持久的情绪低落，常伴有身体不适、睡眠不足等，心情压抑、沮丧、无精打采、什么活动都懒于参加，什么事也提不起精神，逃避现实。中国矿业大学连续三年对新生进行心理健康测试结果表明：列在第一位的心理不适是抑郁，家庭经济状况差、家庭亲和感差、某种原因（如连续的考试失败、失去亲人、同学感情失和）等都是抑郁的直接诱因。

（五）与性相关的问题

1. 性认识偏差

这主要表现为两种极端看法：一种是视性为下流、肮脏、见不得人、难以启齿的，这种认识尤以女同学为多。她们往往表现出与年龄不相吻合的性的"纯洁"，把性欲与爱情完全割裂开来，对内心出现的一些本属正常的性心理活动，极为恐惧。这种性认知容易导致性情感、性态度的过敏、禁忌、矛盾、冲突。另一种是过于强调人的生物性，信奉"性自由"，从而在行为上随便、放纵，甚至不择手段地去获取性的满足。这同样是一种性的适应不良，甚至可能触犯法律。

2. 自我形象焦虑

青年时期的大学生比任何年龄段的人都更关注自己在他人尤其是异性心目中的形象。学生受很多因素的影响，如长相、胖瘦、高矮、能力、魄力、魅力等，会产生各种各样的焦虑，有的学生担心自己长得不够漂亮，不能获得异性的好感，甚至部分女生因没有男生追求而苦恼；有的学生总感到自己的先天条件不够理想，因而非常自卑，不能建立自己的社交形象与公众形象。

3. 性行为困扰

性行为是指与性有关的行为。大学生中的性行为，主要是手淫行为、边缘性性行为和婚前性行为。这些行为引起的困扰给大学生造成了许多消极影响。边缘性性行为是指如游戏性性交、被亲吻拥抱、被抚弄生殖器官等。这些行为对当事者即时和后遗心理困扰也是存在的。这些困扰多表现为不安、自卑、烦恼、自责、疑虑、恐惧等，对学习、生活、交往产生了不良影响。大学生的婚前性行为是为社会、道德所不允许的，事发之后，心理上出现严重不安、自我否定、恐惧焦虑。

4. 性行为变态

这种变态，与生殖活动没有直接联系，是在寻求性满足的对象和方式上与常人不同，且违反社会习俗。性行为变态者对于正常的性生活通常没有要求甚至心怀恐惧，其行为常带着强迫性、反复性，受惩罚后也会感到悔恨，但又难以自控而往往屡犯难改。性行为变态最常见的有露阴癖、窥淫癖、恋物癖、异性装扮癖、性窒息、恋童癖、性摩擦癖、性施虐癖、性受虐癖、易性癖等。

（1）露阴癖。主要表现是反复、强烈的，涉及在异性生人面前暴露本人性器官的性渴求和性想象，并付诸行为，一般至少持续半年，男性患者多于女性患者。以这种露阴行为做为缓解性欲的紧张感和取得性满足的主要或唯一来源，患者对受害人没有进一步的性接触。这与强奸犯以露阴作为性挑逗的一种手段，进而实行强奸行为是有明显区别的。露阴的频率因人而异，可有明显差别，少的可数月或一年仅数次发生，多则频发可数日、数周一次，有的患者可累积发生数百次露阴行为。大多数发生于青年早期。

（2）窥淫癖。反复的，强烈性渴求和性唤起想象涉及的是窥视异性裸体或性交行为，并付诸行为，至少持续半年。异性恋和同性恋者中都可能存在此种行为，但以窥淫等偏离方式作为性满足的主要或唯一的来源。

（3）恋物癖。系指反复出现以某种非生命性物品或异性躯体某部分作为性满足的刺激物。抚摸、闻嗅这类接触性敏感区的物品（或伴有自慰行为），或在性交时患者本人或性对象持此类物品即能取得性满足。此类性渴求性想象反复出现不少于半年才能诊断为恋物癖。此类物品称为眷恋物，它们都是带有特殊的性刺激意味的东西，此类眷恋物如异性或同性的剃须刀、袜子、胸罩、内裤、安全套、卫生巾等，对方的头发、足趾、腿等可能归入其内。此性变态行为，异性恋患者多于同性恋患者。

（4）异性装扮癖。反复、强烈性渴求、性想象涉及异性装扮，并付诸行动，至少持续半年。通常开始于5到14岁这一年龄阶段着异性装束并在此时往往还有手淫行为，并通过它加强性兴奋性。大多数患者在正常性生活上没有困难，有的患者只表现为性欲低。少数患者穿着异性服装只是为了获取舒畅感。

（5）性窒息。一般是选择一个隐蔽地方如浴室、寝室、地下室以避开被人发现，通常应用的是绳索一类东西紧勒颈部或身体别的部位例如生殖器部分或悬挂的上吊方式以限制呼吸。少数被报道是用塑料袋、面具、绷带或吸入有害天然气等工具或方法。致死案例都是由于不能自我解救时导致窒息死亡的，死亡年龄多在 12~17 岁，大多数是未婚者。

（6）恋童癖。以青春期前儿童（一般是 12、13 岁或更小）作为性对象。

（7）性摩擦癖。反复、强烈的性渴求、性想象，典型包括使用阴部对陌生人身体敏感部位进行摩擦，并付诸更进一步的行动，至少持续半年。

（8）性施虐癖、性受虐癖。性施虐癖是反复、强烈的性渴求、想象涉及对性对象施加心理或躯体性伤害行为，以取得性兴奋、性满足，并把它付诸行动，至少持续半年时间。与之相反，性受虐癖以承受此类伤害或痛苦以获性兴奋或性满足。两者可以单独存在，也可以并存。

（9）易性癖。主要特点是心理上对自身性别认定与解剖、生理上的性别特征恰好相反。持续存在改变本人性别解剖特征以达到转换性别的强烈愿望。通常开始于青年期，儿童期多与异性同伴为伍，穿着异性衣着，但不产生性兴奋（与异性装扮癖不同），具有异性化的言语腔调、体态、举止表现。他们厌恶自己的性器官，要求进行变性手术以转换性别。这种愿望一般都持续下来，有的企图自杀。

5. 失恋造成的不适应

大学生的恋爱现象已相当普遍，失恋的情况也就经常发生。不少大学生把失恋看成是极端严重的生活事件，使自己的情绪、自我评价、人际交往、学习、生活规律等受到沉重打击，并由此造成诸多心理问题。

三、大学生常见的心理健康问题成因

科学研究表明，导致心理疾病的因素十分复杂，是生理、社会、学校、家庭诸因素共同作用于个体的结果。大学生心理障碍与心理疾病的产生是大学生所处的特殊年龄阶段与特殊学习环境以及社会诸因素相互作用的结果。

（一）生理因素

1. 遗传因素

遗传是影响心理健康的重要因素，造成个人心理发育不良的遗传因素约有 150 种，根据美国智力缺陷协会调查，智力低下的患者 80% 与遗传因素有关。大量研究表明，在精神疾病中，尤其是在精神分裂症、躁狂症、抑郁症等的发病因素中，遗传因素占主要地位。

2. 脑损伤

根据临床观察和专家的研究分析，脑器质性病变，如脑肿瘤、脑萎缩、脑炎、脑血管疾病、脑外伤等，会直接导致各种心理异常表现，出现意识障碍、智力障碍、严重遗忘症、人格异常等。

3. 躯体疾病

慢性病人由于长期受病痛的折磨，会变得心情忧郁，烦躁不安、敏感多疑、承受力下降、痛苦失望、情绪稳定性降低、行为控制能力减弱、兴趣缺乏，人际关系紧张，严重的还可导致心理障碍。重症病患者如果得知自己的病情无治愈的希望，就会对恢复健康失去信心，心情可能很低落，产生恐惧绝望的心理，也可能情绪变得异常激动，易暴躁。

4. 神经系统的先天素质不健全

专家认为，神经系统的先天素质不健全，如大脑皮层和皮层下神经组织之间的相互协调作用有某种障碍，大脑皮层的兴奋和抑制过程的协调作用有某种障碍等，会导致病态人格等心理异常，神经类型属弱型的人更容易受到不良因素的影响而引起不健康的心理行为。

（二）社会因素

新的时代对大学生的素质提出了更高的要求，近几年大学生就业从"双向选择"到"面向市场""走向市场"，进一步强化了他们的竞争意识和焦虑意识，越来越多大学生从一年级起就担心自己将来的工作，从低年级就寻找就业单位，在遇到挫折时，又极易产生各种消极心理。社会主义市场经济的发展增强了他们自强精神、创新能力和自我意识，但是在市场经济建立和发展过程中的负面效应也给他们的心理带来了不良影响，如部分学生对金钱的过分崇拜、个人主义强化、人际关系淡漠等。另外，由于生活条件、社会环境的改变及各种媒体的影响，现代大学生生理成熟时间提前，恋爱出现"低龄化"趋势，使一些学生面对变化的现实，产生了浮躁、焦虑、苦闷、压抑等心理问题。

（三）学校因素

1. 专业选择不当

学生在高考选择专业时具有一定盲目性，由于他们对大学专业设置不太了解，所以每年都有一些大学生由于种种原因对所学专业不满意，认为不符合个人的兴趣和爱好，从而产生调换专业的要求。一旦解决不了，就闹情绪，表现出对学习无兴趣，消极悲观，随意缺课。长此下去，会使其心理矛盾强化，导致神经衰弱等心理疾病。

2. 人际关系复杂

处于大学时期的大学生虽然有一种闭锁性的心理特征，但他们也渴望与别人进行交流和沟通。然而，不少大学生缺乏与人交往应有的勇气和方法，加之个性等原因，从而影响到他们与同学的相处。

3. 业余生活单调

当代大学生活仍然可以用"三点一线"来概括，学生的生活环境主要是课堂、食堂和宿舍，大学生称之为"一只书包两只碗，教室、宿舍、图书馆"。他们的生活相对比较单调，缺乏足够的娱乐场所。而青年人正处在长知识、长身体的阶段，好奇心强，精力充沛，对业余生活的多样化要求迫切，但常常不能得到满足，因而缺乏生活的乐趣，感到枯燥无味。

（四）家庭因素

家庭是社会的细胞，每个个体自诞生之日起，都会受到来自家庭的影响。家庭是孩子生长发育的温床，是塑造情感、性格、意志，形成健康心理的重要场所。心理学研究证明，幼儿期的家庭感受将影响人的一生，具有不可估量的影响力。例如，父母过分严厉，期望值过高，会使孩子感到有压力，自卑、胆怯，出现潜意识的抗拒情绪；父母过分宠爱，会使孩子任性，产生依赖，不适应社会，不负责任；父母态度冷漠，缺乏爱心，则会造成孩子冷酷、抗拒心理或者具有暴力倾向。大学阶段，家庭影响虽然有所减弱，但由于大学生与家庭之间仍然存在血缘上的关系、经济上的联系、感情上的维系，因而家庭的风风雨雨都会牵动大学生的心绪。特别是家庭经济比较困难的学生，面对高额的学费，感到心理压力很大，有的甚至是借债求学，家庭的贫困会成为其成长和发展中一个相对沉重的心理负担。他们往往要面临更多生活上的紧张状态，诸如无力支出某些必要的开支等，这使他们的自尊心受到伤害，产生焦虑和自卑感。他们渴望在经济上能够自立，或能缓解家庭经济上的困难。这种矛盾和冲突依靠他们自身是很难克服的，久而久之，心理问题就会产生。

第三节　当代大学生心理素养教育的方法和途径

一、大学生心理健康教育的含义

心理健康教育概念的界定一直是理论界关注的热点，但至今尚无一致公认的定论，概括而言主要有如下四种观点。

（一）功能论

功能论把心理健康教育视为心理品质的培养与心理疾病的防治，主要表现在发展性、预防性和矫治性三个方面。功能论认为，心理健康教育是一项新的心理教育事业，它以实现人自身的意义和价值为目标，以培养与完善人格、优化心理素质、提高生活质量为目的。

（二）过程论

过程论把心理健康教育作为一种教育过程来界定。该观点认为，大学生心理健康教育是教育者通过对大学生普及心理保健知识、传授心理保健技能、培养大学生良好的心理品质和健全的个性、促进其心理健康发展的过程。

（三）活动论

活动论在心理健康教育概念界定中占据主要位置。该观点认为，学校心理健康教育是以心理学的理论和技术为主要依托，有目的、有计划、有组织地培养（包括自我培养）学生良好的心理品质，促进学生身心和谐发展和素质全面提高的教育活动。

（四）系统论

系统论把心理健康教育视为一个综合治理的系统工程。该观点认为，心理健康教育是教育工作者通过多条途径并运用多种手段，从学生的心理实际出发，有目的、有计划地对学生心理的各个方面实施积极的教育和辅导，促进学生个性全面而和谐地发展，维护和促进学生心理健康的系统工程。

教育是心理健康教育的落脚点，它是一种有目的、有计划、有组织的培养人的社会活动。教育目的的实现离不开一定的教育内容、方法、手段和途径。据此，我们认为大学生心理健康教育是教育者依据大学生生理、心理发展的特点和规律，有目的、有计划、有组织地培育大学生优良的心理品质，促进大学生身心健康协调发展和整体素质全面提高的教育活动。

二、大学生心理健康教育的特点

大学生心理健康教育是帮助学生成长和发展的教育活动，有别于高校其他教育活动。大学生心理健康教育的形式多样，内容丰富，具有以下几方面特点：

（一）目的性

大学生心理健康教育的目的主要有两方面：一是大学生认识到心理健康教育对提高心理素质和维护心理健康的作用和意义，自觉地接受心理健康教育，积极参与各种心理健康教育活动；二是为培养高素质的高级专门人才，高校有计划、有组织地开展各种各样的心理健康教育活动，旨在帮助大学生提高自知力，促进心理成长与潜能开发，增进社会适应能力，健全人格，从而在总体上提高心理素质并维护心理健康。

（二）针对性

通常情况下普通高校在校大学生的年龄在18—23岁之间。就群体来说，按班级、年级等可以分为不同的正式群体，按兴趣、爱好等心理特点可分为不同的非正式群体，因此要针对大学生不同群体的特点开展心理健康教育。就个体来说，每个大学生都是一个独立的存在，有其特殊性，因此必须因人而异地有针对性地开展心理健康教育与心理辅导。

（三）实践性

实践性这个特点是由大学生心理健康教育对象的特点所决定的。大学生是生活在社会和大学校园中活生生的群体或个体，其心理时刻在改变，只有理论联系实际，才能有目的地、有针对性地开展大学生心理健康教育，并收到预期的效果。此外，大学生心理健康教育的实践性体现在心理健康教育的形式与方法多样化。根据大学生逻辑思维的发展，大学生心理健康教育在某种程度上可以借助说服、辩论、对话等理性分析手段和方法，但又不仅仅限于此种言语教育方式，必须结合放松训练、角色扮演等心理训练形式和方法，通过具体规定实践教学内容、要求、目标、步骤，开展各种各样的心理健康教育实践活动。

（四）综合性

综合性主要体现在两方面：一是开展大学生心理健康教育，需要综合运用普通心理学、教育心理学、青年心理学、社会心理学、心理咨询、行为科学、医学心理学、精神卫生学等学科的有关知识，揭示大学生的心理活动及其发展变化规律，提高大学生心理素质，维护大学生心理健康。二是大学生的心理发展受多种因素的影响，既有外部因素（如社会政治、经济、文化、科技等）的制约，又有内部因素（如思想素质、心理素质、身体素质等）的影响。因此，在进行大学生心理健康教育的过程中，必须辩证、综合地考虑各种影响大学生心理变化和发展的因素。

三、大学生心理健康教育的目标

从广泛和根本的意义上说，教育的总的目的就是要使受教育者的个性得到全面发展。但就大学生心理健康教育而言，其具体的目标是要形成、维护和促进大学生的心理健康，从而为他们的全面发展提供良好基础。因此，从受教育者的角度来看，又可以分为当前目标与长远目标；从教育者的角度来看，大学生心理健康教育的目标可分为发展性目标与补救性目标。在教育在实践中还有设定一个具体的目标，以利于大学生心理健康教育的开展。

（一）当前目标与长远目标

大学生心理健康教育的当前目标主要是针对大学生个体当前存在的问题，如失恋、学习成绩差、被同学轻视、感到人生空虚无聊等等，开展及时的心理疏导，以解除当事人即时的心理困扰；长远目标通常涉及大学生心理素质的提高和健康人格的塑造；使他们有机会重新认识自己、接纳自己，进而欣赏自己，克服成长障碍，使自己的潜能得到充分的发展。在心理健康教育过程中，当前目标与长远目标应当有机地结合起来。

（二）发展性目标与补救性目标

大学生心理健康教育的发展性目标是要对大学生的心理素质和心理健康进行有目的地培养和促进，使他们的心理素质不断优化，形成健康的心理，从而能适应社会，健康地成长和良好地发展；补救性目标则主要是针对少数在心理上出现问题的学生，是治疗性的和矫正性的。发展性目标与补救性目标结合在一起，其目的是为了增进全体学生的心理健康，提高大学生的学习与生活质量。

（三）具体目标

具体目标反映学生在各个不同阶段的心理发展任务。大学新生的适应问题、毕业生的择业问题，都是在现实生活中发生而需要及时进行心理健康教育的具体目标问题。

具体来说，大学生心理健康教育的具体目标主要有以下三点：

1. 了解心理健康的功能

随着社会的发展，人们对心理健康教育的认识也在不断深化，提出了心理健康教育的三级功能：即初级功能、中级功能、高级功能。初级功能是传授和提供心理健康知识，预防和减少心理疾病的发生；中级功能是增强心理素质，完善心理调节；高级功能是健全个体，适应社会。我国是发展中国家，心理健康教育的水平不高，目前正处在初级功能阶段。我们要通过全社会的重视，特别是教育部门的重视，逐步发展心理健康教育的中级功能和高级功能，使心理健康教育更趋完善。

2. 树立科学健康知识

了解心理健康的知识，使大学生不仅认识到除了要有健壮的体魄、健康的躯体，还应有良好的心理素质和社会适应能力。未来竞争的焦点是人才竞争，而健康水平又是人才竞争中最重要的条件，要使自己保持人才竞争的有利条件，就要有增进健康的紧迫感。

3. 丰富大学生的心理卫生知识，提高自我保健能力

目前我国大学生心理卫生知识水平不高，且明显与年龄及学历很不相称。与心理健康有关的知识水平是促使行为和生活方式改变的最基本条件，也是人的整体素质的重要方面。心理健康教育就是要使大学生改变心理卫生知识贫乏的现象，充分运用文化水平高，学校设备先进、信息传递快、资料丰富、各种人才济济等良好条件，努力掌握并丰富心理卫生知识，学会观察分析各种生理、心理和社会的影响因素，改变不健康的行为和不良的生活方式，提高自我保健能力。

四、大学生心理健康教育指导思想

以科学理论武装广大学生，引导他们牢固树立正确的世界观、人生观和价值观，树立起建设有中国特色社会主义的共同理想；坚持党和国家的

教育方针，依据高等院校的培养目标，充分发挥学生思想政治教育工作的优势，引导学生德、智、体、美等全面发展；全面贯彻党的教育方针，以全面推进素质教育为目标，以提高大学生的心理素质为重点，'促进学生的全面发展和健康成长。

五、大学生心理健康教育指导原则

（一）面向全体学生原则

心理健康本身是一个动态的调适过程。大学生正处于从青少年向成人的过渡时期，面临一系列生理、心理、社会方面的适应问题。处在这一特定发展阶段的大学生们，由于心理发展的不成熟、不稳定，心理冲突与矛盾时有发生，甚至产生心理障碍或心理疾病。因此，在心理健康教育过程中，要贴近实际、贴近生活、贴近学生，充分调动学生参与教育活动的积极性和主动性。离开了学生的主动参与和自觉努力，学校心理健康教育的种种努力都可能是枉费心机。人都有理解自己、不断走向成熟的心理潜能，心理健康教育就是要启发和鼓励学生发挥这种潜能，促使其心理健康成长，而不是面对少数学生群体进行被动的、消极的、诊治式的心理咨询和心态矫治。

（二）系统性原则

人的心理是一个十分复杂的系统，心理健康教育也应遵循系统性原则。从心理健康教育的对象即大学生来看，他们的心理具有系统性，他们的知、情、意、行紧密联系，心理倾向、心理过程和心理特征相互影响，心理因素和生理因素交互作用，构成一个有机的整体，所以不能孤立、静止地看待学生的心理问题。从心理健康教育与其他教育的关系来看，心理健康教育是教育系统的一部分，应同学校的其他教育相结合；应渗透到各"育"之中，寓于各科教学之中，寓于大学生的课外活动和校园文化活动之中。从学校与社会的联系上看，学校、家庭和社会对学生心理健康的影响相互制约，必须协调三方面的力量，形成一种合力，多角度、多层次地培养和促进学生的心理健康。

（三）平等性原则

在心理健康教育活动中，教师要以平等尊重的态度对待学生，特别是对那些心理上不够健康或有心理疾病的学生更应如此。大量的心理健康教育和心理咨询实践表明，在教育者和受教育者之间建立一种相互信赖的关系与和谐的心理氛围是进行心理健康教育的必要前提，而只有以平等尊重的态度对待学生，学生才能向老师敞开自己封闭的心扉，后续的心理健康教育措施也才能奏效。

（四）发展性原则

学校心理健康教育的对象是正在成长中的大学生，这就决定了学校心理健康教育的核心是大学生成长中的一些问题。因此，在心理健康教育或心理辅导中必须坚持用发展的、变化的眼光来看待学生，要相信大学生具有成长和发展的潜力，对未来持乐观态度，不要将学生一时出现的心理问题看成是一成不变的。相信只要经过教师的耐心辅导，这些问题都会得到有效解决。

（五）整体性原则

众所周知，大学生的心理活动是由多种因素构成的有机整体。因此，在心理健康教育中，必须树立系统观、整体观，考察大学生成长的各种相关因素，分析其成长中出现的各类问题。在心理健康教育中还要充分考虑大学生人格的整体性发展，重视大学生德、智、体全面发展，注重大学生知、情、意、行几个方面的协调发展。

（六）尊重与理解原则

尊重，就是尊重大学生的人格与尊严，尊重每个学生的个人价值以及个别差异，以平等的态度对待每位大学生的个体差异性。尊重是理解的基础。所谓理解，即站在学生的角度看待问题，达到"感同身受"的效果。当学生做了有违纪律、公德的事情而感到苦恼来找咨询老师倾诉时，辅导老师一定不能采取言语批评的方式。如果站在学生的对立面，那么心理健康教育将无法正常有效的开展。

（七）主体性原则

心理健康教育的目的是为了培养学生良好的心理素质，学生自己是心理健康发展的主体。因此，在心理健康教育过程中，应充分调动学生参与教育活动的积极性和主动性。离开学生的主动参与和自觉努力，学校心理健康教育的种种努力都是枉费心机。人都有理解自己、不断走向成熟、产生积极的建设性变化的心理潜能，心理健康教育就是要启发和鼓励学生发挥这种潜能，促使其心理成长，而不是一味地说教、劝导和指示。

（八）保密性原则

保密可以说是对心理咨询与治疗工作者的一项基本而普遍的要求，也最能体现心理学工作者的职业道德。保密性原则同样适用于学校的心理健康教育，保密既是教育者与受教育者双方建立相互信赖的关系的基础，又关系到学校心理健康教育工作的声誉。

（九）因材施教原则

"因材施教"历来是教育学生的一条基本原则，也是心理健康教育的一项基本原则。每一个大学生都是一个独特的个体。学校心理健康教育的目的不是要消除每个大学生身上的独特性以及每个学生之间的差异性，而是要使每个大学生的独特性、独创性在积极的方向上得到最充分、最完美的体现。"面向全体学生原则"是就心理健康教育的对象而说的；这里所说的"因材施教原则"是就辅导的具体方法和内容而言的。实际上，只有对具体问题作具体分析，个性化地对待每一个学生，才能给全体学生提供有效的服务，才能保证心理健康教育落到实处。

（十）防治结合原则

大学生心理健康教育的根本目的在于面向全体学生，涵养心性，培育品性，预防心理疾病，增进心理健康，促进心理发展，全面提高心理素质，因而必须坚持预防、发展和矫治相结合的原则，重在预防和发展，更重要的是推进大面积的、耐心的、长久的、规范的、专业化的心理健康教育和辅导。唯其如此，才能真正卓有成效地帮助大学生在其自身条件允许范围内达到心理功能的最佳状态，心理潜能得到最大限度的充分发展，形成对学习、生活和社会环境的良好适应能力。同时，对少数大学生面对学习、生活与社会交往等方面存在的困扰和成长过程中出现的心理危机，应及时有效地给予咨询和辅导。对于极个别有心理疾病的大学生应及时发现、转诊与治疗。

六、大学生心理健康教育体系的构建

（一）宣传心理健康知识

在我国，从小学、中学到大学都缺乏相应的系统心理健康教育，大学生对健康的认知存在着不同程度的偏差。这些偏差主要表现在两个方面：一是对健康含义的片面理解。一部分大学生并没有认识到心理健康是评价健康与否的重要组成部分，他们只注重身体健康而忽略了心理健康。二是对心理健康含义的片面理解。他们往往认为只要没有心理疾病就是健康，而忽略了大学生应具有的持续的、积极的心理状态，忽略了自身潜能的发挥。为此要充分利用学校广播、电视、计算机网络、校刊、校报、橱窗、板报等宣传媒体，通过第二课堂活动，广泛宣传、普及心理健康知识，强化大学生的参与意识，提高广大学生的兴趣。大学生掌握了心理健康的知识，就有了白助的能力，就能防患于未然，顺利地度过大学生活。

（二）开设大学生心理健康教育课

大学生心理健康教育课，是为满足大学生适应自我成长成才的迫切需要而开设的一门重要课程，旨在使学生较系统地掌握心理健康的基本知识，介绍增进心理健康的途径和方法，帮助大学生认识健康心理对成长成才的重要意义。心理健康教育课以课堂教学为主要形式，针对性强，信息量大，学时相对集中，师生交流便捷，在大学生心理健康教育的众多途径中具有独特地位。要建设一支以专职教师为骨干，专兼结合、专业互补、相对稳定的大学生心理健康教育与咨询工作队伍；并通过知识传授、案例教学、体验活动、行为训练等多种形式，努力提高课堂教学的水平和效果。

（三）开展心理咨询

心理咨询是由专业人员即心理咨询师运用心理学以及相关知识，遵循心理学原则，通立各种技术和方法，协助来访者解决心理问题的过程。积极创造条件建立心理咨询室，对学生进行心理辅导，同时还要建立一支以精干专职教师为骨干、专兼结合、专业互补、相对稳定的心理健康教育工作者队伍，开展心理咨询工作。心理咨询又可分为个体心理咨询和团体心理咨询。大多数时候，应采取一对一的个体心理咨询。此外，还可把具有相同心理困扰的学生组成一个小组进行团体咨询，在这个小组中，他们可以获得一种支持性力量，觉得自己不再孤单，从而增强克服障碍的决心。

（四）开展心理普查，建立学生心理档案

开展心理普查，建立学生心理档案。即通过问卷、心理测试等科学方法，了解大学生的个性状况、智力水平、心理健康水平、学习状况等，将其心理问题的历史或现状记录下来，建立大学生心理健康档案，以便及时

掌握大学生的心理健康状况，提高心理教育的针对性'。可以对有心理问题及心理障碍的学生进行重点辅导和监控，以便及时有效地对其进行心理健康教育，防患于未然。大学生心理健康教育是一项系统工程，进行心理普查，为每个学生建立心理健康档案，是这项工程的重要部分，也是把这项工作落到实处的一个重要措施。

（五）开发网络心理健康教育

随着高科技的发展，普及课堂教育已经不能有效解决大学生普遍存在的心理问题，而网络化教育不分时间、不分地点、没有强制性的这些特点更容易被大学生接受，更有利于帮助他们解决有关学习、生活等一系列心理压力和问题。在网络普及心理健康教育，是对课堂教育的丰富和补充，通过网络普及心理健康教育，使高校心理健康教育逐步普及走向完善。网络普及心理健康教育的具体方法可以有多种形式，诸如在网上开设心理学方面的课程，举办网上心理健康专题讲座；在网上进行心理健康培养；在网上进行心理健康测试等。

（六）提高教师的心理健康水平

教师的心理健康状况不仅影响其本人的工作、生活质量，而且对学生也有一定的影响，其世界观、理想、信念等品质对心理尚未成熟的大学生来说，具有不可忽视的作用。目前，教师不仅面临着来自教学改革的压力，而且还面临着学历、职称、论文、课题、竞聘上岗、评等级、知识更新速度加快等各种压力。没有心理健康的教师群体，就不会有心理健康的学生。要通过各种途径提高教师的心理健康水平，加强教师对心理健康重要性的认识，为大学生营造一个积极、健康、高雅、和谐的教育环境。

（七）建立三级心理健康防护网

1. 心理卫生的三级预防

传统的心理卫生"三级预防"思想着眼于防病、治病，其目标是使人们不生病，少生病或病了能迅速治愈。具体包括以下几方面。初级预防：向人们提供心理卫生的知识，以防止和减少心理疾病的发生；二级预防：尽早发现心理疾病患者并提供心理和医学的干预，同时也包括设法缩短病人的病程和降低复发率；三级预防：防止住院病人的心理异常转为慢性，使他们尽快回到社会生产和独立自主的生活中去，同时对慢性病人设法减轻其精神残疾的程度，适当地提高他们的社会适应能力。

2．大学生心理健康的三级功能

现代的心理卫生学本质上是为了促进人的身心健康和发展，提高人的适应能力和生活质量，因为传统的"防治心理疾病"的观念已经转变为现代的"增进心理健康和发展"的观念。大学生心理健康的三级功能主要是指：心理健康的初级功能，防治心理疾病。心理健康的中级功能，完善心理调节。心理健康的高级功能，发展、健全个体和社会。

3．心理预防的三级网络

大学生心理健康工作必须有一定的制度和组织保证，必须形成全校师生人人关心心理健康的共识。近年来，许多高校积极努力，逐步建立了三级心理保护网。主要包括以下三方面：

一级保健网是在大学生中培养一批学生骨干，做心理咨询员和辅导员。由于他们与同学们朝夕相处，能够及时发现学生中出现的问题，可以使学生心理问题得到及时的反馈和解决。

二级保健网是强化学生处及各系部党总支书记、辅导员、班主任等学生思想政治工作者的心理健康教育知识培训。提高学生思想政治工作者的心理健康及心理咨询知识水平，使之具有处理一般心理问题的能力。

三级保健网是学校的心理健康机构，也就是学校的心理健康教育中心。主要是对学生实施心理健康教育，帮助有较为严重的心理问题的学生，建立学生心理健康档案，根据大学生实际的心理健康状况，有计划、有针对性地提出可行的教育与预防措施，帮助大学生提高自身的心理素质。

（八）建立危机干预机制

从人格发展的角度而言，每位大学生在成长过程中都可能会遇到不同程度的"心理危机"。建立健全大学生心理危机干预机制，甚为必要。建立危机干预机制主要包括以下四个方面：

1．建立大学生心理危机排查机制

每学年为新生建立心理健康档案，在有条件的情况下根据学生需求开展多种心理测查活动，定期总结在心理咨询中发现的带有群体性的问题，及时向学生工作系统和相关部门反馈，为学校心理辅导、咨询和教育管理工作提供依据，为学生的身心健康发展提供动态的监测手段，防范个别突出心理问题的加剧。

2．建立大学生心理危机预警机制

建立健全大学生心理健康网络，确定各级负责人及工作职责，建立在学生中发现心理危机或隐患的报告制度，力求做到心理问题和心理危机的早发现、早干预、早解决，以防止和减少重大突发事件的发生。

3．建立大学生心理危机处置机制

要制订有关规章制度和操作规范，保证心理危机发生时及时有效地处置，同时与各系（院）、各职能部门、公共卫生系统、学生家长等建立起顺畅的工作联系，形成危机出现时的快速反应通道。

4．建立大学生心理危机追踪与反馈机制

对度过心理危机的学生，学校有关部门要与同学、班主任、教师和家长密切配合，继续给予心理上的支持和学习、生活等各方面的关怀与帮助，协助其康复，对于危机受害者所在的班级、宿舍，要根据需要进行相应的心理帮助，以尽量减少危机带来的负面效应。

第七章　大学生创新素养培育

创新是一个民族进步的灵魂，是一个国家兴旺发达的不竭动力。是否具有较强的创新能力，已成为判断一个人、一个企业乃至一个国家是否具有竞争力的一个标准。创新能力是大学生形成自身竞争力的重要支撑，面对日益激烈的市场竞争，大学生要想成功立足职场、立足社会，必须培养创新素养，才能在竞争中永远立于不败之地。

第一节　创新素养内涵和构成

创新是知识经济时代的一个显著标志。我国高等职业教育的思路是"以服务为宗旨，以就业为导向，走产学研结合的道路"。而人才培养创新模式的内容就是培养大学生的"三种能力"：动手能力，实践能力，可持续发展能力。而实施素养教育，就是全面贯彻党的教育方针，以提高国民素养为根本宗旨，以培养学生的创新素养和实践能力为重点。创新素养是创新人才必备的素养之一，是创新潜能转化为创新能力的关键。所以，培养学生的创新素养和创业能力是社会的要求，也是学生在激烈竞争中安身立足的有力保障。

一、创新素养内涵

（一）创新

1. 创新的概念

创新这一概念是美籍奥地利经济学家熊彼德在 20 世纪初提出来的，他在《经济发展理论》把创新定义为"新的或重新组合的或再次发现的知识被引入经济系统的过程。"他的理论构成了现代创新研究的基础，也是各国国家创新体系（NIS）的研究起点。熊彼特对创新的实质和范畴作了开创性的分析。时至今日，创新的定义依然处于百家争鸣的状态，如：

（1）从词语本身的含义界定。如《辞海》对"创新"的解释是："创"为"创始"或"首创"之意。"新"为"初次出现"或"改旧更新之意"。现代汉语词典对"创新"一词的解释为：抛开旧的，创造新的；指创造性。

（2）从精神寓意角度界定。如江泽民同志强调创新是一个民族的灵魂，是一个国家兴旺发达的不竭动力。还有学者认为，创新的含义，就是打破常规，背离过去的经验和思维方式的一种科学精神。

（3）从哲学的角度界定。有的学者认为，创新是人类的一种认识方式和实践方式，是人类的主体行为，即人类处在被认识对象和被改造对象面前的主体能动性的体现，是主体力量的对比。

（4）从研究对象角度界定。有的学者认为，创新有两种，一种是技术创新，它在自然界中为某种自然物找到新的应用，并赋予新的经济价值；一种是社会创新，它在经济与社会中创造一种新的管理机构、管理方式和管理手段，从而在资源配置中取得更大的经济与社会价值。

（5）从运动过程和结果角度界定。有的学者认为，创新是根据一定目的的任务，运用一切已知信息，开展能动思维活动，产生某种新颖、独特、有社会或个人价值的作品的智力品质。

（6）从创新的组成结构进行界定。有的学者认为，如果从静态的角度审视创新，可以把创新定义为：凡是在已知信息的基础上，经过思维活动或者实施行为，产生具有新颖性、独创性、价值性成果的活动就叫创新。如果从动态的角度审视创新，也可以说：创新就是由取得观念成果到产出再造成果的系统运动过程。

上述定义对于各自领域而言，都具有一定的权威性。我们认为创新是一个复杂、综合的过程，创新，最主要的意思是"新"。既可以是前所未有的新，也可以是在原有基础上发展改进的新，即包含创造、改造和重组等意思。创新的本质是进取，是推动人类文明进步的激情；创新就要淘汰旧观念、旧技术、旧体制，培育新观念、新技术、新体制；创新的本质是不做复制者。创新是人的创造性劳动及其价值的实现，具有价值取向性、目的明确性、综合新颖性。因此综合上述观点，可以从三个层次对创新的内涵进行界定：第一，从宏观历史的角度看，创新是人类在实践过程中，通过开展创新思维活动，创造性解决某些问题，获得首创性产品，推动历史前进的活动过程。即原始创新。第二，从微观阶段性角度看，创新是创新主体在原始创新基础上，博采众长，吸纳优势，并通过持续发展，产生新产品的过程。即综合性创新。第三，对个体而言。创新是创新主体在实践过程中，不断挑战自我，超越自我并形成良好的创新素养的过程，即自我创新。

案例：吃冷饭想出小发明，大二女生发明保温饭盒获专利。

天冷了，吃冷的盒饭对身体影响较大。华中师范大学大二学生张婷婷发明的可利用余热继续保温饭盒，一下子延长了盒饭的保温时间。

张婷婷是华中师范大学心理学专业的学生。她性格开朗，兴趣广泛，从小就喜欢创新发明。在武汉六中读书时就参加过科技兴趣小组，曾制作过很多小发明。

张婷婷说，读高中的时候，因为要在学校吃午饭，每天都是爸爸给她送饭。一到了冬天。热腾腾的饭菜送到学校就冷了。她想，要是饭盒能够保温就好了。高三的时候，她利用课余时间开始着手做一种利用余温继续保温的饭盒。经过多次实验，一种可以利用余温继续保温的饭盒就产生了。"发明这种饭盒首先就是为了解决我自己的问题。"张婷婷说，从此以后，她就没有再吃过冷饭了。

张婷婷的父亲在家中向记者演示了女儿发明的保温饭盒。这种饭盒结构很简单，主要包括盒盖、盒外胆、保温层、内胆。记者看到，保温饭盒的内胆和盒外胆之间装有发热包。插座和指示灯孔装在盒外胆上，其电路和发热包相连。盒外胆上装有提手，发热包还可以扎在盒盖上，同时装上指示灯和插座，发热包具有保温作用，能较慢地释放热量。张婷婷的父亲还告诉记者，这种饭盒可以利用电热余热使饭盒中的食物较长时间地保温，充半小时电可以保温 4 个小时。一般情况下，都能吃到热饭菜。目前，张婷婷发明的保温饭盒已获得国家专利。

根据国家知识产权局网站上的介绍，张婷婷发明的饭盒是一种利用余热继续保温的饭盒，其优点是利用电热余热使饭盒中的食物能保温较长的时间，能使学生、户外的工作人员、农民等按时吃到热饭菜，保证了他们的身体健康。

2. 创新的特征

（1）创新是创造性和风险性的辩证统一。创新的本质在于"创"，既敢于打破常规、敢走新路、勇于探索。创新的这种本质也决定了创新之路充满了变数和不确定性。它既可能成功，也可能失败；既可能被承认，也可能遭批评；既可能得到推广，也可能被覆灭。

（2）创新是求异性和综合性的辩证统一。创新是一种求异思维活动和实践活动，以求异而非求同为其价值取向，熊彼特曾给创新下了一个经典的定义：创造性地破坏。但创新的求异是以综合为支撑，创新一般是博采众长，吸纳优势的综合活动。它既对某一样本有明显的继承性，又绝对不是简单重复，而是在综合过程中发展成为一种与原有各方面有显著差异的新事物。

（3）创新是价值性和新颖性的辩证统一。从熊彼特对创新的定义看，"创新"不仅含有一定的新颖性，而且更重要的是还具有其经济上的价值性。仅仅只产生有新颖性而无价值性产品的活动不是"创新"，它不仅不能推动社会的发展，还会造成资源浪费。

（4）创新是继承性和发展性的辩证统一。知识经济时期的创新将呈现三个特点：由一次性创新向持续性创新转变；由个别创新向系统创新转变；由专家创新向全员创新转变。因此创新需要对已有成果进行丰富、扩展或扬弃，需要对前人成就的扎实研究和深刻了解，需要一点一滴的积累和长期不懈的努力。

（二）创新素养

创新可以分为三种类型，一是原创型，即原始创新，只存在"元素"，没有参照模型。二是组合型，即集成创新，从现有模型中，各取其部分重组。三是模拟型，即引进、消化、吸收再创新，将已有模型，在不同时空进行移植。

创新素养，是指人在先天遗传素养基础上，后天通过环境影响和教育所获得的稳定的、在创新活动中必备的基本心理品质与特征。包括创新意识、创新个性和创新能力三部分。具有可以开发和培养及价值取向性的特征。

创新素养是人的整体素养中最重要的一部分。创新素养与一般素养的关系如下：

（1）创新素养是一般素养的进一步发展。一般素养是指素养主体所达到的总体的身心水平，包括思想素养、科学文化素养、身体素养等，内容十分丰富。如果一个人各方面的素养都达到了较高的水平，就可以称之为"全面发展的人"。但是全面发展的人是否就一定具有创新能力呢？不一定。如果全面发展的一般素养中，含较多的创新素养成分，那么就可能具有较强的创新能力，否则其创新能力就难以凸显。对于创新素养而言，一般素养只是起到一种基础性的支撑作用，创新素养是一般素养的提升和发展。

（2）创新素养比一般素养对创新的作用更为直接。一般素养水平较高的人，从事普通重复性劳动工作会做得很出色，但从事创新活动就未必会做得得心应手，因为创新活动更直接地依赖于人的创新素养。我们经常见到这样的现象，一些在校期间一般素养较为全面发展的学生，走上工作岗位后并没有成为特别突出的人才；有些在校时一般素养并没得到全面发展的学生，由于肯独立思考、爱动脑筋，又有冒险精神，走上工作岗位后却成果频出，成为备受关注的创新型人才。其重要原因之一，就是两者的素养成分不同，在后者的素养构成中，创新素养成分较多，容易产生更多的创新成果。

（3）创新素养是一般素养的主体和核心。虽然创新素养只是指那些与人的创新活动有关的身心成分，没有一般素养涵盖的范围广，但创新素养所包含的具体内容几乎涵盖了一般素养的绝大部分，创新素养已成为一般素养的主体。

人的一般素养的重要价值之一，就是解决问题、适应环境、谋求更好的生存和发展状态，其中创造性地解决问题是人们追求的更高的境界。人的创新素养在实现人的一般素养的价值目标时，具有不可取代的作用，所以说创新素养是一般素养的核心部分。

二、创新素养构成

一般来说，创新素养是由两个方面组成：一方面是创新动力系统，包括强烈的动机、不懈的追求、自主性、好奇心、挑战性、求知欲等等。另一方面是创新能力系统．包括创新思维能力，获取和利用新的知识信息能力，操作应用能力等。

创新动力系统就是培养学生具有创新意识，不满足于现状或现有的答案，不墨守成规，敢于提出问题及探索新的问题，这是创新素养的灵魂，是创新素养的理性引导方面。

创新能力系统是指在原有的知识水平的基础上，在科学、艺术、技术和各种实践活动领域中不断提供具有经济价值、社会价值、生态价值的新思想、新理论、新方法和新发明的能力。创新能力是民族进步的灵魂，是经济竞争的核心；当今社会的竞争，与其说是人才的竞争，不如说是人的创造力的竞争。

具体来讲，创新素养是由以下三部分构成。

（一）创新意识

心理学告诉我们，意识由三组因素构成，创新意识也不例外。一是创新认知，包括观察、记忆、想象、思维的创新性；二是创新情感体验，包括创新需要、创新动机、创新热情、创新兴趣、创新意志、创新性格；三是创新行为倾向，表现为善于发现问题、求新求变、积极探究的心理取向。创新意识是一种超越意识，推崇创新、追求创新和以创新为荣的价值意识。这是创新的灵魂和动力，也是创新型人才的重要标志。只有在强烈的创新意识引导下，人们才可能产生强烈的创新动机，树立创新目标，充分发挥创新潜力和聪明才智，释放创新激情。具体表现为：不安于现状、不因循守旧，以创新为乐、以创新为荣，有创新激情、常产生创新冲动。

案例：日本的东芝电气公司于 1952 年前后曾一度积压了大量的电扇卖不出去，7 万多名职员为了打开销路，费尽心机地想了不少办法，依然进展不大。有一天，一个小职员向当时的董事长石坂提出了改变电扇颜色的建议。在当时，全世界的电扇都是黑色的。这个小职员建议把电扇的黑色改为彩色。这一建议引起了石坂的重视。经过研究，公司采纳了这个建议，决定将所有的电扇做"整形处理"，换成五颜六色的新面孔。第二年夏天，东芝公司推出了经过整形后的彩色电扇，给顾客带来了惊喜，市场上掀起一阵抢购热潮，几个月内就卖了几十万台。原来积压的电扇因为换装变成了抢手货。从此以后，在日本，以及在全世界，电扇再也不是一副统一的黑色面孔了。

（二）创新人格

创新人格就是培养和发展有利于创新或富有创造性的人格特质。人格，在心理学中指个性，是人作为主体所必然具有的各种精神品质的内在整体结构。创新人格是创新素养中比智力因素更为重要的方面，是创新素养内在的自然倾向性，是不直接参与对客观事物认识的具体操作，但对活动起动力和调节作用的非智力因素，如需要、动机、兴趣、世界观、价值观、性格、气质、理想信念等个性心理品质构成的精神能力。美国学者认为，创新的特点包括以下五个方面：创新必须经过人的努力才能产生；创新需要战胜社会成见的挑战；创新需要付出艰辛的劳动并承担一定的风险；创新来自原创力、责任感和坚强的毅力；人们可以对创新加以识别、学习和应用。上述五个方面的特点均涉及创新人格的特点，既涉及创新的欲望、动机等，也涉及创新的意志品质、理想、信念等。一个人要进行创新，不仅需要一种追求创新的意识，一种善于发现和把握机会的思维敏锐性，一种积极改变自己并改变环境的应变能力，而且非常需要有一种乐于探索，坚持不懈地把自己的新思维付诸实施的人格品质。

案例：风靡全球的味精发明者日本的池田菊苗博士，善于从生活中寻找发明的灵感。一天晚餐时，他用筷子下意识地搅了搅热汤，尝了一口，问夫人："嗯，味道很鲜美，用了什么佐料？""今天的汤是用海带熬的。"孩子插嘴道："爸爸，海带为什么会有鲜味？"孩子的提问让这位爸爸开始思考海带的鲜味是从哪里来的，并开始分析海带的成分。经过多次加工提炼，他发现了一种白色的物质对调味很有用处，这就是世界上最初发明的味精。后来，他又从其他物质中提炼到了成本更低的味精，申请专利，开设工厂，生产味精。

（三）创新能力

所谓"能力"，通常指完成一定活动的本领。创新能力是以独特敏感性和自发性将各种经验产物重新组合成新形式的素养。它不仅仅指对各种知识的进一步获取，还包涵对知识的创新与综合。正如美国心理学家特莱奇曼所说："它似乎超越了所要求完成的任务；它锻造新的连接；它发展新颖的和独特的关系；它创造出意想不到的和出人意料的综合。"创新能力包括掌握创新的原理、技巧、方法，具备良好的创新技能，主要包括深刻的认知力、敏锐的观察力、丰富的想象力、独特的思维力、集中的注意力、高效的记忆力、独创的实践力等，也包括在知识经济时代人们日益认识到重要性的信息能力。

案例：大学还没毕业，就拥有了自己的公司，这是大连理工大学电子与信息工程学院 08 届毕业生李克成在大学"修"来的另一个成果。年轻、思想活跃、文化程度高、喜欢挑战、勇于探索、乐于创新，勇于创新. 善于创新构成了当代大学生的创新素养。

尽管大学毕业才半年，可拥有自己的公司已一年多了。作为学子业成人才服务有限公司的负责人，说起自己的公司，李克成说，他的创业并不是一时兴起，而是历时四年的准备。

大一时，李克诚偶然结识了一位做惠普高校市场推广的学长，当其他同学处于懵懂状态时，他却抓住了机遇，利用这次机会开始了大学兼职工作。大学期间，他做了不少兼职工作。在电子城做兼职时，他发现笔记本电脑的需求远远没有小件数码产品的需求量大，于是他便开始做起了小件数码产品的高校代理，在锻炼自己中积累了丰富的经验。由于表现出色，2007 年他大三时，一家著名的网络公司要将他纳入旗下，月薪近万，可被他婉言谢绝了。因为他有了自己的想法—开办自己的公司。

2007 年 11 月，他创立的学子业成人才服务有限公司在和平现代城成立了。"毕业生和企业需求脱节。是目前普遍存在的问题。"李克成说，自己就是要搭建二者沟通的桥梁。他与阿里巴巴的大连分公司合作，为公司组织人员技术培训，寻找合适的兼职人员，并为公司未来发展储备人才；各高校各专业学生可以通过公司相关培训选择合适自己的公司和有兴趣的行业。这是新兴的人力资源服务类行业，旨在满足企业和高校学生的双向需求。现在，每个月近3万的净收益让他的团队尝到了创业的甜头。

小李说，目前为止，他的创业并未遇见很大的困难。他认为这与他的长期积累、深思熟虑和善于抓住机遇有很大的关系。他说，大学里面有很多的发展机会，善于抓住机遇，善于挑战自己，努力提升能力才是关键。

三、创新与大学生成人成才

建设创新型国家，是党中央、国务院从全面建设小康社会、开创中国特色社会主义事业新局面的全局出发做出的一项重要的战略决策。建设创新型国家，关键在人才，而大学生作为国家专门培育的专业性人才更是创新型国家建设的有力储备。所以，大学生创新素养的形成不仅是一个关乎个人命运前途的话题，一个个体成长成才的内在与长远需要，更是一个提高我国综合国力的关键点。

而长期以来，由于受教育体制、传统教育思想的影响，我国的教育培养模式单一，考核方式对学生有很大的限制，忽视了学生个性培养，严重影响到学生发散性、创造性思维的发展。新的世纪是一个知识经济的时代，只有培养具有创新精神和创新能力的复合型人才才能参与世界的竞争。但目前，我们在培养大学生创新能力方面与社会发展存在着巨大差距. 不符合社会发展。所以，加强大学生创新素养培养势在必行。

（一）创新是提升国家竞争力的必由之路

创新是知识经济时代的一个显著标志。国家的竞争力重在创新能力，而创新归根结底全看人的素养，人才是打造一个具有创新能力生态系统的核心资源。

知识经济的发展离不开对知识的创新、生产与传播，离不开对创新人才的培养。纵观世界发达国家强盛的历史，可以发现。积极谋求实现科学研究和人才培养的高度统一，以研究带动培养，以培养促进研究，推进产业发展，是高等教育发展的基本态势。进入知识经济时代，创新型人才的培养和聚集，必将推动科学技术进步，促进社会经济可持续发展，最终成为提高国家核心竞争力的关键。

"提升国家科技竞争力，提高国家综合实力"这项战略不是一朝一夕就可以完成的，是一个长期积累发展的过程，需要一代一代人的不懈努力，需要持续不断的创新型人才，进而提高国家科技竞争力，提高国家综合实力。只有培养出乐于创新、勇于创新、善于创新的具有创新素养的新世纪人才，才能为我国提高国家竞争力和可持续发展提供最有力的保证。

案例：美国作为世界超级大国，他的崛起从一开始就与创新息息相关：以宪法为纲、三权鼎立的政治制度创新；以汽船业和公路网为标志的交通运输创新；用国家大法对专利权呵护有方的价值观创新；以硅谷为代表的高科技集群创新；甚至包括以华尔街为代表的、在金融危机中变得臭名昭著的"金融创新"。毫不夸张地说，美国的历史本身就是一部创新史，美利坚这个民族的 DNA 就是创新。

如果说大国的崛起依赖创新，那么，其没落或是变得平庸，则是因为创新力的衰竭。值得注意的是，在最近几十年里，美国不但创新能力没有衰退的迹象，反倒出现了一波又一波可持续的创新浪潮。看看当代一些最伟大的公司——无论是高科技行业的戴尔、微软、苹果、英特尔、惠普、谷歌、Facebook；传统制造业的波音、福特、通用汽车（其迅速的破产保护和重组本身就是创新的典范）、3M（Minnesota Mining and Manufacturing Corporation 明尼苏达矿务及制造业公司）、通用电气；还是颠覆传统邮局、用快递方式把包裹送到世界每一个角落的联邦快递和 UPS（United Parcel Service, Inc. 美国联合包裹运送服务公司），风靡全球的麦当劳、必胜客和星巴克；以及代表美国软实力、征服全世界的好莱坞电影和 NBA 篮球。其品牌的核心竞争力其实都是创新。

波士顿咨询公司一位领导全球创新力调查的咨询师詹姆斯·P·安德鲁（James P. Andrew）说得精彩："不是国家创新，而是公司创新。但是，一个国家可以对该国公司的创新能力，包括吸引人才和留住人才以及其他创新所需要的要素起到举足轻重的作用！"其实，美国公司无与伦比的创新能力，恰恰是该国政府政策、教育制度、人力资源和法律制度所营造的创新能力生态系统（Innovative Ecosystem）成功的佐证。

人们常常津津乐道的是，美国有世界一流的教育制度，哈佛、斯坦福、耶鲁等世界排名前一百名的大学和研究机构一半在美国；而被忽略且更重要的一点是，这一优秀的教育体系不仅仅是培养美国创新人才的摇篮，更为美国吸引了世界各地各行各业的精英，形成生机勃勃的良性循环。

美国的人才战略是"培养+吸引最优秀的人才"。一方面，一流学校培育优秀人才，优秀人才提升学校名声，这样构成一轮良性循环。另一方面，这些一流学校又作为全世界顶尖学子和教学、研究人员向往的圣地，通过吸引人才形成新一轮循环。在中国，清华、北大这样的名牌大学因为品牌效应，每年报考的优秀学子趋之若鹜，他们在最顶尖的高中毕业生中再三筛选，在慕名而来的优秀教授中百里挑一，想不优秀都难！可是，清华、北大和世界各国的重点大学却又都成为美国教育体系的预备学校。领先全球的教育，为美国营造了一个独特的人才垄断地位，为可持续的创新提供了取之不尽的人力资源，为美国保持创新这项国家竞争力奠定了厚实的基础。

除了人才和高等院校这两个核心资源外，美国还在创新能力的生态系统所具有的主要其他资源上独占鳌头：具有世界先进水平的实验室；高科技公司云集、形成集群效应的硅谷；一流跨国公司提供的就业机会，这些都是其他国家在相当长时间里难以超越的。

（二）创新素养是社会和企业对人才素养的客观要求

市场经济的快速发展使企业之间的竞争白热化，竞争的关键是人才的竞争。人才的创新素养在一定程度上决定着竞争的成败，市场的争夺要求企业之间必须存在差异化，同质化的企业缺乏竞争优势。保持差异化，培育具有独特的运营流程、管理模式和组织文化，具有核心竞争力的现代企业需要的核心要素就是创新，没有创新，企业缺乏可持续发展的动力，就无法在日益激烈的竞争中处于领先地位。

在信息化的时代，互联网广泛应用，所有信息都是公开的，只有速度制胜才能占领市场，谁能最快满足用户需求谁就赢得了市场。同时，消费终端对产品的要求越来越多样化，对产品的种类、功能、外观等诸多要素不断提出新的要求，要快速响应市场，满足客户的需求，企业就需要创新。因此，当前企业在人力资源配置的过程中，突出重视人才的创新素养，这也要求大学生必须具备创新素养。

案例：1898 年鲁特玻璃公司一位年轻的工人亚历山大·山姆森在同女友约会中，发现女友穿着一套筒形连衣裙，显得臀部突出，腰部和腿部纤细，非常好看。约会结束后，他突发灵感，根据女友穿着的这套裙子的形象设计出一个玻璃瓶。经过无数次的反复修改，不仅将瓶子设计得非常美观，很像一位亭亭玉立的少女，他还把瓶子的容量设计成刚好一杯水大小。瓶子试制之后，获得大众交口称赞。当时可口可乐的决策者坎德勒在市场上看到了亚历山大·山姆森设计的玻璃瓶后，认为非常适合作为可口可乐的玻璃瓶包装，于是他以 600 万美元的天价买下此专利。

亚历山大·山姆森设计的玻璃瓶不仅新颖美观，而且使用非常安全，易握且防滑。更令人叫绝的是，其瓶身的中下部的造型如同少女所穿的裙子；而瓶子的中段则圆满丰硕，如同少女的臀部。此外，由于瓶子的结构是中大下小，当它盛装可口可乐时，给人的感觉是分量很多的。采用亚历山大·山姆森设计的玻璃瓶作为可口可乐的包装以后，可口可乐的销量飞速增长，在两年的时间内，销量翻了一番。从此，采用山姆森玻璃瓶作为包装的可口可乐开始畅销美国，并迅速风靡世界。

（三）创新素养是推动大学生健康成长的内在力量

人才的突出特征重在其创造性和创新能力。创新意识是创新活动的前提，有了创新意识才能自发养成创新素养。有了强烈的创新意识的引导，个体才可能产生强烈的创新动机，树立创新目标，主动地捕捉创新灵感和机遇，充分发挥创新潜力和聪明才智，释放创新激情，能动地进行创新活动。外在表现为强烈的创新欲望和冲动，内在表现为强烈的主体意识和竞争意识。这样的人才素养的全面提高并突出地表现出非凡的创造力，才是我们新经济时代的"创新人才"。

但当前很多学生只注重学业考试和学分的过关，忽视了自学能力、独立探索新知识能力的培养，独立运用知识解决实际问题的能力更是得不到很好的锻炼，使得学生只知道死啃书本，只会做题，缺乏学习的主动性和创造性。创新素养可以使大学生学会独立思考，敢于突破传统、敢于质疑和批判、敢于梦想，思维活跃。良好的创新素养一经形成，就会进入不断建构的轨道，并且会成为推动自身健康成长的内在力量。

案例：许多人把大学生叫穷学生，因为除了父母的供养，他们在经济上没有任何来源。尤其这几年来大学收费标准越来越高，许多农村大学生更是沦为贫困一族。然而，1997 年 11 月，四川联合大学皮革工程系 95 级学生林炜，在南京理工大学举行的第五届"挑战杯"全国大学生课外学术科技作品竞赛中，其参赛作品"利用红矾母液和铬酐下脚料生产蒙囿吸收铬鞣粉剂 KMRC"获一等奖，并被重庆农药化工集团公司以 700 万元人民币，独家买断了这项制革技术的使用权。

1999 年，中国科技大学刘庆峰等 6 名学子，由于参加了计算机"人机语音对话技术"研究并做出创新成果而在中国科大天音公司获得 668.85

万元的配股金额，这也意味着这 6 名在校大学生因发明而每人获得了上百万的资本，成为校园的百万富翁。

第二节　大学生创新能力开发

我国上千年的教育发展史，闪烁着一些简单而朴素的创新能力培养的思想和方法。两千多年前，老子就在《道德经》中提出"天下万物生于有，有生于无"的创造思想；孔子提出要"因材施教"以及"不愤不启，不悱不发；举一隅而不以三隅反，则不复也"的思想。1919 年，我国著名教育家陶行知先生第一次把"创造"引入教育领域。他在《第一流教育家》一文中提出要培养具有"创造精神"和"开辟精神"的人才，培养学生的创新能力对国家富强和民族兴亡有重要意义。

一、创新能力内涵

创新能力是指在完成创新活动中表现出来的心理品质，即人类运用已有的知识进行创造、重新改造或组合开发新的东西的能力。创新能力的三要素是素养、方法、环境。

创新能力是民族进步的灵魂，是经济竞争的核心。当今社会的竞争，与其说是人才的竞争，不如说是人的创造力的竞争。创新能力的形成要受多种因素的影响。

（一）遗传素养

遗传素养是形成人类创新能力的生理基础和必要的物质前提，它潜在地决定着个体创新能力未来发展的类型、速度和水平。

遗传素养又称天赋，是指个体与生俱来的解剖生理特点，包括脑和神经系统的结构、机能特性，感觉器官和运动器官的机能，身体的结构和机能等。离开大脑这个物质基础，人的创新能力的形成和发展就是无源之水。人类创新能力的形成首先要遵循遗传规律，但我们承认天赋，而不把它当作唯一。

案例：相对论的创立者阿尔伯特·爱因斯坦，生于德国乌尔姆一个经营电器作坊的小业主家庭，他从小不很聪明，三岁还不会说话。在就读小学和中学时，功课表现平常，不爱与人交往，老师和同学都不喜欢他。教授他希腊文和拉丁文的老师曾经公开责骂他："你将一事无成。"他的父亲曾写信对朋友说："爱因斯坦的功课成绩并不完全符合我的希望和期待。很久以来，我已经看惯了他的成绩单上总是有不太好的和很好的成绩"。但最后，爱因斯坦因在光电效应方面的研究，1921 年被授予诺贝尔物理学奖，1999 年被美国《时代周刊》评选为"世纪伟人"。还经常被认为是现代物理之父及二十世纪最重要的科学家之一。

有一次，一个美国记者问爱因斯坦关于他成功的秘诀。他回答："早在 1901 年，我还是二十二岁的青年时，我已经发现了成功的公式。我可以把这公式的秘密告诉你，那就是 A=X+Y+Z! A 就是成功，X 就是正确的方法，Y 是努力工作，Z 是少说废话!这公式对我有用，我想对许多人也一样有用。"

（二）环境

环境是人类创新能力形成和提高的重要条件，环境的优劣会影响个体创新能力发展的速度和水平。

这里的环境，包括社会环境和自然环境。社会环境包括家庭、学校和社会上的其他环境。人是社会的人，人的创新实践必然受到环境的影响。人与环境是对立统一的关系，人受环境的制约，但人可以能动地改造环境，这种改造不是某一个人的改造，而是千千万万人构成的社会人的改造。正如马克思所说"人创造环境，同样环境也创造人"。

案例：1920 年 10 月，在印度加尔各答西南的一个小村庄里，发现了两只人形动物住在狼洞里。正在当地传教的辛格夫妇历尽艰辛终于抓住了这两只动物，原来是两个女孩，年约八岁和一岁半，姐妹俩被取名卡玛拉和阿玛拉，并送到孤儿院接受人类的教育。

辛格夫妇以无限的耐心和超人的爱心，想把她俩培养成正常人。可是婴儿时代受狼抚养的姐妹俩却改不掉狼的行为。她们用四肢走路，常常向人飞扑过来，白天在屋里睡觉，夜晚大声嚎叫，吃的也是腐肉和活鸡。经过辛格夫妇的艰苦努力，两个月后，妹妹阿玛拉终于说出了"不"字，可惜一年后就死去了。姐姐卡玛拉经过 3 年的培训才能用脚走路，但做出本能反应时仍改不了四肢走路的习惯。直到她 17 岁死去时，智商只有 3 岁半孩子的水平，只能讲 45 个单同。这是众多失去早期教育环境所产生的悲剧之一。

（三）实践

实践是人们创新能力形成的最基本途径，也是检验创新能力水平和创新活动成果的尺度标准。

创新能力只有在创新实践中才能得到施展发挥，实践是创新能力变成现实的唯一平台。人改造实践的活动也就是创新活动，只有通过社会实践才能把人的创新意识变成现实，而创新能力也必须通过实践才能形成，并通过实践加以检验。

案例："世界杂交水稻之父"袁隆平院士，1953 年毕业于西南农学院，一直从事农作物育种研究。他与助手们利用多个品种的水稻和他们辛苦发现的一种野生稻进行杂交，经过多年的繁殖和选育，培育出多个高产而优质的杂交水稻新品种。我国 2002 年发表的水稻基因组测序成果，用的就是袁隆平培育的"籼稻 9311"品种。负责测序工作的杨焕明教授认为：袁隆平的超级杂交水稻找到了很好的基因组合。这就从基因组研究的水平上，确证了袁隆平育种实践的先进性。他培育的杂交水稻品种，已累计增产 1 500 多亿千克，为农民增收 500 多亿元。2001 年 2 月，他被授予国家最高科学技术奖。2006 年 4 月当选美国科学院外籍院士，被誉为"杂交水稻之父"。2011 年获得马哈蒂尔科学奖。

随着杂交水稻在世界各国试验试种，杂交稻已引起世界范围的关注。袁隆平近年来，先后应邀到菲律宾、美国、日本、法国、英国、意大利、埃及、澳大利亚 8 个国家讲学、传授技术、参加学术会议或进行技术合作研究等国际性学术活动 19 次。杂交水稻推向世界，美国、日本、菲律宾、巴西、阿根廷等 100 多个国家纷纷引进杂交水稻。自 1981 年袁隆平的杂交水稻成果在国内获得新中国成立以来第一个特等发明奖之后，从 1985 年到 1988 年的短短 4 年内，又连续荣获了 3 个国际性科学大奖。国际友人称颂这位"当代神农氏"培育的杂交水稻是中国继指南针、火药、造纸、活字印刷之后，对人类做出的"第五大贡献"。国际水稻研究所所长、印度前农业部长斯博士博士高度评价说："我们把袁隆平先生称为'杂交水稻之父'，因为他的成就不仅是中国的骄傲，也是世界的骄傲，他的成就给人类带来了福音。"

（四）创新思维

创新思维是人的创新能力形成的核心与关键。创新思维的一般规律是：先发散然后集中，最后解决问题。创新能力与创新思维休戚相关，没有创新思维就没有创新活动。创新思维是人的创新活动的灵魂和核心，创新性思维能力是人的创新能力的灵魂和核心。

案例：2005 年 8 月 6 日，第 20 届全国青少年科技创新大赛在海淀展览馆开幕。来自全国各地的 34 支代表队及来自美、德、日、韩等 7 个国家和地区的共 600 名小"科学家"展示他们带来的会聊天的机器人、为色盲设计的红绿灯、不用手也能操作的电脑……本次参赛项目涉及数学、计算机、工程等 3 个竞赛领域，各种新奇的小发明吸引了众多参观者。

"我的制作不仅申请了国家专利，还申请了世界专利呢！在全世界可是独一无二的。"来自江苏省常熟中学的庞颖超向围在她展台前的参观者们打起了"广告"。她非常自豪地让大家看一堆珍贵的书信：公安部的回复、交通部的回复……甚至还有欧盟委员会驻华代表团团长的回复！

庞颖超发明的是一种能够让色盲识别的红绿灯，在现行的纯红绿颜色的灯中加入一些白色的有规则形状的图形。如红色圆形中间加入一条横着的白杠，绿色圆形中间加入一条竖着的白杠，以此来让色盲进行识别。"我们现在的交通灯都是红绿色，而那些有色盲的人不能分辨出这两种颜色，这就给他们的生活带来了极大的不便。"为了证明这种不便性有多大，庞颖超列举了一个数据：世界人口色盲占到了 5.6%。"有一次，我看到交警抓了一个闯红灯的人，结果发现他是色盲，分辨不出红绿灯，于是我就有了做这个红绿灯的想法。"

二、创新能力开发

在科学技术飞速发展的今天，创新意识和创新能力越来越成为一个国家国际竞争力和国际地位的最重要的决定因素。改革开放以来，我国创新能力有了很大提高，少数科学研究和技术创新在世界上也占有了一席之地。但无可置疑的现实是，我国创新能力和国际先进水平的差距较大。随着科教兴国战略的不断推进，目前，中国的科技人力资源达到 3850 万人，名列世界第一；研发人员 109 万人，名列世界第二。这是中国进入创新型国家行列的任何国家无法比拟的最可宝贵的资源。有资料分析表明，中国学生应试能力强，但动手能力特别是创新能力较差，与美国等西方发达国家学生也存在着明显的差距。

在美国，青少年学生三分之一的课程是在博物馆上的，天文馆和图书馆都是他们学习的好去处，还有电脑网上教学。据报载，美国目前 12 岁以上的少年都会操作电脑，上互联网络，被称为"网上一代"。而我国绝大部分地区尚处于普及九年义务教育阶段，学业主要是在教室里由老师传授。专家估计，在基础教育手段和载体方面，我国与发达国家还有差距。

（一）开发大学生创新能力的意义

1. 有利于缓解激烈的社会就业压力

面对日趋严峻的就业形势，开发大学生创新能力能开发大学生创造性思维，提高综合素养和就业创业能力，对于大学生参与社会竞争有很强的现实意义。大学生具有强烈的求知欲和好奇心，独立性逐渐加强，依赖父母的心理逐渐消失，社会责任感和道德感明显增强，同时又处在人生的转折和突变时期，有很大的可塑性，所以开发大学生创新能力能使他们在就业竞争中具有更强的竞争力，在社会中也必将具有更强的生存能力，从而缓解就业压力。

2. 有利于推动创新型国家的建设

创新是一个民族进步的灵魂，是一个国家兴旺发达的不竭动力。一个拥有创新能力和高素养人力资源的国家，将具备发展知识经济的巨大潜力；一个缺少雄厚科学储备和创新能力的国家将失去知识经济带来的机遇。21世纪的竞争是经济和综合国力的竞争，最终归结为高素养、创新人才的竞争。各高校是人才培养的摇篮，在教育创新中担负的首要任务就是培养具有创新能力的毕业生，从而能够担负起振兴民族大业的重任。

3. 有利于大学生适应市场经济发展的需要

随着市场经济的发展，城乡产业结构将依据市场的不断变化进行相应调整，从而带来劳动力的转移和市场岗位的转换，以及新技术、新工艺的实施，新产品的开发和创造，这就要求未来的劳动者不仅要具备从业能力，还要具备创新创业能力。不断加强大学生创新创业能力的培养正是适应了市场经济对人才培养的诸多要求。

（二）开发大学生创新能力的途径

作为国家发展的贮备力量，大学生创新能力、创新思维等创新素养的形成显得尤为重要。大学生创新能力的开发，有赖于主观和客观两方面因素。所谓主观就是作为主体价值存在的大学生自身；客体即大学生所处的环境，包括家庭环境、学校环境和社会环境。作为主体的大学生更要自觉地开发自身的创新能力。

1. 对学习研究的事物要有好奇心

牛顿少年时期就有很强的好奇心，他常常在夜晚仰望天上的星星和月亮。"星星和月亮为什么挂在天上？星星和月亮都在天空运转着，它们为什么不相撞呢？"这些疑问激发着他的探索欲望。后来，经过专心研究，他终于发现了万有引力定律。能提出问题，说明在思考问题。好奇心是包含着强烈的求知欲和追根究底的探索精神，谁想在茫茫学海获得成功，就必须要有强烈的好奇心。正像爱因斯坦说的那样："我没有特别的天赋，只有强烈的好奇心。"

2. 对学习研究的事物要有怀疑态度

被人验证过的并不一定都是真理。许多科学家对旧知识的扬弃，对谬误的否定，无不是自怀疑开始的。伽利略正是始于对亚里士多德"物体依本身的轻重而下落有快有慢"的结论的怀疑，才发现了自由落体规律。怀疑是发自内在的创造潜能，它激发人们去钻研，去探索。对待所学习或研究的事物我们应做到：不要迷信任何权威，应大胆地怀疑。这是创新的出发点。

开发创新能力提倡不迷信书本、权威，我们并不反对学习前人经验，任何创新都是在前人成就的基础上进行的；开发创新能力提倡大胆质疑，但质疑要有事实和思考的根据，并不是虚无主义地怀疑一切。

3. 对学习研究的事物要有求异观念

创新不是简单的模仿，要有创新精神和创新成果，必须要有求异的观念，不要"人云亦云"。求异实质上就是换个角度思考，从多个角度思考，并将结果进行比较。求异者往往要比常人看问题更深刻，更全面，如果没有强烈的追求创新欲望，那么无论怎样谦虚和好学，最终都是模仿或抄袭，只能在前人划定的圈子里周旋。

4. 对学习研究的事物要有冒险精神

创造实质上是一种冒险，因为否定人们习惯了的旧思想可能会招致公众的反对。冒险不是那些危及生命和肢体安全的冒险，而是一种合理性冒险。大多数人都不会成为伟人，但我们至少要最大限度地挖掘自己的创造潜能。

5. 对学习研究的事物要做到永不自满

开发创新能力，就要不满足于已有认识，不断追求新知；不满足现有的生活生产方式、方法、工具、材料、物品，根据实际需要或新的情况，不断进行改革和革新；不墨守成规，敢于打破原有框框，探索新的规律，新的方法；不迷信书本、权威，敢于根据事实和自己的思考，同书本和权威质疑；不盲目效仿他人，不人云亦云，唯书唯上，坚持独立思考，说自己的话，走自己的路；不喜欢一般化，追求新颖、独特、异想天开、与众不同；不僵化、呆板，灵活地应用已有知识和能力解决问题。

一个有很多创造性思想的人如果就此停止，害怕去想另一种可能比这种思想更好的思想，或已习惯了一种成功的思想而不能产生新思想，结果就会变得自满，停止了创造。

第三节 创新素养教育

一、创新素养教育内涵

（一）创新素养教育的概念

顾名思义，创新素养教育的概念容易出现两种理解：第一，理解为对素养教育的创新；第二，理解为创新素养的教育。如前所述，我们所说的创新素养教育是指创新素养的教育。

创新素养教育是强化创新意识、训练创新思维、提高创新能力、塑造创新人格、增强创新素养的教育，是以创新型人才培养为根本价值取向的教育，是高层次的素养教育。创新素养教育强调以人为本，强调培养人的主体意识，强调基础性、发展性与创造性的统一，强调智力因素和非智力因素的统一。

创新素养教育也是融知识教育、能力教育、素养教育于一体的综合性教育。首先，创新需要丰富的知识积累，丰富的知识是创新的原材料，否则创新就会成为无源之水，无本之木。其次，创新需要综合能力的支撑，离开了潜能激发和能力发挥，创新就无法实现。第三，创新需要综合素养的保障，创新是一个复杂的过程，不仅需要知识、能力作为基础，还需要素养的保障。思想道德素养保障创新的方向，身心健康素养保障创新的行为，科学文化素养保障创新的内容，专业素养、学习素养、信息素养、创新素养、职业素养保障创新的实现。

（二）创新素养教育的的渊源

创新素养教育是伴随着人类的创造实践活动而产生并逐步明确、逐步形成的。创新素养教育从创造教育、素养教育、创新教育不断衍化而来。

有关创造教育的思想是20世纪初提出来的。1936年，美国通用电气公司为了提高职工的创造能力，首次开设了《创造工程》课程，它不去研究发明创造出来的成果，而是专门研究成果是怎样发明出来的。后来人们把这门科学叫作创造学，而把创造学运用到社会或学校教育上，则称之为创造教育。创造教育是创造学的分支，是专门研究人类发明创造活动的规律及其运用的。

在我国明确提出创造教育的是近代教育史上的著名教育家陶行知先生，他于1939年在重庆创办育才学校，明确提出了创造教育的理论。设立

"育才创造奖金"，发表《创造宣言》，提出"处处是创造之地，天天是创造之时，人人是创造之人"。并提出对眼、手、脑、嘴、时、空的六大解放，还进行了大量创造教育的实践，培养出了一批创造型人才。

新中国成立以后，特别是十一届三中全会以后，邓小平提出"教育三个面向"以及中共中央关于教育体制改革的决定发布以后，我国的创造教育研究与实施有了较大发展。

创新教育是随着知识经济兴起而出现的一种教育理念。它是通过培养学生的创新意识，打造创新人格，开发创新能力，提升学生的创新素养，为今后的创新、创造活动打下良好的基础。

二、创新素养教育的原则

创新素养教育的原则是创新素养教育规律的体现，是实施创新素养教育必须遵循的行动准则。在大学生创新素养教育实施过程中应遵循以下基本原则。

（一）进步性原则

实施创新素养教育必须坚持进步性原则，不违反法令和伦理道德。坚持这一原则，就是要培养学生进步的先进的创新意识，树立为祖国、为人民、为人类、为和平、为正义而创新的世界观。凡是有利于发展与解放生产力，有利于发展经济、改善与提高人民生活的，有利于人类社会稳定、和平与安全的，就去创新，就去创造。凡是危害人民、危害人类、危害和平的创造与发明，就不能去尝试。

（二）整体性原则

实施创新素养教育必须坚持整体性原则，根据系统科学原理，统筹规划，科学运作，追求实施创新素养教育的整体效益。依据这一原则，学校实施创新素养教育，就要围绕培养创新型人才的需要，教学体制、教育观念、教育模式、教育内容、教育条件、教育评价、教育环境等诸因素进行综合改革，系统创新，系统优化，建立良好的创新素养教育运行保证机制与体制。

（三）主体性原则

实施创新素养教育必须坚持主体性原则，坚持落实学生主体地位，尊重学生，信任学生，让学生主动活泼地发展。坚持主体性原则，教师就要讲民主，变课堂为学堂与讲堂结合；变只传授知识为既传授知识又培养创新能力结合；让学生从沉重学习负担中解放出来，让学生有较充足的想象与创造的时间。坚持主体性原则，就要坚持共性与个性一起抓，既注意对共性的全体全面的培养，又要注意对个性的发展，特别是要重视对创造个性的培养。

（四）创新性原则

实施创新素养教育必须坚持创新性原则。要实现人才培养模式创新，由培养单一的专业人才向复合型、创新型人才转变；要实现教学方式创新，第一课堂要注重启发式、研讨式、问题式教学，第二课堂要深化校园课外科技活动、构建课外科技活动运行保障机制、激励措施；实践教学要创新，要增加设计性实验，加强社会实践基地建设；课程体系要创新，课程设计要有针对性，基础课程要突出系统性和基础性、专业课程要突出应用性和前沿性，选修课程要突出综合性和应用性等等。

（五）实践性原则

实施创新素养教育必须坚持实践性原则，坚持实践第一，坚持教、学、做相结合，让学生在实践中学习，在实践中创新。坚持实践性原则，就要走出课本，走出课堂，走出学校，贴近生活，贴近自然，贴近生产，贴近高科技。坚持结合现实，结合实际教、学、做。坚持实践性原则，就要开展丰富多彩的创造性的活动，让学生自己设计，亲自体验，自我评价，体味创造的滋味。

（六）发展性原则

实施创新素养教育必须坚持发展性原则。在创新素养教育过程中，学校要紧跟时代发展的步伐，认清时代发展的潮流。创新型人才、创新素养教育都是时代发展的产物，都是历史的概念，不同的时代，对于创新型人才有不同的评价标准、有不同的要求。因此，创新素养教育要体现时代性，能与时俱进，伴随时代变化，不断更新教育思想、教学模式，以此保持学校持续性发展，培养具有可持续发展能力的创新型人才。

三、大学生创新素养教育的内容

"教育什么"和"怎样教育"，是实施大学生创新素养教育时必须思考并回答的两个基本问题。"怎样教育"属于教育方法的范畴。"教育什么"属于教育内容问题，是实施大学生创新素养教育的核心问题。从近年来高等学校尝试创新教育和创新素养教育的实践经验，当前大学生的创新素养教育至少应突出以下几个方面的内容。

（一）基于培养学生良好知识结构的科学与人文素养教育

科学素养、人文素养既是当代大学生综合素养的重要体现，也是创新人才应该具备的基本素养。科学和人文，是构成人类文明的两翼，其中任何一方缺失都会严重制约人的全面发展和社会的全面进步。我国以往高等教育的弊端之一，就是专业设置过专过细，科学教育与人文教育割裂，人文教育过于孱弱，导致了人的片面发展，影响创造力的充分发挥，难以产生大师级人物。钱学森同志告诫我们："一个有科学创新能力的人不但要有科学知识，还要有文化艺术修养，没有这些是不行的。小时候我父亲正是这样对我进行教育和培养的，他让我学理科同时又送我去学绘画和音乐，就是把科学和文化艺术结合起来。我觉得艺术上的修养对我后来的科学工作很重要，它开拓科学创新思维，现在我要宣传这个观点。"国内外著名高校的创新人才培养都充分体现了素养教育和个性化培养，其课程体系的共性特点：一是重视多学科交叉，强化综合素养培养；二是前期着重宽厚基础，后期突出宽口径的专业教育。

（二）创新意识的激发

创新意识是创新素养的基础层，大学生创新意识的形成是大学生创新的驱动力。

创新意识是开展创新活动的前提，对于大学生来说，没有创新意识，就不可能产生创新的需求和萌发创新的动机，也不可能深入持久地开展创新活动。如果说伽利略没有对亚里士多德提出的"物体下落速度和重量成比例"的观点提出质疑，也就不会去做"两个铁球同时落地"的著名实验，亚里士多德提出的持续了1900年的"物体下落速度和重量成比例"的错误结论就不会得到纠正。由此可见，创新意识是创新的前提。大学生的创新意识，一般表现为强烈的好奇心、旺盛的求知欲、适度的怀疑感和献身精神等。

（三）创新人格和创新思维的塑造

大学生创新思维和创新人格的形成使他们具备了"创新"的条件，具有了持续创新的内在动力。

创新思维是相对再现性思维的一种思维方式，它具有开放、求异、批判性等基本特征。创新思维既包括逻辑思维的严密的推理、客观的分析和精确的计算，也包括非逻辑思维的直觉、灵感、想象等体悟的思维方式。

爱因斯坦有一段为大家所熟知的话，对科研中想象力和直觉的作用作了高度评价，他说："我相信直觉和灵感。想象力比知识更重要，因为知识是有限的，而想象力概括着世界上的一切，推动着进步，并且是知识进步的源泉。严格地说，想象力是科学研究中的实在因素。"所以创新思维教育的内容包括培养学生的创新思维习惯与技能，尤其注重被传统教育忽视了的非逻辑思维教育，强化学生的想象、联想、灵感、直觉等思维水平，教会学生发散思维、横向思维、逆向思维等求异技巧。

培养学生具有创新人格是创新素养教育的重点，创新素养教育本质上是一种文化和人格教育。创新人格为创新活动提供心理状态和背景，对创新能力的发展和创新任务的完成起到引发、促进、调节和保障作用。培养学生的创新人格包括：培养学生高度的社会责任感，激发学生追求科学、追求真理的激情；培养学生关注现实、关注前沿的学术品格；培养学生强烈的求知欲和坚韧不拔的毅力；培养学生"敢为天下先"的勇气和科学怀疑、理性批判的精神；培养学生开放的心态以及团结协作的精神等。人格塑造不只是一个理性认知的过程，它实际上是一个潜移默化的"修身养性"过程，是通过人们对己、对人、对事的稳固的态度体系的建立，通过良好的行为习惯的养成而实现的。

（四）创新能力的开发

创新能力是创新素养结构中的核心，它实际上是上述各要素综合作用的结果，是创新素养的表现形式。大学生在具备了创新意识、创新精神、创新思维、创新人格各要素后，创新能力自然而然就会显现出来。

四、大学生创新素养教育的方法

大学生创新素养的提高有赖于科学的培养方法。为了培养创新型人才，主要发达国家在教育体制、人才培养模式、课程设置、教学管理制度、教学模式以及教育评估等方面都进行了改革，采取了一些针对性的措施。近年来国内的高校也进行了许多有益的探索和尝试：从宏观层面上以转变教育思想为指导，转变教学观念；从中观层面上营造教学环境，加强教学环境现代化建设，深化教学管理体制与运行机制改革；从微观层面精心设计实施，抓住课堂、实践、课外、评价几个主要环节，积极探索创新素养教育的实施方法。

（一）探究性学习法

在课堂教学环节中，中国传统的教育思想是教育者承担着"传道、授业、解惑"的责任，因此教学方法以讲演式为主，学生则是被动地听取、接受。探究性学习就是把教学过程由教师的单向讲演转变为师生平等的对话和讨论，共同探究、相互交流。教师是引导者，学生是探求者。教学从创设问题情境出发，激发学生的兴趣和探究激情，引导学生自主探究和体验知识的发生过程，还原原来的科学思维活动。通过师生互动双向交流的形式，鼓励质疑批判和发表独立见解，培养学生积极的思维习惯和研究问题的意识、解决问题的能力。自20世纪80年代以来，美国研究型大学的探究性学习有了很大的发展，呈现出多种模式。除了"苏格拉底教学法"、"案例教学法"等传统的模式之外，还有基于问题的学习、基于课题的学习、一年级讨论（seminar）、探究性课程等。美国大学普遍开设高峰体验课程，在教学方法方面进行了广泛的改革，将项目研究、个案研究、小组学习、书面交流、实践锻炼、野外旅行、班级讨论、客座教授讲学等教学方法引入教学过程。近几年，我国大学开始在本科生教育阶段引入讨论、案例教学等方法，取得了一定成效。

（二）探索性研究法

创新始于问题，源于实践，本科生科研是培养创新型人才的一个有效措施。创新意识的形成，创新思想的产生不是一蹴而就的，是需要一个过程的。这就需要在探索性研究过程中不断加强这种创新意识。在研究过程中要系统地涉及本领域的研究动态、最新成果与发展趋势，就会促使学生主动去了解本领域的先进成果和相关领域的知识，调动学生学习的积极性和涉猎其他学科领域的主动性，为培养学生创新实践能力奠定良好基础。随着探索过程一步步深入，主动创新意识将可能逐渐地被激发，并且被自觉地应用到以后的科研工作中去。国内有条件的大学已把本科生科研纳入本科生教育计划，通过设立本科生科研学分、本科生科研津贴等措施，鼓励本科生参加科技研发或成果转化工作；积极为大学生创造研究性学习环境、开放性科研训练环境和实习实训环境，鼓励大学生休学创新创业；组织有创新成就的科技人员为大学生开设学术讲座，大力促进先进科研成果转化为教学内容和人才培养效益。这样，在探索研究过程中，培养学生具有一种主体性的认知、表达、操作和创造能力，体现学生的主体性和创新性。目前的大学生科技创新活动，如数模竞赛、电子设计大赛、机械设计大赛、结构设计大赛等都是促进学生探索性研究的有效载体。

（三）团队协作法

在主动创新意识的培养中，团队的作用是不可忽视的，虽然创新意识要追求的是具有不拘一格、富于个性化倾向的特征，团队协作法对于创新素养的培养作用在于：从团队的智慧中吸取创新思想的基础，从其他人的观点与想法中得到启发，弥补个人的思维误区，并在相互协作中完成个人不能完成的任务。科学的发展使现代的科学研究成就大都是团队成就。在学生创新素养的培养中同样可以组成团队或协作组，创建学生活动基地，为创新素养的培养搭建平台。北京航空航天大学的本科生"北航一号"探空火箭团队，14 名同学划分为火箭总体、动力系统、点火控制系统、分离回收系统、数据采集系统和地面发射系统 6 个不同部分协同工作，"团结一心，顽强拼搏，勇于创新，无私奉献"，不仅为中国的航天事业培养人才探索了一种模式，同时，也给其他高校提供了有益的借鉴。

（四）评价激励导向法

学生创新能力的有无、大小或持续性与鼓励创新的机制密切相关。鼓励创新的长效机制是引导主体创新的制度性保障，涉及政府、学校的人才、奖励、知识产权制度建设各个方面。当前，高校本科生培养迫切需要建立鼓励创新的评价和激励引导机制，唤起学生的内在动力，对学生的个性发展予以保护，对学生在教学和实践过程中的创新予以肯定，对取得创新成果的创新人才给予物质奖励和精神鼓励。

例如在探索性研究中要大胆地鼓励学生去创新，以创新为追求目标，而不鼓励其简单重复与模拟。进行总结性评价的同时，要重视形成性与诊断性评价，对极有创新思想的学生，就算课题完成得不是很圆满，也将给予高度的评价与鼓励。对学生学习状况的评价，传统的评价模式往往采取考试、特别是闭卷考试的方式来评价学生的水平，重知识考核，轻能力考核，评价方式和考试方式单一，锻炼了学生的记忆力，扼杀了他们的创新性。所以发展方向一要精心设计考试内容，增加考查学生运用知识分析解决问题的能力的考题，如案例分析题、主观论述题等；二要采取多种考核方式，如开卷考试、撰写科研小论文、文献综述等；三要避免以期终考试成绩定终身的情况，可以结合学科特点，通过让学生自学、查阅资料、调查研究，最终解决问题，以此考核学生发现、分析和解决问题的能力，发挥其主动性和创造性。总之，要既能检测学生的基础知识掌握程度，又检测学生的创新能力，使评价真正起到激励和导向作用。

参 考 文 献

[1] 论语

[2] 孟子

[3] 朱子大全·文集卷第七十四

[4] 马克思恩格斯全集（第 3 卷）[M]. 北京：人民出版的，1960.

[5] 马克思恩格斯全集（第 19 卷）[M]. 北京：人民出版社，1969.

[6] 马克思恩格斯全集（第 31 卷）[M]. 北京：人民出版社，1975.

[7] 马克思恩格斯全集（第 42 卷）[M]. 北京：人民出版的，1979.

[8] 马克思恩格斯全集（第 46 卷上）[M]. 北京：人民出版社，1979.

[9] 马克思恩格斯选集（第 1 卷）[M]. 北京：人民出版社，1995.

[10] 马克思恩格斯选集（第 4 卷）[M]. 北京：人民出版社，1972.

[11] 马克思. 1844 年经济学哲学手稿[M]. 北京：人民出版社，1979.

[13] 修昔底德. 伯罗奔尼撒战争. 北京：商务印书馆，1960.

[14] 黑格尔. 美学（第 2 卷）[M]. 北京：商务印书馆，1981.

[15] 亚里士多德. 形而上学[M]. 杭州：浙江教育出版社，1998.

[16] 布鲁贝克. 高等教育哲学[M]. 杭州：浙江教育出版社，1998.

[17] Ministry of Edueation，Singapore，Education in Singapore，September. 1972.

[18] [美] 约翰·S·布鲁贝克. 高等教育哲学[M]. 王承绪，等译. 杭州：浙江教育出版社，1998.

[19] 奥雷利奥·佩西著，邵晓光译. 人的素质[M]. 沈阳：辽宁人民出版社，1988.

[20] 王国维哲学美学论文辑佚[M]. 上海：华东师范大学出版社，1993.

[21] 蔡元培. 蔡元培教育论集[M]. 长沙：湖南教育出版社，1987.

[22] 吴钢. 现代教育评价基础[M]. 上海：学林出版社，1996.

[23] 韩民青. 当代哲学人类学[M]. 南宁：广西人民出版社，1998.

[24] 顾明远. 教育大辞典增订合编本（上）[M]. 上海：上海教育出版社，1998.

[25] 高玉祥. 个性心理学[M]. 北京：北京师范大学出版社，1989.

[26] 欧阳康. 人学研究的对象域及其科学特点——在个体与类之间保

持张力. 人学与现代化——全国首届人学研究会论文集[C]. 南宁：广西人民出版社，1997.

[27] 殷陆君. 人的现代化[M]. 成都：四川人民出版社，1985.

[28] 张传燧. 中日教学论史纲[M]. 长沙：湖南教育出版社，2009.

[29] 邵汉明. 中国传统文化反思与超越[M]. 学习与探索，1988（4）.

[30] 张坤民. 可持续发展论[M]. 北京：中国环境科学出版社，1997.

[31] 霍相录. 素质教育指要[M]. 北京：北京大学出版社，1999.

[32] 王荣发. 素质引领人生——大学生素质修养导论[M]. 上海：华东理工大学出版社，2009.

[33] 徐涌金. 大学生素质教育教程[M]. 北京：中国标准出版社，2008.

[34] 吴小英. 大学人文素质教育新论[M]. 杭州：浙江大学出版社，2012.

[35] 孙孔懿. 素质教育概论[M]. 北京：人民教育出版社，2009.

[36] 石亚军. 人文素质论[M]. 北京：中国人民大学出版社，2008.

[37] 鲍善冰. 大学生安全教育[M]. 北京：北京师范大学出版社，2011.

[38] 陈金芳. 素质教育基本理论研究[M]. 北京：中国科学技术出版社，2011.

[39] 崔国富. 大学生职业素质构成与综合培养研究. 北京：光明日报出版社，2010.

[40] 王文礼. 大学生综合素质教育[M]. 北京：高等教育出版社，2010.

[41] 徐晓霞. 大学生礼仪[M]. 济南：山东人民出版社，2010.